公路常规跨径钢结构桥梁建造技术指南

交通运输部公路局

中交公路规划设计院有限公司

人民交通出版社股份有限公司

北 京

内 容 提 要

本指南系在现行钢结构桥梁相关标准、规范的基础上,总结吸收国内最新材料、技术、工艺、装备等方面的应用经验和研究成果编写而成,涵盖公路常规跨径钢结构桥梁设计、加工制造及施工等建造全过程,以期规范钢结构桥梁设计、制造、安装,保证钢结构桥梁建造质量,推广钢结构桥梁应用。

本指南适用于新建、改扩建公路钢结构桥梁的建设,也可供钢结构桥梁管理、养护技术人员参考。

图书在版编目(CIP)数据

公路常规跨径钢结构桥梁建造技术指南 / 交通运输部公路局,中交公路规划设计院有限公司组织编写. —北京:人民交通出版社股份有限公司,2019.12
ISBN 978-7-114-16114-8

Ⅰ. ①公… Ⅱ. ①交… ②中… Ⅲ. ①公路桥—跨径—钢结构—桥梁工程—指南 Ⅳ. ①U448.14-62

中国版本图书馆 CIP 数据核字(2019)第 273147 号

Gonglu Changgui Kuajing Gangjiegou Qiaoliang Jianzao Jishu Zhinan

书　　名:	公路常规跨径钢结构桥梁建造技术指南
著 作 者:	交通运输部公路局 中交公路规划设计院有限公司
责任编辑:	吴有铭　刘永超　黎小东
责任校对:	赵媛媛
责任印制:	张　凯
出版发行:	人民交通出版社股份有限公司
地　　址:	(100011)北京市朝阳区安定门外外馆斜街 3 号
网　　址:	http://www.ccpress.com.cn
销售电话:	(010)59757973
总 经 销:	人民交通出版社股份有限公司发行部
经　　销:	各地新华书店
印　　刷:	北京市密东印刷有限公司
开　　本:	880×1230　1/16
印　　张:	19.75
字　　数:	380 千
版　　次:	2019 年 12 月　第 1 版
印　　次:	2019 年 12 月　第 1 次印刷
书　　号:	ISBN 978-7-114-16114-8
定　　价:	120.00 元

(有印刷、装订质量问题的图书,由本公司负责调换)

《公路常规跨径钢结构桥梁建造技术指南》

审定委员会

主 任 委 员：周　伟
副主任委员：吴德金　王　太　裴岷山
委　　　员：周海涛　张劲泉　徐恭义　王恒斌　李宗平　吴玉刚
　　　　　　徐宏光　李文琪　王春生　阮家顺　武维宏

编写委员会

主　　　编：孟凡超
副 主 编：袁　洪　常志军
参编人员：李贞新　方　华　彭元诚　张冬青　李军平　付常谊
　　　　　马立芬　张志新　王　敏　金秀男　李文杰　俞　欣
　　　　　郝海龙　宾　帆　赵　磊　么超逸　史福元　成立涛
　　　　　王永祥　宗　昕　易　蓓　叶华文　成宇海　李国平
　　　　　朱新华　车　平　卢　建　王志翔　刘治国　胡亚辉
　　　　　徐　亮　常彦虎　戴润达　范军旗　杨春松　罗海生
　　　　　刘大成　张丽惠　邢雪辉　李鸿盛　彭龙辉　陈　柯
　　　　　荆　敏　刘　清　高嵩焱　刘明虎　孔海霞　陈宏俊
　　　　　孙红兰　徐　欣　卫　星　张　蓬　刘晓利　张海峰
　　　　　孟祥明　刘　申　孙艳萍　韩延治　代　浩

序

新中国成立以来，特别是改革开放以来，在党中央、国务院的坚强领导下，我国公路基础设施建设实现了跨越式发展，公路里程不断增长，路网结构不断优化，一批跨越大江大河、海湾和峡谷的代表性桥梁工程相继建成，为国民经济和社会发展提供了重要支撑。

党的十八大以来，以习近平同志为核心的党中央高度重视交通运输工作，习近平总书记对交通运输作出系列重要论述，特别是2018年10月在出席港珠澳大桥开通仪式时，充分肯定大桥建设"体现了一个国家逢山开路、遇水架桥的奋斗精神，体现了我国综合国力、自主创新能力，体现了勇创世界一流的民族志气"，强调"既要高质量建设好，全力打造精品工程、样板工程、平安工程、廉洁工程，又要用好管好大桥，为粤港澳大湾区建设发挥重要作用"。

为实现"人民满意、保障有力、世界前列"的交通强国建设目标，公路桥梁建设要坚持新发展理念，进一步转型升级、提质增效，不断提升桥梁建设水平，打造更多精品工程、样板工程、平安工程、廉洁工程。钢结构桥梁具有自重轻、跨越能力强、使用寿命长、综合能耗低、环境影响小等优势，有利于提升桥梁结构安全和耐久性，有利于减少对传统建筑材料的依赖。部在印发《关于推进公路钢结构桥梁建设的指导意见》的基础上，推进试点工程建设，推广钢结构桥梁应用，组织编写了《公路常规跨径钢结构桥梁建造技术指南》。《指南》坚持新发展理念，坚持高质量发展，针对钢结构桥梁推广应用中的共性问题，总结建设经验，阐释关键技术和关键工艺，推广新技术应用，具有较强的现实指导意义。

行之力则知愈进，知之深则行愈达。希望广大公路行业建设者继续发扬"逢山开路、遇水架桥"的奋斗精神、大力弘扬精益求精的工匠精神、不断高扬与时俱进的创新精神，推动交通运输高质量发展，奋力书写交通强国建设新篇章。

交通运输部公路局
2019年12月30日

前　言

改革开放四十载，我国公路桥梁建设取得了举世瞩目的成就，桥梁数量和品质均实现了跨越式发展。但由于早期经济社会发展水平和钢材产能制约的影响，我国公路钢结构桥梁应用比例很低，主要用于特大跨径桥梁，形成了桥梁工程中"混凝土材料独大"的局面，与我国桥梁建造技术及材料工业的发展水平不相适应。为推进公路建设转型升级，提升公路桥梁品质，发挥钢结构桥梁性能优势，交通运输部发布了《关于推进公路钢结构桥梁建设的指导意见》，并启动公路钢结构桥梁试点工程建设。

推广钢结构桥梁应用，提升钢结构桥梁品质和耐久性，需要推动标准化设计、工厂化制造、装配化施工，突破惯性思维，关注全寿命周期成本，鼓励新材料、新技术、新结构、新工艺、新装备应用，防止无序和一般水平重复建设。结合钢结构桥梁试点工程建设情况及各地应用情况，为更好地指导各地推广钢结构桥梁，交通运输部公路局组织有关单位共同编写《公路常规跨径钢结构桥梁建造技术指南》，内容涵盖钢结构桥梁设计、加工制造及施工等建造全过程，以期通过建造理念的提升和BIM技术、高性能钢、预制桥面板、无模化施工等关键技术和新型材料的应用，推动钢结构桥梁发展，促进公路建设转型升级、提质增效。

本指南共分7章：第1章为概述，主要介绍编写目的、钢结构桥梁发展历史及公路常规跨径桥梁类型；第2章为材料及设计指标，主要内容为结构用钢和材料性能指标；第3章为结构及构造设计，主要内容为桥型选择、计算分析及常规跨径桥梁设计；第4章为工厂制造，主要内容涵盖了钢结构桥梁材料复验、下料、组装、焊接、试拼装、预拼装、检验及运输等全制造过程；第5章为现场制造、组装与安装，主要内容涵盖了钢结构桥梁现场制造和组装、安装准备、安装作业和质量检验等；第6章为BIM技术应用，主要介绍了BIM技术在设计、制造、安装环节的应用及发展展望；第7章为成本核算，主要内容为钢结构桥梁建造成本核算方法，并提出了供参考的钢结构桥梁预算补充定额。

本指南由中交公路规划设计院有限公司牵头编写，中交第一公路勘察设计研究院有限公司、中交第二公路勘察设计研究院有限公司、中交一公局集团有限公司、中交第二航务工程局有限公司、中铁宝桥集团有限公司、中铁山桥集团有限公司、上海振华重工(集团)有限公司、西南交通大学参加编写。

限于编者水平,难免存在不当之处,诚望读者批评指正。我们将认真吸收各方面的意见与建议,不断完善。

编 者
2019 年 12 月

目 录

第1章 概述 ··· 1
1.1 钢桥的特点 ·· 2
1.2 钢桥的发展 ·· 2
1.3 公路常规跨径钢桥 ·· 5
1.4 展望 ·· 8

第2章 材料及设计指标 ·· 10
2.1 材料 ·· 10
2.2 材料设计指标 ·· 11
2.3 材料的选用 ·· 15

第3章 结构及构造设计 ·· 16
3.1 桥型选择 ··· 16
3.2 结构分析 ··· 18
3.3 标准化设计与制造 ·· 22
3.4 钢结构连接 ·· 26
3.5 工字组合梁 ·· 36
3.6 钢箱梁 ··· 40
3.7 箱形组合梁 ·· 46
3.8 钢桁梁 ··· 50
3.9 桁架组合梁 ·· 53
3.10 波形钢腹板组合梁 ·· 55
3.11 结构防腐 ·· 60
3.12 桥面系及附属 ··· 65
3.13 抗震 ·· 72

第4章 工厂制造 ··· 75
4.1 一般规定 ··· 75
4.2 制造准备 ··· 76

	4.3 材料复验	84
	4.4 加工制造	86
	4.5 质量检验	124
	4.6 运输	130

第5章 现场制造、组装与安装 ... 135
5.1 一般规定 ... 135
5.2 施工方案 ... 136
5.3 现场制造 ... 146
5.4 组合梁现场组装 ... 159
5.5 安装准备 ... 168
5.6 安装作业 ... 172
5.7 质量检验 ... 194

第6章 BIM技术应用 ... 202
6.1 BIM技术介绍 ... 202
6.2 应用实施 ... 202
6.3 设计期BIM应用 ... 205
6.4 制造期BIM应用 ... 207
6.5 安装期BIM应用 ... 210

第7章 成本核算 ... 213
7.1 一般规定 ... 213
7.2 建造成本核算 ... 215
7.3 预算补充定额 ... 226
7.4 新增机械台班费用定额及定额基价补充材料单位质量、单价表 ... 242

附录A 工字组合梁设计流程 ... 248
附录B 工字组合梁算例 ... 253
附录C 箱形组合梁算例 ... 272
附录D 摩擦型高强度大六角头螺栓连接工艺 ... 291
附录E 摩擦型高强度环槽铆钉连接工艺 ... 296
附录F 养护维修成本核算 ... 300
参考文献 ... 304

第1章 概 述

经过改革开放40年发展,我国公路桥梁建设取得了举世瞩目的成就,实现了跨越式发展,截至2018年底公路桥梁总数量超85万座,建成了一批跨越大江大河、海湾和峡谷的代表性桥梁工程,为社会经济发展发挥了重要的支撑和保障作用。

尽管我国桥梁建设取得了长足进步,在大跨径悬索桥、斜拉桥、拱桥和梁桥建设领域进步尤为突出,取得了一大批自主创新成果,积累了丰富的桥梁设计、施工和管养经验。但是受早期经济社会发展水平和钢材产能等因素的影响,我国桥梁建设主要以混凝土结构为主,公路钢结构桥梁应用比例很低,且主要用于特大跨径桥梁,呈现"混凝土结构独大"的局面,已滞后于我国经济和桥梁建造技术发展水平。

钢结构具有自重轻、抗震性能好、质量高、寿命长、施工快、可塑性强、工厂化制造、装配化施工、可循环利用等优势,成为世界桥梁发展的主流方向之一。正是基于钢结构的这些特性,我国交通基础设施大量采用钢结构将成为未来发展的必然趋势。随着钢铁产能提高和钢桥建设技术进步,我国已具备推广钢结构桥梁的物质基础和技术条件。

推广钢结构桥梁,有助于摆脱高投入、高消耗、高污染的粗放式建设模式,更好地满足节能、环保、快速、安全、耐久、高效、美观等建设要求,是贯彻"创新、协调、绿色、开放、共享"五大发展理念、深化供给侧结构性改革的行业实践。为此,交通运输部发布了《关于推进公路钢结构桥梁建设的指导意见》(交公路发〔2016〕115号),推动我国钢结构桥梁建设高质量发展。

尽管基础条件已经具备,但由于长期形成的混凝土结构建设期间造价较低、易于发包和管理、易于设计施工和养护的惯性思维,以及转型升级和高质量发展动力不足、绿色发展与创新意识不强、全寿命周期成本理念未形成共识、缺乏行业技术积累和技术人才等原因,钢结构桥梁推广并不一帆风顺。

为进一步加快钢结构桥梁有序、高效推广,本指南基于现行国家、行业相关标准规范,结合近年来公路钢结构桥梁试点工程应用经验和成果,以公路常规跨径钢结构桥梁为对象,从材料及设计指标,结构及构造设计,工厂制造,现场制造、组装与安装,BIM技术应用以及成本核算等6个方面编制,供广大工程技术人员参考应用,以便更好地完成钢结构桥梁的设计、制造和安装等工作。

本指南所述常规跨径钢结构桥梁主要是指跨径为 20~100m 的钢结构梁桥。

1.1 钢桥的特点

钢结构桥梁的主要优点如下：

(1)材料强度高。在同样受力的情况下，与混凝土桥梁相比，钢结构桥梁的梁高和截面面积较小，重量较轻。

(2)抗震性能好。由于自重轻、塑性韧性好，地震时产生的地震力较小，对桥墩的抗震强度要求低，钢结构桥体抗变形能力也比混凝土桥体好。

(3)工业化程度高，工期短。工厂制作具备成批生产和成品精度高等优点；采用工厂制造、工地安装的施工方法，能有效缩短工期，为降低造价、发挥投资效益创造条件。

(4)可加工性好，可以建造结构复杂并且美观的桥型，同时满足功能性和景观性要求。

(5)拆除、改扩建以及移建方便。

(6)钢材可以回收再利用，更加节能环保。

但是，钢结构桥梁对温度以及动载效应较为敏感，在长期可变荷载作用下，可能导致结构部分构件发生疲劳破坏等现象；此外，钢材受大气侵蚀易生锈，需要定期检查和涂装，导致养护费用较其他材料的桥梁高。但随着优质涂料和耐候钢的应用，钢结构桥梁养护周期已大大延长，具有 100 多年使用寿命的钢结构桥梁在世界范围内也并不少见，已经充分验证了钢结构桥梁在全寿命周期成本、资源节约、绿色发展方面不可替代的优势。钢结构桥梁必将成为我国桥梁结构的重要组成部分。

1.2 钢桥的发展

1.2.1 国外钢桥发展

18 世纪 50 年代开始的英国工业革命造就了现代科学技术，钢材等金属材料性能研究的进展，为土木工程的革新创造了条件。现代炼钢法的诞生，使 19 世纪成为钢桥的时代。

从设计理论的发展、材料的应用和钢桥的建设来看，钢桥发展大致可以分为以下四个阶段。

1)1890 年之前的发展

1779 年，英国工程师 Abraham Darby 设计建造的第一座跨径 30.65m 的铸铁拱桥——Coalbrookdale 桥问世。

桥梁设计所需的力学理论，处在逐步形成、逐步完善之中。起初，钢桥设计主要依赖于建造桥梁的实干家经验，尚无设计规范。在这期间，一些创跨径纪录的大桥建成，经受住了多年运营考验，如今已成为历史名桥。1850年，英国工程师R. Stephenson设计建造的跨径141m的第一座钢箱梁桥——Britannia桥问世。1883年，由德国工程师John Roebling设计建造的纽约布鲁克林桥——主跨486m钢桁架悬索桥和1890年由英国工程师Benjamin Baker与John Fower设计建造的苏格兰福斯湾桥——主跨520m的铁路悬臂钢桁梁桥，代表着19世纪钢桥的最高成就。

2) 1890—1920年间的发展

早在1918年之前，北美洲在钢桥建设方面就取得了巨大成就，简支和连续桁梁桥、钢拱桥等都有了很大发展，创造了诸多世界纪录。例如：美国1916年在伊利诺伊州建成的Metropolis简支桁梁桥，1917年在俄亥俄州建成的Sciotoville双线铁路下承式连续桁梁桥；加拿大1918年在魁北克建成的双线铁路悬臂桁梁桥等。

3) 1920—1945年间的发展

在20世纪20—30年代，钢桥设计理论有了很大发展。英国对节点刚性引起的二次应力、主梁和桥面系共同作用、荷载在桥面铺装层之中的扩散和冲击作用等问题进行了较为深入的探讨，并于1929年将钢桥容许应力提高了12.5%。1923—1933年，美国钢压杆研究专门委员会进行了几十根大型钢压杆试验，为钢压杆推荐了正割公式。该公式在1935美国新版铁路钢桥规范中被采纳。

20世纪30年代的另一个重大成就是大跨径悬索桥和拱桥的创新发展。悬索桥的跨径从19世纪末的不足500m，到1931年的华盛顿桥已突破了1000m。1937年建成的旧金山金门大桥更是达到了1280m的跨径。钢拱桥跨径也有了很大的飞跃，1932年设计建造的悉尼大桥，中孔钢拱桥跨径达到了503m。

4) 20世纪50年代以来的发展

20世纪50年代初，德国Leonhardt教授在修复德国莱茵河钢桥时，以各向异性钢桥面板代替第二次世界大战前钢桥上普遍采用的钢筋混凝土桥面板，减轻了桥梁自重，为现代钢桥向大跨径发展创造了条件。

20世纪60年代的另一项重大创新是英国式流线型钢箱梁悬索桥的问世，即由英国Freeman & Fox公司总工程师Wex所设计的主跨为988m的Severn桥。

斜拉桥的复兴以及钢箱梁悬索桥的问世，是第二次世界大战后现代钢桥具有标志性的重要成就。日本1998年建成的明石海峡大桥以及1999年建成的多多罗大桥，分别创造了钢悬索桥和钢斜拉桥的跨径世界纪录。

同时,在20世纪50年代之前,许多桥梁,特别是那些创纪录的长跨桥,往往是在不计成本的情况下建造的。从20世纪50年代开始,工程结构就经济、耐用性要求对各种技术经济指标进行综合评估。

1.2.2 国内钢桥发展

1937年,由我国著名桥梁专家茅以升负责设计并监督施工的钱塘江大桥拉开了我国建造大跨径钢桥的序幕,但受财力、物力等因素的制约,钢结构桥梁主要用于特大跨径桥梁。随着国家经济实力的快速提升,我国工程师通过自主建设实现了现代桥梁的崛起和20世纪90年代钢桥的腾飞,取得了令人瞩目的进步。

1) 20世纪80年代中期以前

20世纪三四十年代,在高山大川地形特征的云南、贵州等地区,建造了一些钢桁梁桥和悬索桥,所有桁架、缆索和配套等钢材部件均在国外订购,运回国内后进行拼制安装。例如1938年建成通车的盘江桥,1941年建成的著名钢桥——乌江钢桁构桥。

新中国成立后,在苏联专家的帮助下,1957年建成了我国第一座长江大桥——武汉长江大桥,由三联九孔跨径均为128m的连续桁梁组成,引进了钢桥焊接技术,使我国钢桥技术前进了一大步。

1959年以后,中国工程师克服了重重困难,自行设计、自行施工、自主建成了南京长江大桥,由三联九孔160m+1孔128m组成。更难能可贵的是,南京长江大桥使用了中国自主研发的"争气钢"——16Mnq钢,由鞍山钢铁公司1963年研制成功。

为了加快开发胜利油田,山东省修建了北镇黄河公路桥,采用了国内少见的钢桁梁方案,主桥为4×112m的连续钢桁梁桥,创造了当时国内最深桩基和最快施工的纪录。

这一期间建造的公路钢桥主要有钢桁梁桥、悬索桥、钢拱桥等桥型结构。

2) 20世纪80年代中期至今

20世纪80年代中期以后,我国桥梁建设事业经历了一个辉煌的发展时期,建成了一大批结构新颖、技术复杂、设计和施工难度大、现代化品位和科技含量高的大跨径桥梁,我国桥梁建设水平已跻身于国际先进行列。特别是在公路钢桥方面,建成了一大批跨越大江、大河的标志性桥梁。如世界上首次采用分体式钢箱梁最大跨径的悬索桥——舟山西堠门大桥、世界上最长的跨海大桥——杭州湾大桥、世界上第一座突破千米跨径的大跨径斜拉桥——苏通长江大桥,以及世界级跨海交通集群工程——港珠澳大桥等。

我国在公路钢桥设计、制造、施工和质量检测方面积累了丰富经验,取得了举世瞩目的成就。公路钢桥发展较快的桥梁结构形式主要有钢管拱桥、斜拉桥、悬索桥等。

1.3 公路常规跨径钢桥

公路常规跨径钢桥是指区别于缆索体系桥梁和拱桥等特殊形式,以简支或连续为主的跨径在 20~100m 的钢结构梁桥,主要形式有钢箱梁桥、钢桁梁桥、组合梁桥和波形钢腹板桥。

1.3.1 钢箱梁桥

由于箱形断面具有明显的结构优势,钢箱梁使用十分广泛,不仅斜拉桥和悬索桥的加劲梁经常使用,连续钢箱梁和钢拱桥也常常使用这种断面。

连续钢箱梁的断面形状分为矩形和梯形两种,梯形中又以倒梯形为主。等高梁多采用矩形和倒梯形。如果桥面很宽,采用倒梯形可以明显节省下部结构材料。

现代钢桥一个非常重要的特点是钢箱梁和正交异性钢桥面板的出现。

世界上第一座钢箱梁桥是 1850 年英国建造的跨径为 141m 的 Britannia 铁路桥。1950 年德国首先在曼海姆内卡河上建造了 Kurpalz 桥,这是第一座现代化的正交异性桥面板箱梁桥。20 世纪 70 年代末,伴随着薄壁结构计算理论的发展和计算机技术的进步,钢箱梁得到了快速发展,如 1978 年德国巴登-符腾堡州建成了 5 跨连续钢箱梁桥——内卡河谷桥。

我国直到 20 世纪 60 年代,才逐渐出现了钢箱梁桥建设热潮。1968 年 9 月,宝鸡桥梁厂制成了 1 孔跨径为 32m 的整孔焊接箱形梁。近年来随着高架桥、高速公路匝道桥及立交桥建设需要,钢箱梁结构已被广泛采用。在中等跨径公路钢箱梁桥应用方面,北京、上海、沈阳、哈尔滨等地城市跨线桥,据统计钢箱梁占到了 90% 以上。港珠澳大桥深水区非通航孔桥全部采用 110m 跨径连续钢箱梁(图 1.3.1)。

图 1.3.1 港珠澳大桥钢箱梁

1.3.2 钢桁梁桥

钢桁梁桥是一种跨越能力非常强的桥梁结构,在铁路桥梁发展中占有很重要的地位。由于现代斜拉桥、拱梁组合体系等结构的发展,大跨钢桁梁无明显优势,所以现代钢桁梁桥在跨径方面没有大的突破。

在木桁梁的启发下,1857年德国工程师Gerber建造了跨径131m的第一座钢桁梁桥。1966年,美国建成了Astoria桥,为变截面连续钢桁梁公路桥,主跨375.8m,这是美国建成的为数不多的、跨径较大的连续钢桁梁桥。20世纪60年代以来,整体焊接节点在国外逐步出现并很快发展,如1981年建成的Queen Elizabeth Ⅱ桥,为城市轻轨和公路钢桁梁桥,主跨164.7m。

1894年,詹天佑主持修建的我国第一座钢桁梁桥——滦河大桥,由多孔钢桁梁和钢桥面板组成,全长670m,最大跨径61m,为简支钢桁梁单线铁路桥。20世纪60年代中期,我国系统研究发展了栓焊钢桁梁桥技术,一举建成了各种不同结构形式的栓焊钢桁梁桥四十几座,这在我国钢桁梁桥发展史上是一个很大的进步。1966年建成的主跨112m迎水河大桥,为我国第一座栓焊钢桥。同时期,我国公路钢桁梁桥也取得显著成就,相继建成了平阴黄河公路大桥(图1.3.2)、滨州(北镇)黄河大桥等。

图1.3.2 平阴黄河公路大桥

1.3.3 组合梁桥

组合梁桥是指采用剪力连接件,将工字梁、钢箱梁、钢桁梁等结构构件和钢筋混凝土结合成组合截面共同工作的一种复合式结构。组合梁桥可以充分发挥钢材抗拉性能和混凝土抗压性能,同时具有比混凝土结构自重轻,比钢结构刚度大、稳定性强、抗火性能强的优势,是非常具有竞争力的钢桥类型。

组合结构桥自20世纪50年代之后得到了迅速发展,从常规跨径梁桥到跨径千米级斜拉桥,都有组合梁的应用。在欧美和日本等国家和地区,为降低施工费用,在城市道路和高速公路中大量采用组合梁桥。与之配套的各类抗剪连接件、施工架设技术和分析方法也在不断发展,并编制了组合结构桥梁设计规范。

相较而言,受限于钢材产量不足和经济发展水平,我国组合梁桥发展相对滞后。我国首次提到组合梁的设计概念是在1974年颁布的《公路桥涵设计规范》,但设计条文比较简单;1986年颁布的《公路桥涵钢结构及木结构设计规范》(JTJ 025—86)对组合梁内容进行了修订;1988年,《钢结构设计规范》(GBJ 17—88)首次将"钢与混凝土组合梁"作为一章;2003年,新版《钢结构设计规范》(GB 50017—2003)将有关组合梁章节内容进一步拓展和完善;2013年制定的《钢-混凝土组合桥梁设计规范》(GB 50917—2013),标志着我国有了独立的组合梁桥设计规范;2015年颁布实施的《公路钢结构桥梁设计规范》(JTG D64—2015)和《公路钢混组合桥梁设计与施工规范》(JTG/T D64-01—2015)对组合梁内容进行了补充和完善。

随着我国经济实力的快速提升和交通建设的巨大需求,我国科研和工程技术人员在理论和方法上对组合梁桥进行了深入研究,已将其应用于大跨径跨线桥、高架桥,以及公路和城市道路桥梁建设中。例如,近些年在北京、上海等城市的立交桥建设中,组合梁桥由于其跨越能力大、高度小、抗震性能好和施工速度快等优点,得到了广泛应用,建成了以北京航天桥(主跨73m,见图1.3.3)等为代表的一批组合梁桥,取得了较好的技术经济效益。

图1.3.3 北京航天桥

1.3.4 波形钢腹板桥

波形钢腹板桥是一种新型的组合结构,世界上首座波形钢腹板桥是20世纪80年代由法国CB公司设计建造的Cognac桥(图1.3.4-1)。20世纪末,日本从法国引进了波形钢腹板桥技术,并进行了全方位研究,于1993年建成了日本首座波形钢腹板桥——新开桥。该桥为30m跨径简支梁桥,采用双箱单室结构。随后又修建了多座波形钢腹板桥。

图 1.3.4-1　法国 Cognac 桥

波形钢腹板桥在我国起步较晚。目前,国内已建成的波形钢腹板桥有 10 多座,其中 2017 年建成的珠海前山河大桥为主跨 160m 的波形钢腹板梁桥,创造了当时世界已建此类桥梁的最大跨径纪录(图 1.3.4-2)。

图 1.3.4-2　前山河大桥

1.4　展望

目前,在钢结构桥梁建设方面,我国与美国、日本、法国等发达国家相比,差距还比较明显,需要持续不断地开展研究和技术创新,提升钢桥全产业链一体化服务能力,加大应用推广力度。

装配化钢桥是桥梁的发展方向。在解决体制机制、材料、加工制造、施工、管养及装备等关键问题的基础上,可通过"标准化设计、工厂化生产、装配化施工、信息化管理",推动我国钢结构桥梁产业转型升级,实现绿色、循环、低碳和高质量发展。

1)高性能钢材研发

桥梁技术的发展离不开材料。就钢桥发展来说,应向高强度、易焊接、耐候性方向发展,保障桥梁耐久性、安全性,缩短工程周期,降低工程造价和维修费用,取得比较优势。目前,《桥梁用结构钢》(GB/T 714—2015)中钢材的最大屈服强度达到690MPa,最高等级耐候钢为Q550qNH。

近年来,钢铁行业在提高钢材抵抗自然环境腐蚀方面做出了大量的努力,耐候钢就是典型成果之一。耐候钢生产成本较一般钢材提高不多,但可以依靠其自身性能抵抗一般环境侵蚀,甚至做到免涂装,大幅降低后期养护成本,是高性能钢的发展方向之一。

2) 智能制造技术及装备研发

智能制造技术及装备研发是我国桥梁提升工业化、产业化水平的重要手段,是保障钢桥品质的有力措施。鼓励推广数控切割机自动划线及板单元下料、机器人焊接系统等智能化生产设备,实现钢结构构件的工业化、自动化制造,包括自动加工、智能焊接及智能拼装等。

3) 现场高效安装与高精度控制技术及装备研发

目前,我国桥梁建设的产业化、工业化水平还比较低,智能化施工技术及装备研发还处在起步阶段。现场高效安装、高精度控制技术及装备的研发,是装配化钢桥发挥施工速度快、工法适应性强、自然环境影响小、工业化水平高等优势的关键。

4) 智能化管养技术及装备研发

相对于混凝土桥梁,钢结构桥梁优势之一是全寿命周期成本低和具有更强的耐久性。需要树立"建养并重"理念,研发智能化管养技术及装备,提升钢桥的智能化养护能力,保障钢桥品质。

第2章 材料及设计指标

2.1 材料

2.1.1 结构用钢

(1)桥梁结构用钢材宜选用 Q345q、Q370q、Q420q、Q460q、Q500q、Q690q,附属工程、临时工程及临时结构可选用 Q355、Q390、Q420、Q460、Q500、Q690,应分别符合现行《桥梁用结构钢》(GB/T 714)和《低合金高强度结构钢》(GB/T 1591)的规定。

(2)当采用 Z 向钢时,其材质应符合现行《厚度方向性能钢板》(GB/T 5313)的规定。

(3)钢材宜采用热机械轧制(TMCP)或热机械轧制 + 回火(TMCP + T)状态交货,并在质量证明书中注明。其中,热机械轧制(TMCP)状态交货的钢材,当强度级别小于 Q370 钢板时,其厚度大于 32mm 的钢板应进行回火处理;当强度级别大于 Q370 钢板时,其厚度大于 20mm 的钢板应进行回火处理。

(4)耐候桥梁钢以热机械轧制(TMCP)、热机械轧制 + 回火(TMCP + T)状态交货。

(5)钢结构桥梁主要受力构件下料时,应使钢板轧制方向与主要应力方向一致。

2.1.2 标准连接件

(1)高强度螺栓、螺母、垫圈的技术条件应符合现行《钢结构用高强度大六角头螺栓》(GB/T 1228)、《钢结构用高强度大六角螺母》(GB/T 1229)、《钢结构用高强度垫圈》(GB/T 1230)、《钢结构用高强度大六角头螺栓、大六角螺母、垫圈技术条件》(GB/T 1231)、《钢结构用扭剪型高强度螺栓连接副》(GB/T 3632)的规定。

(2)环槽铆钉的技术条件应符合现行《环槽铆钉连接副 技术条件》(GB/T 36993)的规定。

(3)普通螺栓、螺母、垫圈的技术条件应符合现行《六角头螺栓》(GB/T 5782)、《1 型六角螺母》(GB/T 6170)、《平垫圈 A 级》(GB/T 97.1)、《紧固件机械性能 螺栓、螺钉和螺柱》(GB/T 3098.1)、《紧固件机械性能 螺母》(GB/T 3098.2)的规定。

(4)圆柱头焊钉和磁环应符合现行《电弧螺柱焊用圆柱头焊钉》(GB/T 10433)的

规定。

2.1.3 焊接材料

焊接材料应与主体钢材相匹配,并应符合以下规定:

(1)手工焊接采用的焊条应符合现行《非合金钢及细晶粒钢焊条》(GB/T 5117)的规定。

(2)自动焊和半自动焊采用的焊丝和焊剂应符合现行《气体保护电弧焊用碳钢、低合金钢焊丝》(GB/T 8110)、《非合金钢及细晶粒钢药芯焊丝》(GB/T 10045)、《埋弧焊用非合金钢及细晶粒钢实心焊丝、药芯焊丝和焊丝-焊剂组合分类要求》(GB/T 5293)的规定。

(3)焊接材料进厂时应具有质量证明书,焊接材料的质量管理应符合现行《焊接材料管理规定》(JB/T 3223)的规定。

(4)CO_2气体保护焊的气体纯度不小于99.5%。

2.1.4 涂装材料

(1)涂装材料应根据设计文件要求、结构部位、桥址环境条件等选定,以确保预期的涂装效果。禁止使用过期产品、不合格产品和未经试验的替用产品。

(2)为保证防腐材料的质量和防腐效果,考虑到不同厂家涂料配方差异及施工工艺的兼容性,同一桥梁构件涂装的底中面防护涂料供应商宜为同一厂家。

(3)涂装材料的品种、规格、技术性能指标必须符合设计文件和技术规范的要求,具有完整的出厂质量合格证明书。涂料供应商应提供涂装施工全过程的技术服务,对涂料保证年限进行承诺。

(4)涂装材料各项性能指标应满足现行《公路桥梁钢结构防腐涂装技术条件》(JT/T 722)的要求。新材料除满足各项指标要求外,应用前还应进行涂层相容性、环境适应性等相关试验,并组织专家论证后方可应用。

2.2 材料设计指标

(1)钢材的强度设计值应根据钢材的不同厚度,按表2.2-1和表2.2-2的规定采用。

表2.2-1 桥梁用结构钢的强度设计值(MPa)

钢材		抗拉、抗压和抗弯 f_d	抗剪 f_{vd}	端面承压(刨平顶紧) f_{cd}
牌号	厚度(mm)			
Q345q	≤50	275	160	370
	50~100	260	150	
	100~150	240	135	

续上表

钢材		抗拉、抗压和抗弯 f_d	抗剪 f_{vd}	端面承压（刨平顶紧） f_{cd}
牌号	厚度(mm)			
Q370q	≤50	295	170	385
	50~100	285	160	
Q420q	≤50	335	195	405
	50~100	320	185	
Q460q	≤50	365	210	430
	50~100	360	205	
Q500q	≤50	400	230	475
	50~100	380	220	
Q690q	≤50	550	315	580
	50~100	520	300	

表2.2-2 低合金高强度结构钢的强度设计值（MPa）

钢材		抗拉、抗压和抗弯 f_d	抗剪 f_{vd}	端面承压（刨平顶紧） f_{cd}
牌号	厚度(mm)			
Q355	≤16	280	160	355
	16~40	275	160	
	40~100	260	155	
Q390	≤16	310	180	370
	16~40	300	175	
	40~63	285	165	
	63~100	270	155	
Q420	≤16	335	195	390
	16~40	320	185	
	40~63	310	180	
	63~80	300	175	
	80~100	295	170	
Q460	≤16	365	210	405
	16~40	350	205	
	40~63	345	200	
	63~80	330	190	
	80~100	320	185	
Q500	≤16	400	230	460
	16~40	390	225	
	40~63	385	220	

续上表

钢　　材		抗拉、抗压和抗弯 f_d	抗剪 f_{vd}	端面承压(刨平顶紧) f_{cd}
牌号	厚度(mm)			
Q500	63~80	365	210	460
	80~100	360	205	
Q690	≤16	550	315	580
	16~40	540	310	
	40~63	535	310	
	63~80	520	300	

注：表中厚度指计算点的钢材厚度，对轴心受拉和轴心受压构件指截面中较厚板件的厚度。

（2）焊缝的强度设计值应按表2.2-3和表2.2-4的规定采用。

表2.2-3　桥梁用结构钢焊缝的强度设计值(MPa)

焊接方法和焊条型号	构件钢材		对接焊缝				角焊缝
	牌号	厚度(mm)	抗压 f_{cd}^w	抗拉 f_{td}^w		抗剪 f_{vd}^w	抗拉、抗压或抗剪 f_{fd}^w
				焊缝质量等级			
				一级、二级	三级		
自动焊、半自动焊和E50型焊条的手工焊	Q345q	≤50	275	275	235	160	175
		50~100	260	260	220	150	
		100~150	240	240	205	135	
自动焊、半自动焊和E55型焊条的手工焊	Q370q	≤50	295	295	250	170	200
		50~100	285	285	240	160	
	Q420q	≤50	335	335	285	195	200
		50~100	320	320	270	185	
自动焊、半自动焊和E62型焊条的手工焊	Q460q	≤50	365	365	310	210	225
		50~100	360	360	305	205	
	Q500q	≤50	400	400	340	230	225
		50~100	380	380	320	220	

表2.2-4　低合金高强度结构钢焊缝的强度设计值(MPa)

焊接方法和焊条型号	构件钢材		对接焊缝				角焊缝
	牌号	厚度(mm)	抗压 f_{cd}^w	抗拉 f_{td}^w		抗剪 f_{vd}^w	抗拉、抗压或抗剪 f_{fd}^w
				焊缝质量等级			
				一级、二级	三级		
自动焊、半自动焊和E50型焊条的手工焊	Q355	≤16	280	280	240	160	175
		16~40	275	275	235	160	
		40~100	260	260	220	155	

续上表

焊接方法和焊条型号	构件钢材		对接焊缝				角焊缝
	牌号	厚度（mm）	抗压 f_{cd}^w	抗拉 f_{td}^w		抗剪 f_{vd}^w	抗拉、抗压或抗剪 f_{fd}^w
				焊缝质量等级			
				一级、二级	三级		
自动焊、半自动焊和 E55 型焊条的手工焊	Q390	≤16	310	310	265	180	200
		16～40	300	300	255	175	
		40～63	285	285	240	165	
		63～100	270	270	230	155	
	Q420	≤16	335	335	285	195	200
		16～40	320	320	270	185	
		40～63	310	310	265	180	
		63～80	300	300	255	175	
		80～100	295	295	250	170	
自动焊、半自动焊和 E62 型焊条的手工焊	Q460	≤16	365	365	310	210	225
		16～40	350	350	300	205	
		40～63	345	345	295	200	
		63～80	330	330	280	190	
		80～100	320	320	270	185	
	Q500	≤16	400	400	340	230	225
		16～40	390	390	330	225	
		40～63	385	385	325	220	
		63～80	365	365	310	210	
		80～100	360	360	305	205	

注：1. 对接焊缝受弯时，在受压区的抗弯强度设计值取 f_{cd}^w，在受拉区的抗弯强度设计值取 f_{td}^w。
2. 焊缝质量等级应符合现行《钢结构工程施工质量验收规范》（GB 50205）的规定。其中厚度小于 8mm 钢材的对接焊缝，不应采用超声波探伤确定焊缝质量等级。

(3) 高强度螺栓预拉力设计值 P_d 应按表 2.2-5 的规定取用。

表 2.2-5　高强度螺栓的预拉力设计值 P_d（kN）

性能等级	M20	M22	M24	M27	M30
8.8 级	125	150	175	230	280
10.9 级	155	190	225	290	355

(4) 环槽铆钉预拉力设计值 P_d 应按表 2.2-6 的规定取用。

表 2.2-6　环槽铆钉的预拉力设计值 P_d（kN）

性能等级	M20	M22	M24	M27	M30
8.8 级	126	175	208	250	315
10.9 级	181	220	257	334	408

(5)普通螺栓连接的强度设计值应按表2.2-7的规定采用。

表2.2-7 普通螺栓连接的强度设计值(MPa)

螺栓的性能等级		普通螺栓					
		C级			A、B级		
		抗拉f_{td}^b	抗剪f_{vd}^b	承压f_{cd}^b	抗拉f_{td}^b	抗剪f_{vd}^b	承压f_{cd}^b
普通螺栓	4.6级、4.8级	145	120	—	—	—	—
	5.6级	—	—	—	185	165	—
	8.8级	—	—	—	350	280	—

注:A、B级螺栓孔的精度和孔壁表面粗糙度,C级螺栓孔的允许偏差和孔壁表面粗糙度,均应符合现行《钢结构工程施工质量验收规范》(GB/T 50205)的规定。

(6)钢材的物理性能指标应按表2.2-8的规定采用。

表2.2-8 钢材物理性能指标

弹性模量E(MPa)	剪切模量G(MPa)	线膨胀系数α(1/℃)	泊松比ν	质量密度ρ(kg/m³)
2.06×10^5	0.790×10^5	12×10^{-6}	0.31	7850

2.3 材料的选用

(1)应根据结构形式、受力状态、连接方法及所处的环境条件,合理选用钢材,且选择的钢材应满足桥梁设计要求的交货状态、化学成分、力学性能、工艺性能及焊接性能。

(2)桥梁构件主体结构所用钢材牌号均来自现行国家标准,它们的化学成分和力学性能应符合标准的规定。

(3)钢桥在选材时应考虑板厚、材质、拉应力水平及使用温度。

(4)钢桥在选材时应注重钢材的冲击韧性指标。冲击韧性是钢材抗脆断能力的主要指标,反映钢材抵抗低温、应力集中、多向拉应力、荷载冲击和重复疲劳等因素导致脆断的能力。钢材的选用应为C、D、E、F级中的任一种,C、D、E、F级钢的冲击韧性试验温度分别为0℃、-20℃、-40℃和-60℃。对于复杂节点,特别是三向受拉部位所用钢材应注意合理选择。

(5)根据桥梁所处环境中年均氯离子沉积率和年均SO_2沉积率的不同,耐候钢分为城乡大气环境用耐候钢、工业大气环境用耐候钢和海洋大气环境用耐候钢,其化学成分有较大差异。耐候钢选用时,应注意所选耐候钢应与当地环境气候相适应,耐候钢力学性能借鉴现行《桥梁用结构钢》(GB/T 714)。

第3章 结构及构造设计

3.1 桥型选择

3.1.1 桥型及适用范围

常规跨径钢结构桥梁按桥面结构分为钢主梁和组合梁,钢主梁按截面形式分为工字梁、钢箱梁、钢桁梁,组合梁按截面形式分为工字组合梁、箱形组合梁、桁架组合梁和波纹钢腹板组合梁。

钢箱梁结构自重相对较轻,抗弯、抗扭刚度大,在横风作用下稳定性好,但结构内部应力状态复杂,箱梁内部检测、维修难度较大,养护费用相对较高,钢桥面板疲劳问题仍需要进一步研究改进。

钢桁梁是传统的钢结构形式,适应性强、结构受力明确、易于运输和检查维修,长期占据着特大跨径桥梁的优势地位,但其用钢量较大,造价相对较高。

组合梁结构发挥了混凝土材料的抗压性能和钢材的抗拉性能,避免了钢桥面的疲劳问题。组合梁结构因自重较大,限制了其在特大跨径桥梁的应用,但常规跨径桥梁比较适宜。

每一种桥梁结构,根据细部结构差异又可以分为多种类型,每种类型有其各自的特点和适用范围。合理的选型,对更好地适应桥梁结构所处自然环境,提高结构的安全耐久性,降低全寿命周期成本影响重大。应结合项目的实际情况,选择最适合的桥梁结构形式,充分发挥结构特性,扬长避短,取得最佳效果。

钢桥桥型的选择和布置主要受其所跨越的障碍、桥梁跨径、桥墩位置以及方案的可行性决定。对于常规跨径的桥梁,梁桥是最常见的选择。梁桥断面可以由一个或多个梁组成,包括型钢、工字梁、箱形梁或桁架梁。常规跨径等高度钢主梁桥型的适用范围见表3.1.1-1,各类结构形式对应的跨径范围并非不变,通常会根据劳动力成本以及可用的材料与技术,随时间和地区的不同而变化。

表3.1.1-2列出了用于公路常规跨径简支梁桥和连续梁桥的工字梁、箱形梁和桁架梁的高跨比 h/l 常规取值。钢主梁的"平均高跨比"中,简支梁为"跨中梁高/跨径",连续梁为"连续支点梁高/最大跨径"。

表 3.1.1-1　钢主梁桥与组合梁桥常规跨径范围

分　类		常规跨径(m)	主　要　优　势
钢主梁桥	钢箱梁	60~100	结构轻,整体性好;抗弯、抗扭刚度大,适合曲线梁桥;设计、施工技术要求高
	钢桁梁	100~150	抗弯刚度较大,结构轻,跨越能力强;构件受力明确,构件以受轴向力为主(杆件);计算方便,材料利用充分;桁架结构可化整为零,当运输及安装条件受限时,适合采用
组合梁桥	工字组合梁	20~100	自重较轻,便于运输及安装
	箱形组合梁	30~100	具备较大的抗扭刚度,适合建造曲线梁桥
	桁架组合梁	100~150	抗弯刚度较大,适用于刚度要求较高的结构;下承式桁架梁桥面以下建筑高度较小,在满足净空要求下,可降低纵坡。在纵坡一定的情况下,可提供较大的桥下净空;桁架结构可化整为零,当运输及安装条件受限时,适合采用
	波形钢腹板组合梁	40~80	可避免混凝土箱梁腹板开裂问题

表 3.1.1-2　用于公路桥梁的钢主梁常用高跨比(h/l)

主　梁　类　型	结　构　形　式	
	简支梁	连续梁
钢箱梁	1/15~1/20	1/20~1/25
钢桁梁	1/7~1/10	1/8~1/15
工字组合梁	1/15~1/18	1/20~1/22
箱形组合梁	1/15~1/18	1/20~1/22
桁架组合梁	1/7~1/10	1/8~1/15
波形钢腹板混凝土梁	1/15~1/18	1/15~1/20
波形钢腹板组合梁	1/15~1/18	1/20~1/22

梁桥也可以被设计为变高度。在大跨径梁桥的中支点局部增加梁高是特别有效的。梁在该部分增加的刚度(取决于惯性矩)能减小跨中弯矩,进而允许减小梁在跨中部分的尺寸以及自重,还能提高桥梁的美观性,特别是当边跨采用小跨径时。

3.1.2　桥型选择原则

钢结构桥梁的设计,必须根据自然和技术条件,在综合应用专业知识,了解掌握国内外钢结构领域新技术、新材料、新工艺的基础上,根据国家与行业发展导向,进行深入细致的分析对比,科学得出最优的设计方案。桥型选择需要考虑的因素很多,除结构安全以外,主要包括经济性、施工效率、耐久性和易维护性等,有必要通过方案比选得到最佳方案。

1) 经济性

不同的桥型具有不同的经济技术指标,且其指标随着建桥条件的变化而变化,不同的跨径布置、主梁截面形式、结构体系、基础类型和施工方法,会表现出不同的经济性。跨径布置是整个桥梁方案经济性的控制因素,常规跨径一般可采用工字组合梁、箱形组合梁、钢箱梁,大跨径可采用桁架组合梁、钢桁梁。

2) 施工效率

施工效率取决于桥址处地形和水文环境、运输条件、施工设备和施工经验。采用装配化制造的钢桥效率相对较高,钢主梁部分或整跨在工厂加工制造后,运输到桥址进行现场组装,采用吊装、顶推等方案进行安装。对于建设工期较紧的工程或桥下交通量密集的区域,宜采用装配化结构形式,即钢主梁运到现场组装的方式为螺栓连接,不进行现场焊接。构件尺寸设计应考虑运输方式和设备要求。

3) 耐久性

钢桥在运营期间容易受到环境中各种腐蚀物的侵蚀,导致其耐久性和安全性降低,影响行车安全。结构耐久性与细部构件的设计使用寿命有关,设计时需要区分不需要维修构件(如耐候钢和混凝土构件)和需要定期维护更换的构件(铺装、涂装、伸缩缝、支座等),对需要更换的构件要预留更换空间和必要设施;对于条件适宜的桥梁可采用耐候钢结构。

4) 易维护性

桥型选择时需要考虑钢桥将来的易维护性。一般而言,工字组合梁的维护较钢箱梁和钢桁梁相对容易;封闭的钢箱梁内部一般设置除湿机。在进行桥梁设计时要考虑结构各部分的"可达、可检、可维护、可更换"。

应认真汲取国内外钢结构桥梁设计、建造、养护经验,结合项目实际,合理选择桥梁结构形式。对于二、三车道的平直路段,其工字组合梁可相应采用三、四主梁结构,其箱形组合梁和钢箱梁可相应采用二、三主梁结构;变宽段、曲线段以及对建筑高度较为敏感的路段宜采用多主梁结构;小半径曲线和保通要求高的桥梁可采用箱形组合梁或钢箱梁;在经验丰富、施工条件便利的情况下也可采用波形钢腹板混凝土梁或波形钢腹板组合梁。

3.2 结构分析

3.2.1 分析模型

(1)结构分析采用的模型和基本假定,应能反映结构实际受力状态,其精度应能满足结构设计要求。根据极限状态设计理念对结构在施工和使用期的不同阶段分别进行结构分析,并确定其最不利的作用组合。

(2)结构分析的模型应符合下列要求:

①结构分析采用的计算简图、几何尺寸、计算参数、边界条件、结构材料性能指标以及构造措施等应符合实际工作状况。

②结构上可能的作用及其组合、初始应力和变形状况等,应符合结构的实际状况。

③结构分析中所采用的各种近似假定和简化,应有理论、试验依据或经工程实践验证;计算结果的精度应符合工程设计的要求。

(3)环境对桥梁结构的影响不能忽视,例如海洋大气环境、峡谷风环境、侵蚀介质环境、地质断层环境、温度环境等,都对结构的安全和耐久产生较为显著的影响。因此在结构分析中,应考虑环境对构件和结构性能的影响。

(4)结构受力分析可按线弹性理论进行,当极限状态条件下结构的变形不能被忽略时,应考虑几何非线性对结构受力的影响。

(5)结构动力分析应考虑下列因素:

①所有相关的结构构件质量、刚度和阻尼特性。

②模型的边界条件应反映结构的固有特性。

(6)构件的疲劳验算按现行《公路钢结构桥梁设计规范》(JTG D64)的规定进行。

(7)结构分析应符合下列要求:

①满足力学平衡条件。

②在不同程度上符合变形协调条件,包括节点和边界的约束条件。

③采用合理的材料本构关系或构件单元的受力-变形关系。

(8)结构分析所采用的计算软件应经验证,其技术条件,如几何尺寸、约束条件、材料特性、外部作用等,应符合国家现行有关标准的要求。应对分析结果进行判断和校核,在已有规范规定和工程经验基础上确认其合理、有效后方可应用于工程设计。

3.2.2 钢结构梁计算

(1)工字梁纵横向联结系需要考虑水平荷载和偏心荷载产生的扭矩作用。

(2)常规跨径钢箱梁的约束扭转剪应力较小,可忽略不计,仅计算自由扭转剪应力。但弯梁及高宽比很大或很小的箱梁等,不应忽略约束扭转剪应力。

(3)钢桁梁桥结构可划分为若干个单独平面系统分别计算,然后考虑各平面系统的相互影响。对构造复杂的结构,宜采用空间分析模型。钢桁梁桥主桁杆件的计算应符合下列规定:

①构件节点可假定为铰接进行计算。

②当主桁杆件截面高度与其节点中心间距之比,非整体节点的简支桁梁大于1/10,连续梁支点附近的杆件及整体节点钢桁梁杆件大于1/15时,应计算其节点刚性的影响,由该节点刚性引起的次力矩应乘以0.8,与轴向力一并进行承载能力极限状态的强度检算。

(4)弯桥与扁平截面钢箱梁应同时考虑约束扭转效应与约束扭转正应力。

3.2.3 组合梁计算

(1)钢主梁可采用工字形、闭口或槽形(开口箱梁)等截面形式,混凝土板可采用现浇或预制,连接件可采用焊钉、槽钢和开孔板等形式。混凝土板应考虑剪力滞影响,翼缘有效宽度可按现行《公路钢结构桥梁设计规范》(JTG D64)计算。

(2)组合梁应按下列规定进行结构整体分析:

①组合梁的内力分析应采用线弹性分析方法,考虑温度、混凝土收缩徐变、施工方法及顺序等因素的影响。

②计算组合梁截面特性时,宜采用换算截面法。按混凝土是否开裂,组合梁截面的抗弯刚度分为未开裂截面刚度 EI_{un} 和开裂截面刚度 EI_{cr}。计算 I_{cr} 时,不应计入受拉区混凝土对刚度的影响,但应计入混凝土板内纵向钢筋的作用。当混凝土板按全预应力混凝土或部分预应力混凝土 A 类构件设计时,应采用未开裂分析方法,组合梁截面刚度取未开裂截面刚度 EI_{un};当混凝土板按部分预应力混凝土 B 类或普通钢筋混凝土构件设计时,应采用开裂分析方法,中间支座两侧各 $0.15L$(L 为梁的跨径)范围内组合梁截面刚度取开裂截面刚度 EI_{cr},其余区段组合梁截面刚度取未开裂截面刚度 EI_{un}。

③组合梁的温度效应应按现行《公路桥涵设计通用规范》(JTG D60)的相关规定计算。

④混凝土收缩产生的效应应按现行《公路钢筋混凝土及预应力混凝土桥涵设计规范》(JTG 3362)的相关规定计算。

⑤在进行组合梁整体分析时,可利用钢材与混凝土的有效弹性模量比考虑混凝土徐变的影响。

⑥组合梁截面的剪力应全部由钢主梁腹板承担,不考虑混凝土板的抗剪作用。

(3)超静定结构中的混凝土收缩徐变引起的效应宜采用有限元方法计算。

3.2.4 结构强度、稳定与变形计算

(1)桥梁承载能力极限状态应按式(3.2.4-1)进行验算:

$$\gamma_0 S_d \leqslant R_d \tag{3.2.4-1}$$

式中：γ_0——结构重要性系数；

S_d——作用组合的效应(如轴力、弯矩或表示几个轴力、弯矩的向量)设计值；

R_d——结构或结构构件的抗力设计值。

(2)上部结构采用整体式截面的梁桥在持久状况下结构体系不应发生改变，并应按下列规定验算横桥向抗倾覆性能：

①在作用基本组合下，单向受压支座始终保持受压状态。

②当整联只采用单向受压支座支承时，应符合式(3.2.4-2)要求：

$$\frac{\sum S_{bk,i}}{\sum S_{sk,i}} \geqslant k_{qf} \tag{3.2.4-2}$$

式中：k_{qf}——横向抗倾覆稳定性系数，取 $k_{qf}=2.5$；

$\sum S_{bk,i}$——使上部结构稳定的作用基本组合(分项系数均为1.0)的效应设计值；

$\sum S_{sk,i}$——使上部结构失稳的作用基本组合(分项系数均为1.0)的效应设计值。

(3)计算竖向挠度时，应按结构力学的方法并采用不计冲击力的汽车车道荷载频遇值，频遇值系数为1.0。计算挠度值不应超过表3.2.4规定的限值。

表3.2.4 竖向挠度限值

桥梁结构形式	简支或连续桁架	简支或连续梁	梁的悬臂端部
限值	$\dfrac{l}{500}$	$\dfrac{l}{500}$	$\dfrac{l_1}{300}$

注：1.表中 l 为计算跨径，l_1 为悬臂长度。
2.当荷载作用于一个跨径内有可能引起该跨径正负挠度时，计算挠度应为正负挠度绝对值之和。
3.挠度按毛截面计算。

(4)钢桥应设置预拱度，预拱度大小应视实际需要而定，宜为结构自重标准值加1/2车道荷载频遇值产生的挠度值，频遇值系数为1.0。预拱度应保持桥面曲线平顺。对于组合梁，预拱度计算方法应考虑施工方法和顺序的影响。

3.2.5 BIM和三维仿真

(1)应依托BIM(Building Information Modeling，建筑信息模型)技术在三维建模与分析、检查碰撞、自动成图和细节设计、施工模拟和运维管理等方面的优势，建立可应用于设计阶段、施工阶段和运维阶段的BIM一体化信息系统，高效、精准地实现桥梁全寿命周期工程质量的全过程动态管控，提高桥梁工程的整体运行能力及信息的集成化程度。

(2)三维BIM模型应作为信息存储及管理的有效载体，将设计、制造、安装施工、运维等全生命周期的信息整合起来，进行有效管理和传递。三维BIM模型不仅能有效地指导工程施工,而且信息能更为高效地在工程参建各方之间流转,时效性更强。可将 BIM 模型与钢结构制造及安装施工过程中使用的系统管理软件相结合,充分发挥 BIM 技术在空间定位和数据信息管理方面的优势,指导制造与施工单位制定合理的计划,对生产过程中的成本、质量、进度进行控制。对一些重难点工程能及时指派专人负责,降低参建各方的信息断层,避免产生信息孤岛。对关键构件还应进行实时跟踪,及时了解构件的加工生产及安装进度,确保工程保质保量完成。

3.3 标准化设计与制造

3.3.1 设计标准化

常规跨径钢桥其自重轻、施工安装过程简便、构件尺寸相对较小且可回收再利用,在国内外城市交通基础设施快速化建设过程中具有广阔的前景。目前,美国、日本、德国等发达国家在常规跨径钢桥的应用方面走在了世界前列,也取得了一些研究成果。国外的钢桥产业早已走向工业化发展道路,其中主要得益于成套标准化技术的发展与运用。日本从 20 世纪 50 年代末就开展了钢桥设计的标准化、建筑材料的规格化以及构件生产的预制化等一系列工作。

目前国家层面和行业层面均大力倡导预制装配化技术,鼓励使用钢结构,减少施工现场的工作量。桥梁工业化需要设计先行,在设计阶段,结合项目建设条件,全面推行桥梁构件标准化设计,提升设计品质。通过标准化设计,采用统一的构件,使预制标准化、工艺流程化、安装机械化,在提高结构质量的同时,可以大大提高生产效率。通过充分利用装备能力,采用整体化、大型化构件,可以优化结构受力,减少现场作业步骤,提升预制和安装的效率。

标准化设计的优点主要体现在:①与我国当前钢构件制造相匹配,有利于提高建造质量;②可以减少重复劳动,加快设计速度;③有利于自动化技术的推进;④便于实行构件生产工厂化、装配化和施工机械化,提高劳动生产率,加快建设进度。

在对常规跨径钢结构桥梁进行标准化设计时,宜运用模块化思想对钢结构桥梁进行标准化设计。模块是在标准化原理的应用基础上发展而来的,常被利用于机械、建筑等领域的标准化设计中,是具有尺寸模数化、结构典型化、部件通用化、组装积木化的综合体,所以在常规跨径钢桥的上部结构设计中宜优先选择模块化原理来指导设计。

钢主梁可设计成尺寸参数标准化,且具有模数制的部品。现场人员可利用配套技术按照一定的边界条件和组合方式,将满足模数制要求的预制部品快速拼装成整桥,以满足用户不同的使用要求。

例如，常规跨径工字梁上部结构参数标准化设计时可考虑：①对桥宽进行标准化设计，这是进行工字梁桥标准化设计的基础；②对梁高进行标准化设计，工字梁桥主梁高度受主梁间距的影响，在进行梁高标准化设计前，可先确定主梁的间距；③为了实现钢桥节段部品的通用互换、保证钢桥的质量，建议对工字梁节段部品进行标准化划分与组合。

需要指出的是，常规跨径钢桥在进行节段划分时，应综合考虑桥宽、构造、制作、运输、施工等因素，可选择纵、横向分段方案或仅分成纵向梁段的方案。

常规跨径连续钢箱梁的标准化设计可考虑：①注意连续钢箱梁的标准截面形式选择。常用的正交异性连续钢箱梁桥的截面形式主要有单箱多室和多箱单室两种。结构性能上，两者整体性均较好，横向分布均匀，能有效抵抗扭转变形；通用性上，多箱单室钢箱梁桥的挑梁、主箱室、横梁均可制成多种规格的标准部品，构件部品之间的互换能力强，装配化程度更胜一等，从而轻松实现"桥宽变化改横梁，车道不足放钢箱"的机动过程。②依据行车道参数，对整体桥宽进行标准化设计。③对钢箱梁纵、横向进行模块化设计。纵向上，首先，将钢主梁划分成统一模数制的标准部品（模块）；其次，每一个标准部品在设计时均采用互换通用性强的标准构件，小到加劲肋，大到翼缘板，并依据梁高和桥宽的不同配有多种规格；最后，针对集成好的标准部品制定一套合理的标准组合方式。横向上，不同型（桥宽不同）钢桥之间的转换可通过改变挑梁型部品和横梁型部品来实现。

经模块化设计后的钢箱梁桥相较于传统钢箱梁桥而言，能有效解决因整体尺寸差异大而引起的一体化设计难度高、节段通用化程度低、构件数量众多等问题，进一步提高常规跨径钢桥的标准化设计水平。

常规跨径钢桁梁的标准化设计可考虑：①对节间距、桁高及桁间距布置进行标准化设计；②对杆件单元如中纵梁、上弦杆、下弦杆和腹杆等进行标准化设计；③对桥面板进行标准化设计；④对螺栓群进行标准化设计；⑤对拼装接口进行标准化设计。杆件的拼装接口设计，以结构的无应力线形为基准，结合路线的曲线影响和预拱度的预留进行综合考虑。

3.3.2 制造标准化

钢结构桥梁设计采用标准化设计的同时，对应的钢结构桥梁的制造也宜对应采用标准化，从材料、制造、组装、焊接及成型等方面形成标准化制造工艺流程。针对高精度要求的构件产品，逐步采用三维划线机和落地镗铣床配合的方式，保证孔群的高精度要求；在生产过程中逐步投入预处理及下料生产线、工字钢流水线、箱形杆件流水线和板单元流水线，对产品采用标准化制造模式；采用流水线控制，运用数字化和信息化手段，实现系统化控制和管理。

1)钢板下料

主要装备有智能下料切割生产线、智能钢板预处理线、数控切割机等。上述设备不仅效率高,切割面质量好,能确保零件尺寸精度,同时还带有自动划线和喷号功能,可以在下料前将母材各类信息喷写在各个零件上,实现零件材质跟踪,可以同时划出组装基线,取消了人工划线工序,避免出现人为偏差。

2)U肋加工

主要装备有自动化U肋加工生产线、正交异性桥面板自动打磨机,全面提高其加工质量,为实现U肋自动组装、定位,确保坡口根部焊接质量奠定基础。U肋自动化加工生产线示例如图3.3.2-1所示。

图3.3.2-1 U肋自动化加工生产线

3)板单元组装和定位焊接

主要装备有U肋顶板单元组焊一体专机、U肋与底板自动组装机床、板肋板单元装配专机。桥面板单元与其他板单元相比,形状比较规则,容易实现自动定位、压紧及定位焊的功能,提高定位焊缝的质量稳定性。

4)U肋、板肋板单元焊接

主要装备有板单元智能焊接生产线、U肋顶板外侧焊缝自动焊接设备、U肋与底板单元焊接专机、板肋板单元焊接机器人。能有效避免人工操作的不稳定因素,提高焊接质量稳定性和生产效率。U肋、板肋板单元自动化焊接应用示例如图3.3.2-2所示。

图 3.3.2-2 板单元自动化焊接系统

5）横隔板单元焊接

主要装备有横隔板龙门式智能焊接机器人。横隔板单元加劲肋目前主要采用半自动气体保护焊手工焊接，其受人为因素影响大，焊接质量不稳定。若采用机器人自动化、智能化焊接系统，将横隔板的焊接顺序和焊接规范参数等信息输入程序，通过程序控制横隔板上加劲肋的焊接，质量稳定，焊接变形小，焊接效率高。

除进行钢结构制造各工序制造机械化、自动化设备研究外，宜进一步研究整个自动化制造工艺流程和生产布局，以形成自动化制造生产线，达到生产工序布局合理，生产流转通畅，各种单元件的产能匹配，从而实现高效自动化制造。图 3.3.2-3 为工字梁制造流水线配置示意图。

图 3.3.2-3 工字梁制造流水线配置

工字梁流水线的配置主要包括 H 型钢自动组立机、门式气保焊打底机、动力输送辊道、移钢机、液压翻转架、悬臂式埋弧焊机、液压移钢翻转机、H 型钢液压翼缘矫正机、机械式翼缘矫正机。

3.3.3 通用图设计

鉴于我国的国情，发展中等跨径钢桥已迫在眉睫。虽然国外在中等跨径钢桥的设计建造方面取得了很多的成果,但根据我国的具体情况,国外的设计参数、通用图不能完全适用于我国的公路桥梁。为此,进行常规跨径钢桥的通用图研发并对其进行推广是十分必要的。

目前,国内钢桥设计水平良莠不齐,为了确保中国公路钢桥建设的高品质、长寿命,推行通用图技术、装配化的设计施工理念是一个必须坚持的方向。

我国钢桥发展目标应为:高性能材料、标准化设计、工厂化制造、装配化施工、智能化管养、设计使用寿命、全寿命周期成本、QHSE(质量 Quality,健康 Health,安全 Safety,环境 Environmental)管理体系。优秀的设计是确保建设品质的关键,采用桥梁标准化设计即通用图,是工程项目享有优质设计资源的必要途径;优秀的设计咨询公司是先进技术通用图的合格供给者;中国高速公路钢结构桥梁建设必须开启标准化、工厂化建设新时代。

在对常规跨径钢结构桥梁进行通用图研发时,应能代表行业发展的先进水平,追求行业领先技术。建议如下:

(1)通用图编制工作理念与原则:高端、安全、耐久、美观、安装快捷、维护方便。

(2)通用图中桥梁结构主要工程材料的技术指标、设计水平等应与国际先进水平接轨。

(3)各地区可根据不同的条件进行通用图的推广和应用。

3.4 钢结构连接

钢结构桥梁是由钢板、型钢等钢构件通过焊接、栓接等连接方式组合而成的整体结构。连接在钢桥中占有很重要的地位,将直接影响钢桥的制造安装、经济指标和使用性能。

3.4.1 一般规定

(1)钢结构桥梁部件的连接方法主要有焊接和螺栓连接两种方式。板件间的连接应优先选用焊接,杆件或梁段之间的连接可选用焊接、栓接或焊接与栓接的混合连接。

(2)螺栓连接分为普通螺栓和高强度螺栓两种连接方式,高强度螺栓连接方式又分为承压型和摩擦型。对主要受力结构,应采用高强度螺栓摩擦型连接;对次要构件、结构构造性连接和临时连接,可采用普通螺栓连接。承压型连接的高强度螺栓不适用于直接承受疲劳荷载的结构连接,而且由于在荷载作用下将产生滑移,也不宜用于承受反向内力的连接。

(3)焊接和高强度螺栓摩擦型连接同时并存的连接应慎用。

(4)接头处各杆件轴线宜相交于一点。不能交于一点时,应考虑偏心的影响。

(5)在车行道分隔线两侧300~500mm范围内是车轮碾压最集中的部位,若纵隔板、桥面板块焊缝在该区域,焊缝容易产生疲劳裂纹,因此桥面板块划分宜避开轮迹线。

3.4.2 焊接连接

1)一般规定

(1)焊接是现代钢桥最主要的连接方法之一。焊接的优点是方便使用,一般不需要附加连接板、连接角钢等零件,也不需要在钢材上开孔而导致截面受削弱。因此,它的构造简单,节省钢材,制造方便,并易于采用自动化操作,生产效率高。此外,焊接的刚度较大,密封性较好。

焊接的缺点是焊缝附近钢材因焊接的高温作用而形成热影响区,其金相组织和机械性能发生变化,某些部位材质变脆;焊接过程中钢材受到不均匀的高温和冷却,使结构产生焊接残余应力和残余变形,影响结构的承载力、刚度和使用性能;焊缝可能出现气孔、夹渣、咬边、弧坑裂纹、根部收缩、接头不良等影响结构疲劳强度的缺陷。

(2)钢桥焊接主要采用电弧焊,电弧焊包括手工电弧焊、埋弧焊和气体保护焊。其中埋弧焊和气体保护焊一般为自动或半自动焊。

(3)焊缝接头形式按母材的连接方式可分为对接接头、搭接接头、T形接头、角接接头等形式(图3.4.2-1)。

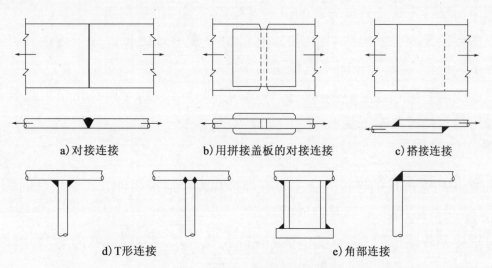

图3.4.2-1 焊缝连接形式

(4)焊缝按本身的构造分为角焊缝、全熔透坡口焊和部分熔透坡口焊等形式。

(5)按焊缝施焊时的姿态,焊缝连接可分为平焊、横焊、立焊和仰焊。

(6)焊接符号及其表示方法按现行《焊缝符号表示法》(GB/T 324)的规定执行。

(7)焊接材料应与母材相适应。当不同强度的钢材连接时,可采用与较低强度钢材牌号相适应的焊接材料。

(8) 应根据结构形式,合理选择焊接接头的类型和尺寸。

(9) 焊缝施焊后,由于冷却将引起收缩应力。施焊的焊缝截面尺寸越大,其收缩应力也越大,因此设计中不得任意加大焊缝。避免焊缝立体交叉、重叠和过分集中。

(10) 焊件厚度大于20mm的角接接头,应采用不易引起层状撕裂的焊接接头构造。

(11) 焊接设计时宜减少在桥位的焊接作业量,焊接顺序的设计应尽量避免仰焊作业,并宜减小周边构件对焊件的约束。

(12) 焊接接头的选择除应考虑满足接头受力要求外,还应考虑接头的可焊到性和可探伤性。在结构空间狭小、加劲肋多的情况下,应考虑焊接、探伤对操作空间最小尺寸的要求。

(13) 各种接头形式的焊接工艺应进行焊接工艺评定。焊接工艺评定,应根据母材的焊接性、确定的焊接材料、焊接坡口、焊接设备、焊接工艺参数等进行一定的焊接试验。

(14) 焊缝应根据结构的重要性、荷载特性、焊缝形式、工作环境以及应力状态等情况,按以下原则分别选用不同的质量等级:

①在需要进行疲劳计算的构件中,凡对接焊缝均应熔透,其质量等级为:

a. 作用力垂直于焊缝长度方向的横向对接焊缝或T形对接与角接组合焊缝,受拉时应为一级,受压时不应低于二级;

b. 作用力平行于焊缝长度方向的纵向对接焊缝不应低于二级。

②不需要验算疲劳的构件中,凡要求与母材等强的对接焊缝应予熔透,其质量等级当受拉时不应低于二级,受压时不宜低于二级。

③对承受动力荷载且需要验算疲劳的结构,部分熔透的对接与角接的组合焊缝、搭接连接采用的角焊缝以及不要求熔透的T形接头采用的角焊缝,焊缝质量等级不应低于二级。

2) 焊接连接构造要求

(1) 角焊缝焊脚尺寸 h_f 应符合以下规定:

①对搭接角焊缝,当材料厚度小于8mm时,最大尺寸应取材料的厚度;当材料厚度大于或等于8mm时,最大尺寸应取材料厚度减去2mm。

②对角接和T形连接角焊缝,最小尺寸按表3.4.2的规定取用,同时焊缝最大尺寸不应超过较薄连接部件厚度的1.2倍。

③对不开坡口的角焊缝的最小长度,自动焊及半自动焊不宜小于焊缝厚度的15倍,手工焊不宜小于80mm。

表 3.4.2　不开坡口角焊缝的焊脚最小尺寸

板中之较大厚度(mm)	不开坡口角焊缝的焊脚最小尺寸(mm)
≤20	8
>20	10

（2）用于受力连接的角焊缝，两焊角边的夹角应在 60°～120°之间，且宜采用 90°直角焊缝。而部分熔透的对接和 T 形对接与角接组合的角焊缝，其两焊角边的夹角可小于 60°，但应详细注明坡口细节，如图 3.4.2-2 示。

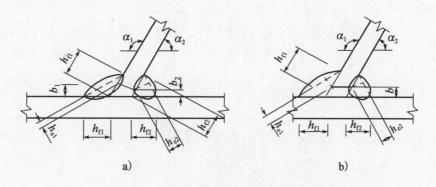

图 3.4.2-2　T 形接头角焊缝坡口细节

（3）角焊缝的焊脚边比例宜为 1∶1。当焊件厚度不等时，可采用不等的焊脚尺寸。在承受动荷载的结构中，角焊缝焊脚边比例，对正面角焊缝宜为 1∶1.5（长边顺内力方向）；对侧面角焊缝可为 1∶1。角焊缝表面应做成凹形或直线形。

（4）主要受力构件不得采用断续角焊缝。断续角焊缝的端部是起落弧的地方，容易出现气孔等缺陷，产生或加剧应力集中，致使连接质量更为降低，且焊缝间空隙处易受潮气侵蚀而生锈。

（5）次要构件或次要焊缝连接采用断续角焊缝时应符合以下规定：

①当部件受压时，其相邻两焊缝在端与端之间的净距均不得大于按较薄部件厚度的 12 倍或 240mm；当部件受拉时，不得大于按较薄部件厚度的 16 倍或 360mm。

②当焊缝用于连接加劲肋和一受压或受剪的板或其他部件时，焊缝间的净距不得大于加劲肋间距的 1/4。

③布置在同一直线上的间断焊缝，在其所连部件的每一端均应设置焊段。

④在拼合构件中，板件用间断焊缝连接时，在其板件端部每一边所布置的焊缝长度均不应小于该处最窄板件厚度的 3/4。

（6）杆件与节点板的连接焊缝宜采用两面侧焊（图 3.4.2-3），也可用三面围焊（图 3.4.2-4）。承受静荷载的结构宜采用两面侧焊，承受动荷载的结构宜采用围焊。围焊的转角处必须连续施焊。当角焊缝的端部在被焊件转角处时，可连续地绕转角加焊一

段 $2h_f$ 的长度(图 3.4.2-3)。

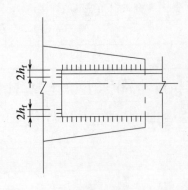 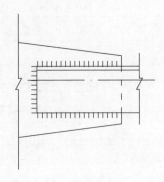

图 3.4.2-3　杆件与节点板连接的两面侧焊　　图 3.4.2-4　杆件与节点板连接的
　　　　　　及焊件端部的绕焊　　　　　　　　　　　　　三面围焊

(7) 被连接部件相互搭接长度不应小于最薄部件厚度的 5 倍,且各部件均应用两道横向焊缝相连。

(8) 采用焊接相连的两部件,当用厚度小于焊脚长度的填板隔开时,连接所用焊缝的焊脚尺寸应按填板厚度加大,填板边缘应与所连部件边缘齐平。当填板厚度不小于焊脚时,在填板和各部件之间均应采用能传递设计荷载的焊缝相连。

(9) 受力构件焊接不得采用圆孔和槽口塞焊,必要时应采用特殊的坡口并制定专门的焊接工艺。

(10) 各种形式焊缝的有效计算厚度 h_e,应按以下规定采用:

① T 形连接时,如竖板边缘加工有熔透的 K 形坡口,焊缝的有效厚度采用竖板的厚度。

② 直角焊缝的有效厚度 h_e 采用焊脚尺寸 h_f 的 0.7 倍(图 3.4.2-5)。

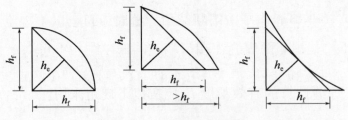

图 3.4.2-5　直角焊缝截面图

③ 斜角焊缝的有效厚度按式(3.4.2-1)计算,斜角焊缝截面如图 3.4.2-6 所示。

$$h_e = h_f \cos\frac{\theta}{2} \quad (\theta \geqslant 60° \text{时}) \quad (3.4.2-1)$$

④ 部分熔透焊缝设计应规定熔深尺寸。部分熔透的对接焊缝的有效厚度(图 3.4.2-7)取为:坡口角度 $\alpha \geqslant 60°$ 的 V 形坡口、U 形坡口、J 形坡口,$h_e = S$;坡口角度 $\alpha < 60°$ 的 V 形坡口,$h_e = S - 3\text{mm}$。此处 S 为坡口根部至焊缝表面(不考虑余高)的最短距离。

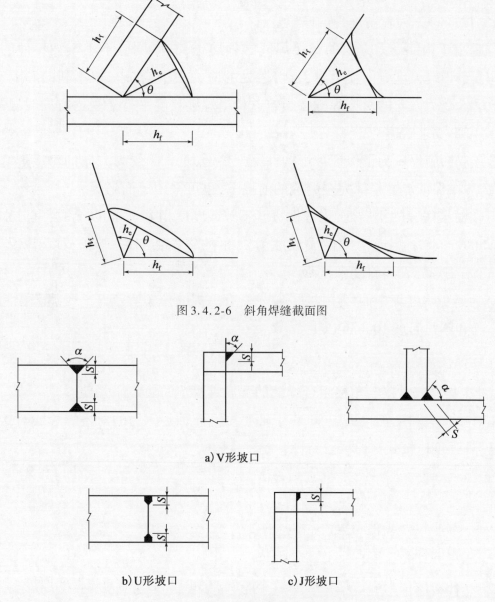

图 3.4.2-6　斜角焊缝截面图

a) V形坡口

b) U形坡口　　c) J形坡口

图 3.4.2-7　部分熔透的焊缝截面图

(11) 各种形式焊缝计算的有效长度 l_w 应按以下规定采用：

① 采用引弧板施焊的焊缝，其计算长度应取焊缝的实际长度；未采用引弧板时，应取实际长度减去 $2h_f$。

② 侧面角焊缝的计算长度，当受动荷载时，不宜大于 $50h_f$；当受静荷载时，不宜大于 $60h_f$。当计算长度大于上述的数值时，其超过部分在计算中可不予考虑。在全长范围内均传递内力的焊缝，其计算长度可不受此限。

③ 侧面角焊缝或正面角焊缝的计算长度不得小于 $8h_f$。

④ 当搭接接头钢板端部仅有两侧角焊缝连接时，每条侧面角焊缝长度不宜小于相邻

两侧面角焊缝之间的距离;同时两侧面角焊缝之间的距离不宜大于$16t$($t \geq 12\text{mm}$)或200mm($t < 12\text{mm}$),t为较薄焊件的厚度。

(12)垂直于构件受力方向的对接焊缝必须熔透,其厚度应不小于被焊件的最小厚度。当垂直于焊缝长度方向受力时,未熔透处的应力集中会带来很不利的影响,因此规定垂直于构件受力方向的对接焊缝必须熔透。当焊缝长度平行于受力方向时,焊缝只承受剪应力,可不要求熔透。

焊缝宜双面施焊。为了保证被焊构件完全熔透,垂直于受力方向的对接焊缝一般要求双面施焊;在保证焊缝根部完全熔透的前提下,也可采用单面施焊。

(13)在对接焊缝的拼接处,当焊件宽度不等或厚度相差4mm以上时,宜分别在宽度方向或厚度方向将一侧或两侧做成坡度为1:8的斜角;当厚度(或宽度)相差不超过4mm时,可采用焊缝表面斜度来过渡。

(14)为避免焊缝集中而产生的不利影响,有关焊缝位置宜错开。受疲劳控制的焊缝应错开孔群和圆弧起点100mm以上。

3)焊缝强度计算

(1)对接焊缝或对接与角接组合焊缝的强度计算应符合以下规定:

①在对接接头和T形接头中,垂直于轴心拉力或轴心压力的对接焊缝或对接与角接组合焊缝,其强度应按式(3.4.2-2)计算:

$$\gamma_0 \sigma = \frac{\gamma_0 N_d}{l_w t} \leq f_{td}^w 或 f_{cd}^w \tag{3.4.2-2}$$

式中:N_d——轴心拉力或轴心压力;

l_w——焊缝计算长度;

t——在对接接头中为连接件的较小厚度,在T形接头中为腹板的厚度;

f_{td}^w、f_{cd}^w——对接焊缝的抗拉、抗压强度设计值。

②在对接连接和T形连接中,承受弯矩和剪力共同作用的对接焊缝或对接与角接组合焊缝,应分别计算其法向应力σ和剪应力τ。在同时受较大法向应力和剪应力处,还应按式(3.4.2-3)计算换算应力:

$$\gamma_0 \sqrt{\sigma^2 + 3\tau^2} \leq 1.1 f_{td}^w \tag{3.4.2-3}$$

式中:f_{td}^w——对接焊缝的抗拉强度设计值。

(2)直角焊缝的强度计算应满足以下要求:

①在通过焊缝形心的拉力、压力或剪力作用下:

正面角焊缝(作用力垂直于焊缝长度方向)

$$\gamma_0 \sigma_{\mathrm{f}} = \frac{\gamma_0 N_{\mathrm{d}}}{h_{\mathrm{e}} l_{\mathrm{w}}} \leqslant f_{\mathrm{fd}}^{\mathrm{w}} \tag{3.4.2-4}$$

侧面角焊缝（作用力平行于焊缝长度方向）

$$\gamma_0 \tau_{\mathrm{f}} = \frac{\gamma_0 N_{\mathrm{d}}}{h_{\mathrm{e}} l_{\mathrm{w}}} \leqslant f_{\mathrm{fd}}^{\mathrm{w}} \tag{3.4.2-5}$$

②在各种力综合作用下：

$$\gamma_0 \sqrt{\sigma^2 + 3(\tau_1 + \tau_2)^2} \leqslant f_{\mathrm{fd}}^{\mathrm{w}} \tag{3.4.2-6}$$

式中：σ——垂直于焊缝有效厚度截面（$h_{\mathrm{e}} l_{\mathrm{w}}$）的正应力（图3.4.2-8）；

τ_1——垂直于焊缝长度方向并作用在焊缝有效厚度截面内的剪应力；

τ_2——平行于焊缝长度方向并作用在焊缝有效厚度截面内的剪应力；

$f_{\mathrm{fd}}^{\mathrm{w}}$——角焊缝的抗拉、抗剪和抗压强度设计值。

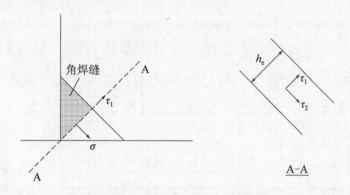

图 3.4.2-8　角焊缝应力状况

(3)斜角焊缝和部分熔透的对接焊缝，应采用直角焊缝的计算方法。

3.4.3　螺栓连接

(1)螺栓连接的优点是安装方便，特别适用于工地安装连接。普通螺栓因便于拆卸，适用于需要装拆的结构连接和临时性连接。高强度螺栓不仅安装方便，而且具有强度高、对螺孔加工精度要求较低、连接构件间不易产生滑动、刚度大等优点，适用于构件间的工地现场安装连接。

螺栓连接的缺点是需要在板件上开孔和拼装时对孔，增加制造工作量；螺栓孔还使构件截面削弱，且被连接的板件需要互相搭接或另加角钢或拼接板等连接件，因而钢材用量较多。

(2)当型钢构件拼接采用高强度螺栓连接时，其拼接件宜采用钢板。

(3)被拼接部件的两面都应有拼接板，拼接板的配置应使杆件能传递截面各部分所承担的作用力。

（4）螺栓应对称于构件的轴线布置。螺栓的间距应符合表3.4.3-1的规定。

表3.4.3-1　螺栓的容许间距

尺寸名称	方向		构件应力种类	容许间距	
				最大	最小
螺栓中心间距	沿对角线方向			—	$3.5d_0$
	靠边行列		拉力或压力	$7d_0$和$16t$的较小者	$3d_0$
	中间行列	垂直内力方向		$24t$	
		顺内力方向	拉力	$24t$	
			压力	$16t$	

注：1. 表中符号d_0为螺栓的孔径，t为栓合部分外层较薄钢板或型钢厚度。
　　2. 表中所列"靠边行列"指沿板边一行的螺栓线；对于角钢，距角钢背最近一行的螺栓线也作为"靠边行列"。
　　3. 有角钢镶边的翼肢上交叉排列的螺栓，其靠边行列最大中心间距可取$14d_0$和$32t$中的较小者。
　　4. 由两个角钢或两个槽钢中间夹以垫板或垫圈并用螺栓连接组成的构件，顺内力方向的螺栓之间的最大中心间距，对受压或受压-拉构件规定为$40r$，且不应大于160mm；对受拉构件规定为$80r$，且不应大于240mm。其中r为一个角钢或槽钢平行于垫板或垫圈所在平面轴线的回转半径。

（5）螺栓中心顺内力方向或沿螺栓对角线方向至边缘的最大距离应不大于$8t$和120mm的较小者，t是螺栓各部分外侧钢板或型钢厚度（mm）；顺内力方向或沿螺栓对角线方向至边缘的最小距离应不小于$1.5d_0$，垂直内力方向应不小于$1.3d_0$，d_0为螺栓孔的直径。

（6）位于主要构件上的螺栓直径，应不大于角钢肢宽的1/4。

（7）高强度螺栓孔可采用钻成孔，螺栓孔径与螺栓公称直径d的对应关系应符合表3.4.3-2的规定。

表3.4.3-2　高强度螺栓公称直径d与螺栓孔径D的对应关系

螺栓公称直径d(mm)	18	20	22	24	27	30
螺栓孔径D(mm)	20	22	24	27	30	33

（8）受力构件节点上连接的螺栓数量和构造应符合以下规定：

①受力构件在节点连接的螺栓或接头一边的螺栓，每排最少数量为2个。

②角钢在连接或接头处采用交叉布置的螺栓时，第一个螺栓应排在靠近边角钢背处。

③螺栓连接接头的螺栓数量，对主桁架杆件或工字梁翼缘宜按与被连接杆件等强度的要求进行计算；对联结系和次要受力构件可按实际内力计算，并假定纵向力在螺栓群上是平均分布的。

④受压杆件的螺栓接头，可采用端部磨光顶紧的措施来传递内力，此时接头处的螺栓及连接板的截面积，可按被连接构件承载力的50%计算。在同一接头中，允许螺栓与焊缝同时采用，不得按共同受力计算。

⑤当构件的肢与节点板偏心连接,且这些肢在连接范围内无缀板相连或构件的肢仅有一面有拼接板时,其螺栓总数应增大10%。

(9)普通螺栓连接应按以下规定计算:

①在普通螺栓受剪的连接中,每个普通螺栓的承载力设计值应取受剪和受压承载力设计值中的较小者。

a. 普通螺栓的受剪承载力设计值应按式(3.4.3-1)计算:

$$N_{vd}^b = n_v \frac{\pi d^2}{4} f_{vd}^b \tag{3.4.3-1}$$

b. 普通螺栓的受压承载力设计值应按式(3.4.3-2)计算:

$$N_{cd}^b = d\Sigma t \cdot f_{cd}^b \tag{3.4.3-2}$$

式中:n_v——受剪面数目;

d——螺栓杆直径;

Σt——在不同受力方向中各个受力方向承压构件总厚度的较小值;

f_{vd}^b、f_{cd}^b——螺栓的抗剪和承压强度设计值。

②在普通螺栓杆轴方向受拉的连接中,每个普通螺栓的承载力设计值应按式(3.4.3-3)计算:

$$N_{td}^b = n_v \frac{\pi d_e^2}{4} f_{td}^b \tag{3.4.3-3}$$

式中:d_e——螺栓在螺纹处的有效直径;

f_{td}^b——普通螺栓的抗拉强度设计值。

③同时承受剪力和杆轴方向拉力时,普通螺栓应满足式(3.4.3-4)和式(3.4.3-5)的要求:

$$\gamma_0 \sqrt{\left(\frac{N_v}{N_{vd}^b}\right)^2 + \left(\frac{N_t}{N_{td}^b}\right)^2} \leq 1 \tag{3.4.3-4}$$

$$\gamma_0 N_v \leq N_{cd}^b \tag{3.4.3-5}$$

式中:N_v、N_t——某个普通螺栓所承受的剪力和拉力设计值;

N_{vd}^b、N_{td}^b、N_{cd}^b——一个普通螺栓的受剪、受拉和受压承载力设计值。

(10)高强度螺栓摩擦型连接应按以下规定计算:

①在抗剪连接中,一个高强度螺栓的承载力设计值应按式(3.4.3-6)计算:

$$N_{vd}^b = 0.9 n_f \mu P_d \tag{3.4.3-6}$$

式中:n_f——传力摩擦面数目;

P_d——一个高强度螺栓的预拉力;

μ——摩擦面的抗滑移系数,除另有试验值外,按表3.4.3-3取值。

表3.4.3-3 摩擦面的抗滑移系数设计值

连接处构件接触面分类	μ
没有浮锈且经喷丸处理或喷铝的表面	0.45
涂抗滑型无机富锌漆的表面	0.45
没有轧钢氧化皮和浮锈的表面	0.45
喷锌的表面	0.40
涂硅酸锌漆的表面	0.35
仅涂防锈底漆的表面	0.25

②在螺栓杆轴方向受拉的连接中,一个高强度螺栓的承载力设计值应根据式(3.4.3-7)取值:

$$N_{td}^b = 0.8 P_d \qquad (3.4.3\text{-}7)$$

③当高强度螺栓摩擦型连接同时承受摩擦面间的剪力和螺栓杆轴方向的外拉力时,应符合式(3.4.3-8)规定:

$$\gamma_0 \left(\frac{N_v}{N_{vd}^b} + \frac{N_t}{N_{td}^b} \right) \leqslant 1 \qquad (3.4.3\text{-}8)$$

式中:N_v、N_t——一个高强度螺栓所承受的剪力和拉力设计值;

N_{vd}^b、N_{td}^b——一个高强度螺栓的受剪、受拉承载力设计值。

(11)环槽铆钉连接的计算方法同高强度螺栓。

3.5 工字组合梁

3.5.1 一般规定

(1)工字组合梁由若干片工字形断面钢主梁通过横向联结系连接,并通过剪力键与混凝土桥面板形成整体共同受力。工字组合梁可用于双向两车道、双向四车道、双向六车道以及双向八车道等多种桥梁,常用跨径为20~100m,经济跨径为30~60m。主梁标准断面图如图3.5.1-1和图3.5.1-2所示。

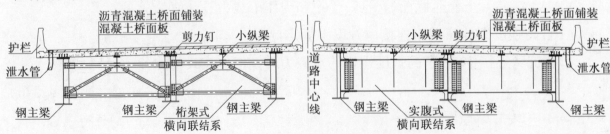

图3.5.1-1 双向四车道工字组合梁标准断面图

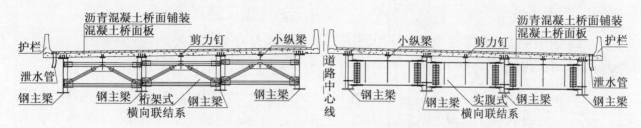

图 3.5.1-2 双向六车道工字组合梁标准断面图

（2）工字组合梁常用的架设方法有顶推法、架桥机法和吊装法。

①在跨河、跨谷以及桥墩较高的建设条件下，宜采用顶推法架设。

②与顶推法建设条件相同，如桥梁跨数较多，桥长较长，宜采用架桥机架设。架设前应对架设全过程进行结构整体验算，并对梁体上架桥机支点区域进行局部复核计算。

③顶推法或架桥机法架设条件以外的其余地形条件均可采用吊装法架设。

3.5.2 分类

工字组合梁按照桥型结构，可分为简支、结构简支桥面连续和结构连续三种类型；按钢主梁片数，可分为少梁体系和多梁体系。钢主梁间距以 3~5m 为宜，当钢主梁间距较大时，宜在中间设置小纵梁。

3.5.3 计算分析

（1）工字组合梁受力应符合现行《公路钢结构桥梁设计规范》（JTG D64）和《公路钢混组合桥梁设计与施工规范》（JTG/T D64-01）的有关规定。

（2）应采用三维有限元计算软件对工字组合梁桥进行空间建模分析。

（3）钢主梁、小纵梁及横向联结系可采用梁单元建模，如条件允许宜采用板单元建模。

（4）钢主梁单元与桥面板单元的连接可采用刚性连接模拟或等效连接单元模拟。如需准确了解剪力键受力情况，应建立局部模型进行细部分析。

（5）每片钢主梁在支撑位置均设置支座，应准确模拟支座约束。

（6）混凝土桥面板可采用现浇或预制两种施工方式。当采用现浇时，应考虑混凝土收缩徐变对结构受力的影响；当采用预制时，应注意施工阶段混凝土的加载龄期设置。

3.5.4 结构设计

（1）工字组合梁钢主梁高度主要受结构体系、跨径、主梁片数、钢材强度等因素影响，可根据混凝土结构桥梁高跨比经验值拟定梁高，作为工字组合梁总高（含混凝土桥面板厚度),并带入模型计算。根据计算结果调整确定最终钢主梁高度。

(2)钢主梁上、下翼缘及腹板尺寸构造的拟定应符合现行《公路钢结构桥梁设计规范》(JTG D64)和《公路钢混组合桥梁设计与施工规范》(JTG/T D64-01)的有关规定。

(3)可根据加工、安装以及运输条件将钢主梁划分为若干节段,如采用平板货车运输,钢主梁节段长度不宜超过14m。

(4)横桥向相邻两片钢主梁腹板中心线处高差应与桥梁横坡一致。

(5)横向联结系根据钢主梁高度可采用实腹式或桁架式两种构造形式。

①横向联结系沿横桥向宜水平布置。当桥梁横坡较大,水平布置横向联结系导致其在两片主梁腹板之间的连接点高差较大时,横向联结系应沿横桥向倾斜布置,坡度与桥梁横坡一致。

②横向联结系沿顺桥向布置:直线桥应采用等间距布置,横向联结系间距宜取5~6m;弯桥应按径向布置横向联结系。

③桥梁跨径较小、钢主梁高度较低时(如20~40m跨径工字组合梁桥),横向联结系宜全部采用实腹式;桥梁跨径超过50m时,在跨中、墩顶/桥台支撑处应采用实腹式横向联结系,其余跨间位置宜采用桁架式横向联结系。

④实腹式横向联结系宜采用H形断面;桁架式横向联结系宜采用上、下横梁和斜撑的构造形式。

⑤墩顶或桥台处横向联结系构件尺寸应根据计算分析结果考虑加强。

⑥在相邻两片钢主梁间可设置小纵梁,小纵梁宜采用H形断面型钢,固定于横向联结系顶面,并通过剪力键与混凝土桥面板连接。

⑦钢主梁、横向联结系宜采用热轧成型的型钢断面或T型钢与钢板组合断面。

3.5.5 桥面板

(1)组合梁采用的桥面板类型按施工方法可分为现浇和预制;按结构类型可分为钢筋混凝土桥面板、钢混叠合板桥面板、压型钢板混凝土组合桥面板等。可通过受力、施工条件和经济性综合比选,选择适合的桥面板类型。

(2)桥面板宜采用等厚度构造,厚度不宜超过300mm。

(3)预制混凝土板在安装前通常放置6个月以上,以减少后期组合梁的收缩徐变影响。

(4)桥面板不宜设置横向预应力;如受力验算允许,也应尽量避免设置纵向预应力。

(5)负弯矩区防裂需要较多钢筋时,可适当加大钢筋直径。桥面板上层钢筋可采用高性能环氧涂层钢筋。

(6)桥面板不宜设置承托。如需设置承托,按现行《公路钢混组合桥梁设计与施工规范》(JTG/T D64-01)的规定执行。

(7)桥面板悬臂应伸出钢主梁翼缘板边不小于500mm,并设置滴水檐。

(8)现浇混凝土桥面板宜采用补偿收缩混凝土;预制混凝土桥面板剪力键槽口及后浇带混凝土,应采用与桥面板混凝土等强的补偿收缩混凝土进行浇筑。

(9)吊装和安放预制混凝土桥面板前,应在钢主梁上翼缘板的两侧边缘,沿顺桥向通长粘贴两道断面50mm宽的可压缩压条。完成吊装后,在混凝土桥面板自重作用下,泡沫压条被压紧,并通过自身压缩适应桥面板横坡。桥面板安装示意如图3.5.5所示。

(10)桥面板应考虑吊点的设计,单块桥面板吊点不应少于4个,吊点位置应保证桥面板起吊时各吊点受力均衡。

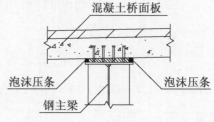

图3.5.5 桥面板安装示意图

3.5.6 连接构造

(1)钢主梁纵向连接可采用高强度螺栓连接、焊接或栓焊结合等方式,为简化工地操作,提高装配化程度,钢主梁纵向连接宜采用高强度螺栓。

(2)宜采用剪力钉作为钢主梁与混凝土桥面板之间连接的剪力键。

(3)采用现浇混凝土桥面板时,剪力钉应在钢主梁和小纵梁上通长设置,剪力钉布置应符合现行《公路钢结构桥梁设计规范》(JTG D64)和《公路钢混组合桥梁设计与施工规范》(JTG/T D64-01)的有关规定。

(4)采用预制混凝土桥面板时,可采用集束式剪力钉群布置,剪力钉布置应与混凝土桥面板槽口对应。槽口内应校核剪力钉与桥面板钢筋的位置关系。

3.5.7 斜交桥、弯桥、变宽桥

1)斜交桥

(1)斜交桥钢主梁设计方法与正交桥基本相同。

(2)当斜交角度小于20°时,横向联结系宜斜交布置;当斜交角度超过20°时,支座位置横梁应斜交布置,其他位置横梁宜垂直于主梁布置。

(3)斜交桥梁宜采用现浇混凝土桥面板。

2)弯桥

(1)钢主梁及小纵梁均宜按曲线设计,曲线上各片主梁的半径及长度应对应道路设计线平行取值。

（2）当弯桥平曲线半径较小，曲线内、外侧钢主梁长度差超过5m时，曲线内、外侧钢主梁应分别设计梁高，或按曲线外侧钢主梁梁高统一全桥梁高。

（3）如钢主梁位于缓和曲线上，可固定直缓点和缓圆点，然后拟合一条无限接近缓和曲线的圆曲线，将该圆曲线的半径作为主梁的弯曲半径。

（4）横向联结系应沿径向布置。

（5）如采用预制桥面板，可保持标准桥面板的配筋不变，调整横向湿接缝宽度使其呈扇形适应圆曲线即可。

（6）如曲线有超高，宜在墩、台盖梁处按照实际横坡值设置盖梁横坡；如在桥跨中间有超高渐变，可采用垫条进行渐变段高度的调整。

（7）如曲线桥有加宽渐变，钢主梁加宽方案参照变宽桥的相关内容；加宽渐变段桥面板宜采用现浇方案。

3）变宽桥

（1）如桥宽变化范围较小，可保持钢主梁间距不变，通过调整混凝土桥面板悬臂翼缘宽度实现桥梁变宽。

（2）如桥宽变化范围较大，可保持混凝土桥面板悬臂翼缘宽度不变，通过调整钢主梁两端间距实现桥梁变宽。

（3）如钢主梁两端间距不同，应相应调整横向联结系长度。

3.6 钢箱梁

3.6.1 一般规定

（1）钢箱梁一般由顶板、底板、腹板、横隔板、纵隔板及加劲肋等通过焊接或栓接的方式连接而成，其中顶板为由盖板和纵向加劲肋构成的正交异性桥面板。钢箱梁组成部分如图3.6.1所示。

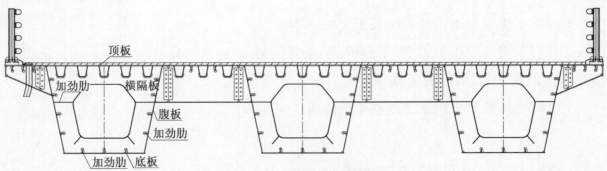

图3.6.1 钢箱梁组成部分

(2)钢箱梁可用于双向两车道、双向四车道、双向六车道以及双向八车道等多种桥梁。跨径超过60m时,采用钢箱梁桥形式较为经济。

(3)常规跨径桥梁钢箱梁宜采用等高度。

(4)应采取措施防止钢箱梁在制作、运输、安装架设和运营阶段产生过大变形或丧失稳定。

(5)应视桥梁建设条件和使用条件,合理设计正交异性钢桥面板的刚度,重视并避免正交异性钢桥面板的疲劳破坏及桥面铺装的破坏。

(6)钢箱梁常用的架设方法有节段吊装和顶推法。

①钢箱梁通常采用厂内制作小节段梁段,桥位现场拼装成大节段然后进行吊装架设。吊装又分为陆上吊装和水上吊装,当陆上钢箱梁架设采用吊装时,需要考虑吊装操作空间、吊装吨位和对交通通行的影响。

②在跨河、跨谷以及桥墩较高的建设条件下,宜采用顶推法架设。

3.6.2 分类

钢箱梁按照桥型结构,可分为简支、结构简支桥面连续以及结构连续三种类型;按照横断面布置,可分为单箱单室、双箱单室、单箱多室、多箱单室等多种形式。

(1)单箱单室:桥宽较小时(通常桥宽在三车道以内),可以采用单箱结构。桥梁的桥宽与跨径之比不大,通常跨径在桥宽的8倍以上时(考虑剪力滞折减不过多),采用单箱结构形式较为经济;匝道桥桥面较窄,通常采用单箱单室结构。单箱截面如图3.6.2-1所示。

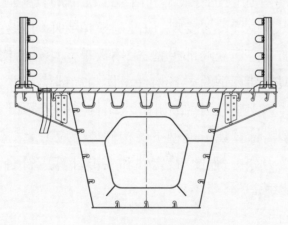

图3.6.2-1 单箱截面

(2)双箱单室:桥宽较大时,或者单箱结构尺寸过大,在制作、运输、安装与架设中有困难时,或者单箱有效宽度很小(剪力滞折减过多)时,采用双箱结构较为合理,四车道内均可。双箱截面如图3.6.2-2所示。

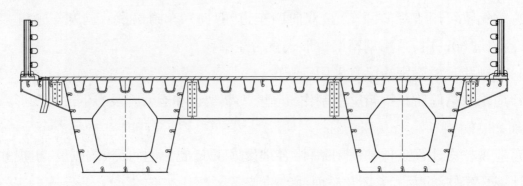

图 3.6.2-2 双箱截面

（3）多箱单室：多箱钢主梁桥的布置与双箱梁桥基本相同，多箱结构的用钢量较大，为使各主梁受力均匀、改善桥面板的受力，主梁尽可能等间距布置。多箱钢主梁桥公路运输方便，吊装时箱室整体性、稳定性好，易于标准化、装配化施工。

（4）单箱多室：单箱多室结构的中间腹板对箱梁的抗扭刚度贡献不大，有效工作宽度不明确，会增加钢主梁用量。单个箱室宽度不宜大于6m，不宜小于3m，小跨径箱室宽度可以小一些，大跨径箱室宽度大一些，主要考虑剪力滞折减，有效利用顶、底板。梁高受到限制时，纵、横向分段分块后制作及运输也较为方便，可优先考虑采用单箱多室结构。市政桥梁考虑景观因素，也多采用单箱多室结构。

3.6.3 计算分析

（1）应采用三维有限元计算软件对钢箱梁建立总体及局部模型。

（2）总体模型可采用梁单元模拟计算第一体系应力，局部模型应采用板单元模拟计算第二、三体系应力，二者叠加以获得最不利活载工况下的真实应力状态。

（3）钢箱梁梁底在支撑位置设置支座，应准确模拟支座约束。

（4）支座处钢箱梁加劲需建立局部模型，采用板单元计算结构受力。

（5）总体及局部模型需计算钢箱梁各构件整体与局部稳定性。

（6）总体模型中需计算支座反力、结构刚度、结构横向抗倾覆安全系数。

（7）总体及局部模型需计算疲劳模型下各构件疲劳应力。

（8）钢箱梁的结构受力分析、强度、稳定性和变形计算应符合现行《公路钢结构桥梁设计规范》（JTG D64）的规定。

（9）正交异性钢桥面板：

①正交异性钢桥面板应分别考虑作为主梁一部分使用时和作为桥面板使用时两种工况。

②进行正交异性钢桥面板承载能力极限状态设计时，桥面上汽车局部荷载作用的冲击系数 μ 应按如下方法取值：

a. 顶板及纵向加劲肋：$\mu = 0.4$；

b. 横向加劲肋：$\mu = 20/(50+L)$，其中 L 为横向加劲肋跨径(m)。

③正交异性钢桥面板顶板受汽车轮载作用，不考虑铺装层的荷载分散效应。

④正交异性钢桥面板的刚度应采用桥面板顶面最不利荷载位置处的最小曲率半径 R、纵向加劲肋间相对挠度 D 和相对挠跨比 D/L（图3.6.3）三项指标进行评价。三项指标通过有限元方法计算获得，最小曲率半径 R 和相对挠度 D 也可采用现行《公路钢桥面铺装设计与施工规范》（JTG/T 3364-02）规定的方法计算获得。三项指标应符合表3.6.3的规定。正交异性钢桥面板的挠跨比示意如图3.6.3示。

图3.6.3 正交异性钢桥面板的挠跨比

表3.6.3 正交异性钢桥面板刚度要求

刚度指标	技术要求	刚度指标	技术要求
最小曲率半径 R(m)	≥20	相对挠跨比 D/L	≤1/700
纵向加劲肋间相对挠度 D(mm)	≤0.4		

(10) 钢箱梁桥的抗风设计应按现行《公路桥梁抗风设计规范》（JTG/T D3360-01）的规定执行。

3.6.4 结构设计

1) 正交异性钢桥面板

(1) 正交异性钢桥面板纵向加劲肋宜采用闭口加劲肋。

(2) U肋可采用热轧成型的变截面形式，如图3.6.4-1所示。

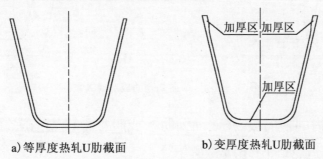

a) 等厚度热轧U肋截面　　b) 变厚度热轧U肋截面

图3.6.4-1 热轧U肋截面形式

(3)纵向加劲肋宜等间距布置;不等间距布置时,最大间距不宜超过最小间距的1.2倍。

(4)纵向加劲肋应连续通过横隔板或横向加劲肋板,加劲肋与顶板焊缝的过焊孔宜采用堆焊填实,焊缝应平顺。

(5)行车道部分的正交异性钢桥面板顶板厚度不宜小于18mm,加劲肋的板厚不应小于8mm;人行道部分的钢桥面顶板厚度不应小于10mm。

(6)纵向加劲肋现场连接宜采用螺栓连接,顶板应采用焊接。

2)翼缘板(悬臂桥面板)

(1)翼缘板(悬臂桥面板)悬臂部分不设加劲肋时,受压顶板的伸出肢宽不宜大于其厚度的12倍,受拉顶板的伸出肢宽不宜大于其厚度的16倍。

(2)翼缘板(悬臂桥面板)应按下列规定设置纵向加劲肋:

①腹板间距大于顶板厚度的80倍或翼缘板(悬臂桥面板)悬臂宽度大于顶板厚度的16倍时,应设置纵向加劲肋。

②受压翼缘板(悬臂桥面板)加劲肋间距不宜大于顶板厚度的40倍,应力很小和由构造控制设计的情况下可放宽到80倍。受拉翼缘板(悬臂桥面板)加劲肋间距应小于顶板厚度的80倍。

③受压翼缘板(悬臂桥面板)的外侧端部加劲板(腹板)底缘应设置水平加劲肋。

④翼缘板(悬臂桥面板)端部设置护栏时,顶板应设计可承受护栏传递来作用力的加劲构造。

(3)翼缘板(悬臂桥面板)的横向加劲肋板应布置在钢箱梁内横隔板上或横向加劲肋板相对应的位置,如图3.6.4-2示。

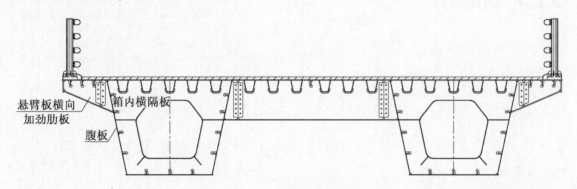

图3.6.4-2 横向加劲肋板对应关系

(4)宜在钢箱梁内的横隔板、横向加劲肋板或腹板上设置与翼缘板(悬臂桥面板)下翼缘相对应的加劲构造,如图3.6.4-3所示。

(5)横向加劲肋板的竖向加劲肋与顶板之间应设置35mm左右的过焊孔,成为不连接构造。

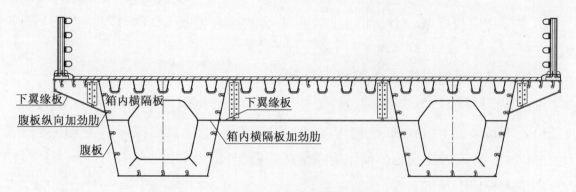

图3.6.4-3 下翼缘板对应关系

3)腹板

(1)腹板横向设置位置宜避开轮迹带,宜设置在车道中部或车道线处。

(2)钢箱梁内部腹板宜设置人孔兼通风孔。

4)横隔板

(1)横隔板应设置人孔兼通风孔,端部横隔板人孔应设置密封门。

(2)支点处必须设置横隔板,其形心宜通过支座反力的理论合力作用点。横隔板人孔宜设置在支座范围以外的位置。

(3)非支点处横隔板应有足够的刚度和强度。横隔板与顶、底板和腹板可采用角焊缝连接。

(4)支点横隔板与底板应采用熔透焊缝。

5)支点部位局部构造

(1)支点应设置在横隔板或横隔板与腹板相交的位置。

(2)支点处应成对设置竖向加劲肋,竖向加劲肋与底板应熔透焊接。

(3)支点处竖向加劲肋与腹板或横隔板的连接,按竖向加劲肋承受所有集中荷载进行设计。竖向加劲肋的强度验算应符合现行《公路钢结构桥梁设计规范》(JTG D64)的相关规定。

3.6.5 斜交桥、弯桥、变宽桥

1)斜交桥

(1)斜交桥钢主梁设计方法与正交桥基本相同。

(2)当斜交角度小于20°时,横隔板宜斜交布置;当斜交角度超过20°时,支座位置处

横隔板应斜交布置,其他位置横隔板宜垂直于主梁布置。

2)弯桥

(1)主梁均应按曲线设计,曲线上各片主梁的半径及长度应对应道路设计线平行取值。

(2)对于多箱单室钢箱梁,当弯桥平曲线半径较小,曲线内、外侧钢箱梁长度差超过5m时,曲线内、外侧钢主梁应分别设计梁高,或按曲线外侧钢主梁梁高统一全桥梁高。

(3)若钢箱梁位于缓和曲线上,可固定直缓点和缓圆点,然后拟合一条无限接近缓和曲线的圆曲线,将该圆曲线的半径作为主梁的弯曲半径。

(4)横隔板应沿径向布置。

(5)如曲线有超高,宜在墩、台盖梁处按照实际横坡值设置盖梁横坡;如在桥跨中间有超高渐变,可采用腹板高度变化进行渐变段高度的调整。

(6)弯曲半径较小,顶板可采用板肋、球扁钢肋,球扁钢肋抗弯刚度大于板肋。T形肋需要横隔板开设大口,而横隔板连接的受力疲劳耐久性低,不建议采用。

3)变宽桥

(1)如桥宽变化范围较小,对于多箱单室钢箱梁,可保持小钢箱梁间距不变,通过调整悬臂翼缘宽度实现桥梁变宽。

(2)如桥宽变化范围较大,对于多箱单室钢箱梁,可保持小钢箱梁悬臂翼缘宽度不变,通过调整小钢箱梁两端间距实现桥梁变宽。

(3)对于多箱单室钢箱梁,若小钢箱梁两端间距不同,应相应调整横隔板构造。

(4)变宽桥顶板加劲优先采用U肋,在变宽处受局部空间限制时,可局部采用板肋。

3.7 箱形组合梁

3.7.1 一般规定

(1)箱形组合梁是由箱形钢主梁与混凝土桥面板,通过抗剪连接件连接形成整体共同受力的桥梁结构形式。箱形组合梁适用于25m跨径以上简支桥或30m跨径以上的连续梁桥,常用跨径范围为30~100m,经济跨径为60~100m。相对于开口截面的工字组合梁桥,箱形组合梁的抗扭刚度更大,承载能力更强,更适合于曲线梁。典型的双向四车道和双向六车道标准断面如图3.7.1-1和图3.7.1-2所示。

(2)箱形组合梁常用的架设方法有顶推法、架桥机法和吊装法。

在跨河、跨谷以及桥墩较高的建设条件下,宜采用顶推法架设。顶推时可单箱顶推,也可组合后整体顶推。

与顶推法建设条件相同,如桥梁跨数较多,桥长较长,宜采用架桥机架设。架设前应对架设全过程进行结构整体验算,并对架桥机在梁体上的支点进行局部复核计算。

顶推法或架桥机法架设条件以外的其余地形条件均可采用吊装法架设。

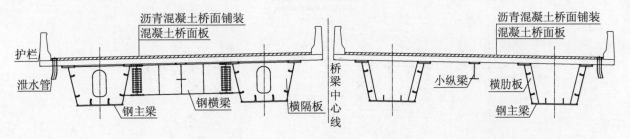

图 3.7.1-1 双向四车道箱形组合梁标准断面图

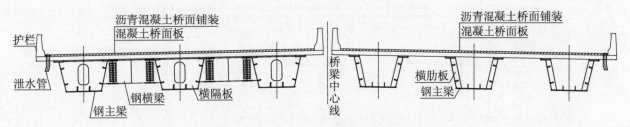

图 3.7.1-2 双向六车道箱形组合梁标准断面图

3.7.2 分类

按照钢箱梁顶面是否开口,可以分为开口钢箱梁和闭口钢箱梁两种形式。开口箱结构简洁、受力明确,是箱形组合梁桥最常用的形式;闭口箱一般在平面曲线半径较小、抗扭要求高等情况下使用。

根据桥面宽度的不同,开口箱梁可采取一个或多个钢箱梁与混凝土桥面板组合成整体。典型截面形式有单箱单室、单箱多室、多箱单室,如图 3.7.2 所示。为减小上部结构自重,以达到增加跨径、减小下部结构工程量和提高截面抗扭刚度的目的,当桥面宽度较小时,可采用单箱单室;当桥面宽度较大时,则可考虑采用单箱多室、多箱单室截面。多箱单室截面能减少桥面板的厚度,但与单箱单室相比,腹板的用钢量偏大且制作较复杂。

3.7.3 计算分析

(1)箱形组合梁受力应符合现行《公路钢结构桥梁设计规范》(JTG D64)和《公路钢混组合桥梁设计与施工规范》(JTG/T D64-01)的有关规定。

(2)为准确、有效地分析桥梁总体在各种荷载作用下的受力,宜采用空间有限元模型进行分析。

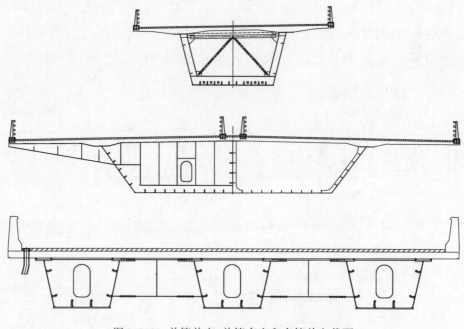

图 3.7.2 单箱单室、单箱多室和多箱单室截面

(3) 有限元模拟时,可采用能考虑钢混协同作用的单元模拟组合梁,或采用有限元单元分别模拟钢主梁和混凝土桥面板。

(4) 结构分析时,宜考虑钢主梁扭转、畸变引起的翘曲应力;钢主梁应力验算时,应综合考虑局部屈曲和剪力滞效应。

(5) 由于钢主梁未与桥面板结合时,为开口截面或半开口截面,其抗扭承载能力较成桥后低得多,因此需加强施工过程中结构的验算,尤其需要关注施工过程中钢主梁的弯扭、屈曲验算。必要时应加强钢主梁抗扭的临时构造措施。

(6) 钢主梁单元与桥面板单元的连接可采用刚性连接模拟。准确了解剪力键受力情况,应建立局部模型进行细部分析。

(7) 应准确模拟支座约束。

(8) 混凝土桥面板可采用现浇或预制两种施工方式。当采用现浇时,应考虑混凝土收缩徐变对结构受力的影响;当采用预制时,应注意施工阶段混凝土的加载龄期设置。

3.7.4 结构设计

(1) 常规跨径桥梁,通常采用等高梁设计。简支组合梁桥的梁高 h 通常为 $L/15 \sim L/18$(L 为跨径),连续组合梁桥的梁高 h 可以适当减小为 $L/20 \sim L/22$。

(2) 钢主梁上、下翼缘及腹板尺寸构造的拟定应符合现行《公路钢结构桥梁设计规范》(JTG D64)和《公路钢混组合桥梁设计与施工规范》(JTG/T D64-01)的有关规定。

(3) 常规跨径箱形组合梁考虑制造、运输、快速施工等因素影响,一般采用多箱单室的形式。主梁节段划分要综合考虑钢主梁的受力、制作能力、吊装能力，以及运输通行能力等多方面因素的影响。主梁宜采用非超限运输方式，长度不宜超过14m，宽度不宜超过3m，高度不宜超过3m。

（4）桥面横坡可通过绕横断面中预制桥面板的内侧顶板位置旋转形成，也可通过不等高腹板形成。

（5）钢箱组合梁支点处应设置横隔板；采用多箱结构时，设置箱间横梁，箱间横梁对应位置处应设置横隔板。

（6）当采用多箱截面时，为实现多片主梁的协同工作，应在支点处或跨间设置箱间横梁。箱间横梁的类型可分为横梁式、实腹式和桁架式。

（7）为改善桥面板横向受力，减小桥面板厚度，可在相邻两片钢主梁间设置小纵梁。小纵梁宜采用H形断面型钢，固定于横向联结系顶面，并通过剪力键与混凝土桥面板连接。

3.7.5 桥面板及连接构造

参见3.5.5、3.5.6小节。

3.7.6 斜交桥、弯桥、变宽桥

1）斜交桥

（1）斜交桥钝角角隅处会出现较大反力，锐角处反力会减小，并伴随较大的扭矩，计算时应采用空间模型进行受力分析。

（2）当斜交角度小于20°时，横向联结系宜斜交布置；当斜交角度超过20°时，支座位置横梁应斜交布置，其他位置横梁宜垂直于主梁布置。

当倾斜角度较小时，中支点横梁通常在多片主梁间连续；当倾斜角度较大时，两组主梁间通常不设中支点横梁以避免中支点横梁的疲劳问题。

（3）斜交桥梁宜采用现浇混凝土桥面板。

2）弯桥

（1）钢主梁应按曲线设计，曲线上各构件的弯曲半径及长度应对应道路设计线平行取值。

（2）如钢主梁位于缓和曲线上，可固定直缓点和缓圆点，然后拟合一条接近缓和曲线的圆曲线，将该圆曲线的半径作为桥梁的参考弯曲半径。

（3）横隔板及横隔梁应沿径向布置；弯桥平面半径较小时，宜适当增强箱外横隔梁

构造。

(4) 如采用预制桥面板，可保持标准桥面板的配筋不变，调整横向湿接缝宽度使其呈扇形适应圆曲线即可。

(5) 如曲线有超高，宜在墩、台盖梁处按照实际横坡值设置盖梁横坡，可通过主梁腹板变化或多片梁相对高度变化来适应横坡变化。

(6) 弯桥易发生支座脱空和倾覆，设计时应进行抗倾覆设计，必要时可设置偏心支座或外拓横梁。

3) 变宽桥

(1) 如桥宽变化范围较小，可保持钢主梁间距不变，通过调整混凝土桥面板悬臂翼缘宽度实现桥梁变宽。

(2) 如桥宽变化范围较大，可保持混凝土桥面板悬臂翼缘宽度不变，通过调整箱室宽度、箱间距等方式实现桥梁变宽。

(3) 变宽桥混凝土桥面板宜采用现浇方案。

3.8 钢桁梁

3.8.1 一般规定

(1) 钢桁梁由主桁、联结系、桥面系组成，具有自重轻、刚度大、制作安装简便、运输方便的特点。

(2) 钢桁梁具有足够的刚度，受力明确，能减少应力集中，便于施工。

(3) 公路常规跨径钢桁梁常用跨径为 70～150m，可采用顶推、拖拉、悬臂拼装及整孔运输吊装等施工方法。

(4) 钢桁梁可采用变高梁或等高梁，变高梁多应用于大跨径连续梁或连续刚构，等高梁多应用于150m以内常规跨径。本指南适用于等高梁。

(5) 钢桁梁的构造设计应便于后期维护，对需要更换的构件应有必要的操作空间和构造措施。

3.8.2 分类

(1) 根据桥面位置不同，钢桁梁分为上承式钢桁梁和下承式钢桁梁。

上承式钢桁梁的主桁间距可比下承式的小，从而墩台宽度也小，相应节省用钢量，行车视野好，驾驶舒适度高。下承式钢桁梁需加宽桁架宽度，增加用钢量，视野有一定遮挡，影响行驶舒适度。当桥下净空不受限时宜采用上承式钢桁梁，桥下净空受限时宜采用下承式钢桁梁。

（2）按桥面系与桁架的结合方式，钢桁梁分为分离式和整体式。整体式采用正交异性板钢桥面，板桁结合形成全钢结构，标准断面如图3.8.2-1所示；分离式桥面系仅传递车辆等荷载，不参与主桁受力，桥面系断面及设计见本指南其他小节的主梁部分，如图3.8.2-2所示。

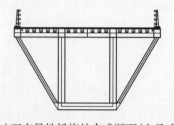
a）正交异性板桁结合式断面（上承式）

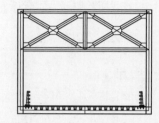
b）正交异性板桁结合式断面（下承式）

图3.8.2-1　整体式断面

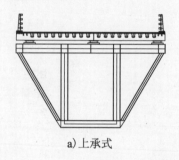

a）上承式　　　　　　　b）下承式

图3.8.2-2　分离式断面

（3）桁架类型可以分为带竖杆和不带竖杆的华伦式、交叉腹杆式和米字腹杆式等，如图3.8.2-3所示。米字腹杆桁架构造较复杂，但杆件长度较小，适用于100m或以上较大跨径。

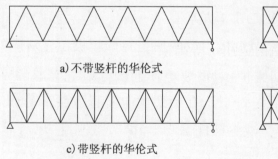
a）不带竖杆的华伦式　　　　c）带竖杆的华伦式

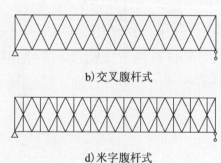
b）交叉腹杆式　　　　d）米字腹杆式

图3.8.2-3　钢桁梁常见桁式

3.8.3　计算分析

（1）钢桁梁整体计算可采用空间杆系建模计算，局部计算应采用有限元模拟实体分析。

(2)钢桁梁应考虑下列内容:

①主桁架的弦杆和腹杆、主横桁架的横梁和腹杆、平联等杆件在整体计算中由弯矩、剪力和扭矩产生的应力。

②桥面板与纵梁、横隔梁在局部计算中的应力。

③板桁结合的正交异性整体式钢桥面,同一横截面的桥面板在整体计算中纵向正应力和局部计算中纵向正应力的组合。

3.8.4 梁体结构设计

(1)下承式钢桁梁桁高一般为跨径的1/7~1/10,上承式钢桁梁桁高一般为跨径的1/8~1/10,并满足空气动力稳定性要求。

(2)钢桁梁斜杆与弦杆的夹角宜为$39°<\theta<51°$,合理的斜度可使节点紧凑。节点板尺寸较小,如图3.8.4所示。

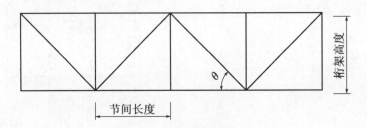

图3.8.4 主桁架的节间布置

(3)主桁架的节间长度应满足杆件压屈稳定要求。

(4)钢桁梁的杆件宜采用H形或箱形截面。节点宜采用整体节点板形式。

(5)钢桁梁的主弦杆件可控制内宽不变,以便与整体节点适应,使夹在竖板中间的翼缘板宽不变;其焊缝可以保持顺直,以便使用自动焊。

(6)箱形腹杆与节点板对拼连接:在节点板内设两块与斜杆腹板位置对应的隔板,在节点板边四面拼接。

(7)采用高强度螺栓连接节点具有很大刚性,在桁架扰曲引起节点转动时,会在杆件中引起次弯矩,从而产生次应力。宜尽量减少杆件偏心、降低节点刚度、尽可能限制杆件高度与长度的比例。

(8)当拼接段螺栓施工需要进入杆件内部操作时,应在杆件的下翼缘开人孔。人孔的位置一般在拼接缝处。拼接板的长度应超过人孔。人孔侧的拼接板截面积也要尽量与被拼接板等强。

(9)钢桁梁制作中应注意有效提高焊接疲劳强度、减少残余应力和应力集中,坚持必要的锤击处理和平缓过渡,必须将所有弧坑及超限的缺陷都修磨平整,防止焊缝开裂,尽可能把应力集中系数降到最低。

(10)节点板厚度计算分为两部分,一是弦杆需要的厚度(不能小于所连接的弦杆厚度,并考虑节点板圆弧端应力集中),二是腹杆需要的厚度。设计中可在节点板上的弦杆翼缘板以外200mm左右处进行不等厚对接,使节点板分别满足弦杆和腹板需要。

3.8.5 连接构造

(1)钢桁梁的杆件宜采用高强度螺栓连接,也可采用焊接与高强度螺栓混合连接。当必须采用混合连接时,其采用的工艺应保证接触面不变形,使紧固件和焊缝能处于弹性工作状态。

(2)整体节点构造:节点板圆弧半径宜大于1/2弦杆高度;节点板与弦杆竖板对接焊缝宜在弧端以外100mm以上,该对接焊缝与相邻横隔板的间距也应在100mm以上;节点内应设置横隔板,当存在横梁时应与横梁腹板相对应。

(3)节点板在受压斜腹杆作用下,其不设加劲肋的自由边长度 b_g 与厚度 t 之比不应大于 $50\sqrt{345/f_y}$,式中 f_y 为节点板的屈服强度,如图3.8.5所示。

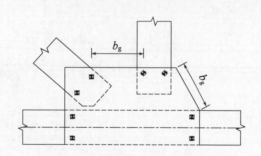

图3.8.5 节点板自由边长度示意图

(4)螺栓排数宜少不宜多,多排螺栓要验算疲劳。相距最远的两螺栓距离大于15倍螺栓孔径时,承载力应折减。增加杆件高宽尺寸,从而增加每排螺栓数,并采用较大直径螺栓。

3.9 桁架组合梁

3.9.1 一般规定

参见3.8.1小节。

3.9.2 分类

(1)根据桥面位置不同,桁架组合梁可分为上承式桁架组合梁和下承式桁架组合梁。

(2)桁架与混凝土桥面形成桁架组合梁结构,标准断面如图3.9.2所示。

(3)桁架类型参见3.8.2小节(3)。

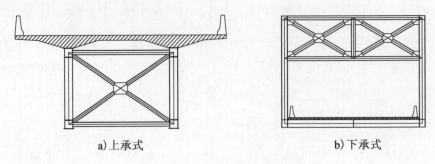

图3.9.2　桁架组合梁断面

3.9.3　计算分析

除应按3.8.3小节要求计算外,还应考虑如下因素:

(1)桁架组合梁可按下列假定,采用杆系模型进行结构分析:

①杆件与混凝土板共同工作,不会发生相对滑移或连接件破坏;

②杆件与混凝土板组合,承受轴力和局部荷载产生的弯矩;

③组合梁弯曲时符合平截面假定。

(2)桁架组合梁当采用单梁进行受力分析时,顶板有效宽度的计算可按现行《公路钢筋混凝土及预应力混凝土桥涵设计规范》(JTG 3362)和《公路钢结构桥梁设计规范》(JTG D64)执行。

(3)节点处钢、混凝土板的受力及力的传递宜采用三维有限元模型进行局部分析。

3.9.4　梁体结构设计

参见3.8.4小节。

3.9.5　桥面板

(1)根据实际建设条件可采用现浇或预制的方式。

(2)当采用预制的形式时,安装前预制板宜存放不少于6个月。

(3)桥面板及配筋除应满足桥梁整体受力要求外,还应能抵抗由局部作用引起的效应。

(4)应在桥面板混凝土不小于设计强度的85%和不小于28d弹性模量的80%时,方可考虑混凝土板与钢结构的组合作用。

(5)桥面板设置承托时,应保证界面剪力传递均匀、平顺,承托外形尺寸及构造如

图3.9.5所示,并满足下列规定:

①当承托高度在80mm以上时,应在承托底侧布置横向加强钢筋,加强钢筋构造要求见本小节(6)中关于下层横向钢筋的要求。

②承托边至连接件外侧的距离不得小于40mm,承托外形轮廓应在由最外侧连接件根部起的45°角线的界限以外。

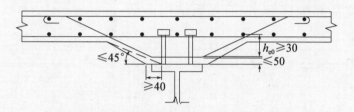

图3.9.5 承托构造图(尺寸单位:mm)

(6)对未设承托的桥面板,下层横向钢筋距钢主梁上翼缘不应大于50mm,剪力连接件抗掀起端底面高出下层横向钢筋的距离h_{e0}不得小于30mm,下层横向钢筋间距不应大于$4h_{e0}$且不应大于300mm。

3.9.6 连接构造

参见3.8.5小节。

3.10 波形钢腹板组合梁

3.10.1 一般规定

(1)波形钢腹板组合梁是由采用波形钢腹板的工字形钢主梁或开口箱形钢主梁,与桥面混凝土板组合而成的梁式承载结构。

(2)波形钢腹板组合梁的设计,应保证结构具有足够的刚度,同时使内力传递顺畅,减少应力集中,便于施工。

(3)波形钢腹板组合梁可采用变高梁或等高梁,变高梁多应用于大跨径连续梁或连续刚构,等高梁多应用于40~80m常规跨径。本指南适用于等高梁。

(4)公路常规跨径桥梁采用波形钢腹板组合梁,当具备钢主梁运输和架设条件时,跨径可采用40~60m;当具备钢主梁与混凝土板一次组合、整孔运输吊装条件时,跨径可采用40~80m。

(5)波形钢腹板组合梁的构造设计应便于后期维护,对需要更换的构件应有必要的操作空间和构造措施。

3.10.2 分类

波形钢腹板组合梁按照组合截面的类型,可分为混凝土底板波形钢腹板混凝土梁、钢底板波形钢腹板组合梁,如图 3.10.2 所示。按照组合截面的构成,可以分为多主梁、单主梁,40～60m 跨径推荐采用多主梁,60～80m 跨径推荐采用单主梁。按照结构体系,可分为简支、先简支后桥面连续、先简支后结构连续。

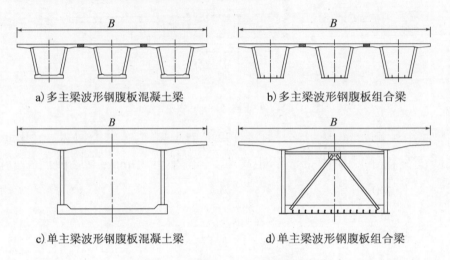

图 3.10.2　波形钢腹板组合梁断面类型

3.10.3 计算分析

(1)计算分析采用的模型和基本假定,应能反映结构实际受力状态和边界条件,其精度应能满足结构设计要求。

(2)波形钢腹板组合梁可按下列假定进行结构整体分析:

①波形钢腹板与顶板、底板共同工作,不会发生相对滑移或连接件破坏;

②波形钢腹板不承受顺桥向轴向力,弯曲时弯矩仅由顶板与底板承担;

③组合梁弯曲时符合平截面假定;

④剪力由波形钢腹板承担且波形钢腹板剪应力沿高度方向均匀分布。

(3)当波形钢腹板组合梁采用杆系模型进行结构分析时,组合梁截面面积和绕形心轴的惯性矩计算仅计入顶板和底板组成的有效截面,如图 3.10.3 所示。

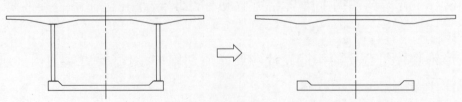

图 3.10.3　波形钢腹板组合梁截面面积、绕形心轴惯性矩计算图示

(4)当用单梁进行受力分析时,顶板、底板有效宽度的计算可按现行《公路钢筋混凝土及预应力混凝土桥涵设计规范》(JTG 3362)和《公路钢结构桥梁设计规范》(JTG D64)执行。

(5)中支点墩顶节段及与之相邻的组合腹板段,宜采用三维有限元模型进行局部分析。

(6)波形钢腹板组合梁应按承载能力极限状态和正常使用极限状态进行设计计算,包括纵桥向设计计算、横桥向设计计算、波形钢腹板设计计算、波形钢腹板稳定性计算、波形钢腹板与混凝土连接设计计算、波形钢腹板之间连接设计计算等。

3.10.4 结构设计

1)截面尺寸

(1)波形钢腹板混凝土梁梁高宜略高于同等跨径的常规混凝土桥梁梁高,波形钢腹板组合梁梁高宜略低于同等跨径的常规混凝土桥梁梁高。

(2)波形钢腹板混凝土梁混凝土顶板、底板的厚度应根据预应力布置及结构受力要求确定,顶板厚度不宜小于250mm,底板厚度不宜小于220mm。波形钢腹板组合梁混凝土顶板厚度参照波形钢腹板混凝土梁执行,底板钢板厚度通过计算选取,同时在墩顶连续附近底板受压区设混凝土组合段。

2)波形钢腹板

(1)波形钢腹板按波长宜采用1000型、1200型、1600型三种形式。小跨径桥宜选用小型号波形钢腹板,大跨径桥宜选用大型号波形钢腹板。本节所述跨径范围推荐采用1600型波形钢腹板。

(2)波形钢腹板厚度宜取9~35mm。

3)横隔板

(1)跨间横隔板可作为转向构件设置于体外预应力钢筋的纵向折线转角处,但构造上应满足体外预应力钢筋的张拉、锚固与换索要求。

(2)桥跨间应设置一定数量的横隔板以保证其整体抗扭刚度。

(3)横隔板可采用混凝土板墙式与钢横撑形式。混凝土板墙式横隔板可与体外索的锚固块、转向块设为一体。

(4)混凝土板墙式横隔板与波形钢腹板可不连接或在波形钢腹板平幅段采用栓钉等连接。

(5)波形钢腹板组合梁横隔板形式宜为钢横撑形式。

4）支点波形钢腹板内衬混凝土

梁高较高且根据计算钢腹板抗剪验算或屈曲验算确定的板厚过大时,可采用增设内衬混凝土的形式加以改善。

(1)混凝土底板梁支点附近波形钢腹板宜设置内衬混凝土,截面形式为单箱双室或单箱多室;外侧腹板宜在内侧布置内衬混凝土;中间腹板可在腹板两侧均布置内衬混凝土。

(2)内衬段长度,对于简支结构不宜小于支点处梁高的1.5倍,对于连续结构支点两侧总长不宜小于支点处梁高的2.0倍。内衬混凝土厚度应根据其抗剪承载力和斜截面抗裂验算确定,但最薄处不宜小于20cm。

(3)内衬混凝土宜采用栓钉与波形钢腹板连接。

5）支点波形钢腹板剪刀撑

(1)钢底板梁支点附近波形钢腹板宜设置纵向剪刀撑,剪刀撑可采用槽钢或角钢在腹板两侧交叉布置。

(2)设纵向剪刀撑的长度,对于简支结构不宜小于支点处梁高的2.0倍,对于连续结构支点两侧总长不宜小于支点处梁高的3.0倍。剪刀撑杆件应根据梁的抗剪承载力验算确定。

(3)剪刀撑杆件宜采用高强度螺栓与波形钢腹板在各贴合部分连接,与波形钢腹板上、下翼缘要有良好的传力节点构造。

6）预应力体系

(1)波形钢腹板组合梁宜采用体内、体外预应力筋混合配束的预应力体系。体内预应力筋主要承担一期恒载,体外预应力筋主要承担二期恒载及活载等。预应力筋的布置数量及形式应根据结构受力、桥梁施工方法确定。

(2)体外预应力锚具的选用应符合现行《预应力筋用锚具、夹具和连接器》(GB/T 14370)的要求。使用可更换或多次张拉的锚具时,预应力筋应预留能够再次张拉的工作长度。

(3)需设置体外预应力转向块的,转向块的构造形式应根据结构受力、体外预应力筋布置方式、转向器等因素进行选择。

3.10.5 桥面板

参见3.9.5小节。

3.10.6 连接构造

1）波形钢腹板与混凝土顶板、底板的连接

（1）波形钢腹板与混凝土顶板、底板连接件形式的选取应考虑构造的合理性、施工可行性、结构耐久性等因素。

（2）波形钢腹板与混凝土顶板连接件形式宜采用双开孔钢板连接件、栓钉连接件及埋入式连接件；波形钢腹板与混凝土底板连接件形式宜采用角钢连接件、槽钢连接件、单开孔钢板与栓钉组合连接件、栓钉连接件及埋入式连接件。当采用其他连接方式时，应经试验验证其可靠性和抗疲劳性能。

（3）波形钢腹板与混凝土底板的连接区域应采取密封、防腐措施，并设置排水横坡。

（4）采用翼缘型连接件时，连接件的翼缘板纵向连接间应留一定的空隙，同时波形钢腹板顶面应切圆角，以避免焊缝与翼缘板焊缝相交。

（5）连接件的翼缘板与开孔钢板应符合下列规定：翼缘板的厚度不宜小于16mm，开孔钢板的厚度不宜小于12mm；开孔钢板的孔径应大于贯穿钢筋直径与集料最大颗粒直径的2倍之和，可取45~60mm；孔与孔的中心间距不宜大于500mm，可取150~250mm。孔距钢板边缘的净距不宜小于孔中心距的一半。

（6）贯穿钢筋应采用HRB400及以上强度等级的钢筋，直径不宜小于16mm，贯穿钢筋直径应与钢板开孔直径相匹配。

（7）栓钉连接件应符合下列规定：栓钉长度不应小于栓钉直径的4倍，有拉拔作用时不宜小于栓钉直径的10倍；栓钉纵桥向的中心间距不应小于6倍栓钉直径，且不小于100mm；横桥向的中心间距不应小于4倍栓钉直径，且不小于50mm；栓钉连接件沿主要受力方向中心间距不应超过300mm；栓钉连接件的外侧边缘距翼缘板边缘的距离不应小于25mm。

2）波形钢腹板与端横梁的连接

（1）波形钢腹板与端横梁的连接方式应根据端横梁横隔板形状、结构受力、横梁配筋、经济性、耐久性等因素综合考虑后确定。

（2）波形钢腹板与端横梁可通过栓钉连接件、开孔钢板连接件等方式进行连接。

（3）波形钢腹板与端横梁的连接方式有翼缘型连接和埋入型连接两种类型，如图3.10.6-1和图3.10.6-2所示。

3）连接接头

波形钢腹板之间的连接接头可采用高强度螺栓连接、对接焊缝连接和角焊缝搭接连接等形式。

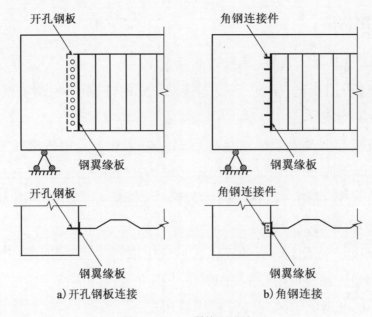

图 3.10.6-1 翼缘型连接

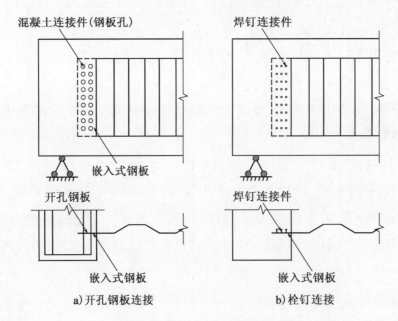

图 3.10.6-2 埋入型连接

3.11 结构防腐

由于钢结构具有强度高、施工速度快、综合效益好、易于回收和可再生利用等众多优点,因而被广泛应用于桥梁建设中。然而,钢结构在其服役期间很容易和它所处的环境介质之间发生化学、电化学或物理作用,从而造成腐蚀。

据不完全统计,全世界每年因钢铁腐蚀而造成的经济损失约计 4 万亿美元,平均每 90s 就有 1t 钢铁被腐蚀,每年被腐蚀损耗的钢铁材料约占全年钢铁产量的 1/10。根据各国调查结果,一般情况下,金属腐蚀所造成的经济损失为该国国民生产总值的4%左右。2014年我国的金属腐蚀总成本约占当年国内生产总值的3.34%,总额超过21000亿元,相当于当年每个中国人承担1555元的腐蚀成本。

3.11.1 防腐技术

钢结构桥梁防腐措施包括一次防护和二次防护,其中一次防护主要指采用不锈钢、耐候钢或耐蚀合金等材料提高钢结构的耐久性;二次防护主要包括被覆法、化学处理和阴极保护。目前最常用的二次防护方法包括重防腐涂料涂层技术(占二次防护的60%)和电弧喷涂复合涂层技术(占二次防护的25%),如图3.11.1所示。

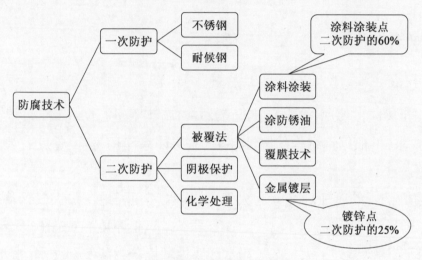

图3.11.1 防腐技术示意图

1)一次防护

(1)不锈钢。不锈钢的耐腐蚀性主要是因为在钢中添加了较高含量的Cr元素,Cr元素易于氧化,能在钢的表面迅速形成结构致密、不溶于腐蚀介质、电阻又高的保护膜。如果钝化膜不完整或有缺陷,不锈钢仍会被腐蚀。

不锈钢抗腐蚀能力的大小随钢材本身化学成分、加工状态、使用条件及环境介质类型的改变而改变。比如304钢管,在干燥清洁的大气中,有绝对优良的抗锈蚀能力;但在海滨地区含有大量盐分的海雾中,很快就会生锈,而316钢管则表现良好。

(2)耐候钢。又称耐大气腐蚀钢,是指通过在钢中加入一定数量的合金元素(如Cu、P、Cr、Ni、Mn、Mo、Al、V、Ti、Re等),使其在金属基体表面形成保护锈层,以提高耐大气腐蚀性能的钢。耐候钢往往使用时间越长,其耐候作用越突出。

免涂装耐候钢适用于大多数地区。但是,与其他形式的结构一样,某些极端情况下的腐蚀环境会导致其耐久性出现问题。耐候钢使用时应避免与融雪剂接触,此外耐候钢不能直接浸入水中、接触土壤及被植被覆盖。

2) 二次防护

二次防护主要有被覆法、化学处理和阴极保护。

(1) 被覆法。将防护材料包覆或涂覆在钢结构表面,隔离腐蚀介质与基体接触,以达到防腐蚀的目的。被覆法包括涂料涂装、涂防锈油、热浸锌和热喷涂四种技术。

(2) 化学处理。采用化学或电化学处理,使金属表面生成一层稳定化合物。使用磷酸盐处理、铬酸盐处理、阳极氧化等使金属表面生成一层钝化保护膜,均属于此种方法。

(3) 阴极保护。根据电化学腐蚀原理,利用外加电流或外加金属,达到保护钢结构的目的。

3.11.2 防腐设计

1) 一般规定

(1) 钢结构桥梁应按照腐蚀环境、工况条件、防腐年限进行防腐设计。先根据被涂装钢结构的寿命要求,再根据钢结构的腐蚀环境、涂层体系使用寿命,决定涂料的选型和涂层体系设计方案。

(2) 钢结构桥梁所处腐蚀环境分为大气区、浸水区和埋地区。大气区腐蚀环境分为 C1(很低)、C2(低)、C3(中等)、C4(高)、C5-Ⅰ(很高、工业环境)、C5-Ⅱ(很高、海洋环境) 6 种,绝大部分钢结构桥梁处于大气区。浸水区腐蚀环境分为淡水和海水(盐水)两种。

(3) 钢结构桥梁涂装部位分为外表面、非封闭环境内表面、封闭环境内表面、钢桥面、干湿交替区和水下区、防滑摩擦面、附属构件(包括护栏、灯柱底座、路缘石、泄水管等)七大区域,每一区域对应相应的防腐设计。

(4) 防腐涂层按保护年限分为普通型(10~15 年)和长效型(15~25 年)两类。涂层包含年限是指在涂层体系保护年限内,涂层 95% 以上区域的生锈等级不大于《色漆和清漆 涂层老化的评价 缺陷的数量和大小以及外观均匀变化程度的标识 第 3 部分:生锈等级的评定》(GB/T 30789.3—2014)规定的 Ri2 级(生锈面积 0.5%),无气泡、剥落和开裂现象。

2) 钢结构桥梁主流防护涂层体系

钢结构防腐方案主要包括:

(1) 环氧富锌底漆 + 环氧云铁中间漆 + 丙烯酸聚氨酯面漆(聚硅氧烷面漆、氟碳面漆)体系。

(2) 无机富锌底漆 + 环氧云铁中间漆 + 丙烯酸聚氨酯面漆(聚硅氧烷面漆、氟碳面漆)体系。

(3)热喷锌(铝) + 封闭底漆 + 环氧云铁中间漆 + 丙烯酸聚氨酯面漆(氟碳面漆)体系。

图 3.11.2 为目前世界主流的钢结构防护涂层体系,曾用于日本明石海峡大桥,我国苏通大桥、杭州湾跨海大桥、港珠澳大桥等国内外重点桥梁工程,其防护寿命都在 20 年以上。

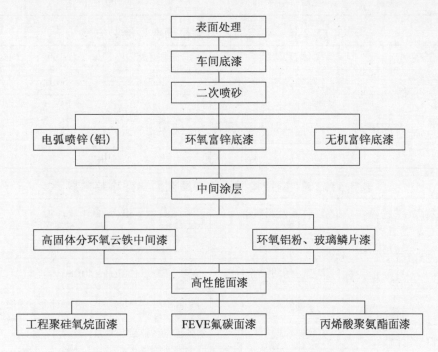

图 3.11.2 钢结构桥梁外表面主流防护涂层体系

3)钢结构桥梁典型涂装方案

表 3.11.2-1 ~ 表 3.11.2-6 为钢结构桥梁不同部位典型涂装方案。

表 3.11.2-1 钢结构桥梁外表面典型涂装方案 1

部 位	涂层体系及用料	技术要求(最低干膜厚度)	场 地
钢主梁外表面、非封闭环境内表面、护栏底座、灯柱底座	表面喷砂除锈	Sa2.5 级,$Rz = 30 \sim 70 \mu m$	工厂
	环氧富锌底漆 2 道	$2 \times 50 \mu m$	工厂
	环氧云铁中间漆 2 道	$2 \times 100 \mu m$	工厂
	氟碳面漆 2 道	$2 \times 40 \mu m$	工厂

表 3.11.2-2 钢结构桥梁外表面典型涂装方案 2

部 位	涂层体系及用料	技术要求(最低干膜厚度)	场 地
钢主梁外表面、非封闭环境内表面、护栏底座、灯柱底座	表面喷砂除锈	Sa2.5 级,$Rz = 40 \sim 70 \mu m$	工厂
	无机富锌底漆	$1 \times 80 \mu m$	工厂
	环氧封闭漆	$1 \times 30 \mu m$	工厂
	环氧云铁中间漆	$2 \times 75 \mu m$	工厂
	氟碳面漆 2 道	$2 \times 40 \mu m$	工厂

表 3.11.2-3　钢结构桥梁内表面典型涂装方案

部　位	涂层体系及用料	技术要求(最低干膜厚度)	场　地
封闭环境内表面(钢箱梁内除湿系统保持湿度小于50%)	二次表面喷砂除锈	Sa2.5级,$Rz = 30 \sim 70 \mu m$	工厂
	环氧富锌底漆1道	$80 \mu m$	工厂
	环氧厚浆漆1道	$120 \mu m$	工厂

表 3.11.2-4　钢结构桥梁钢桥面典型涂装方案

部　位		涂层体系及用料	技术要求(最低干膜厚度)	场　地
钢桥面(含行车道和中央分隔带)	临时防护	喷砂除锈	Sa2.5级,$Rz = 25 \sim 50 \mu m$	工厂
		环氧磷酸锌底漆	$60 \mu m$	工厂
	桥面铺装前涂装	二次表面抛丸除锈	Sa2.5级,$Rz = 25 \sim 50 \mu m$	工地
		环氧富锌底漆1道	$80 \mu m$	工地

表 3.11.2-5　钢结构桥梁防滑摩擦面典型涂装方案

部　位		涂层体系及用料	技术要求(最低干膜厚度)	场　地
高强度螺栓连接部位	摩擦面	二次表面喷砂除锈	Sa2.5级,$Rz = 30 \sim 70 \mu m$	工厂
		无机富锌防锈防滑涂料	$120 \mu m \pm 40 \mu m$	工厂
	钢箱梁内螺栓终拧后	表面处理	除油除污,对外露部位机械打磨St3级	工地
		底漆涂装	对外露部位涂装环氧富锌底漆1道,$80 \mu mm$	工地
		整体涂装环氧厚浆漆	$120 \mu mm$	工地
	钢箱梁外螺栓终拧后	表面处理	除油除污,对外露部位机械打磨St3级	工地
		底漆涂装	对外露部位涂装环氧富锌底漆1道,$100 \mu m$	工地
		环氧云铁中间漆2道	$2 \times 100 \mu m$	工地
		氟碳面漆2道	$2 \times 40 \mu m$	工地

表 3.11.2-6　钢结构桥梁护栏典型涂装方案

部　位	涂层体系及用料	技术要求(最低干膜厚度)	场　地
防撞护栏横梁及立柱所有外表面	脱脂、酸洗除锈	表面无油、干燥	工厂
	热浸锌	$80 \mu m$	工厂
	轻金属表面连接漆	$20 \mu m$	工厂
	环氧中间漆1道	$60 \mu m$	工厂
	氟碳面漆1道	$40 \mu m$	工厂
	氟碳面漆1道	$40 \mu m$	工地
防撞护栏横梁内表面(横梁不设端封板)	脱脂、酸洗除锈	表面无油、干燥	工厂
	热浸锌	$80 \mu m$	工厂

3.12 桥面系及附属

3.12.1 一般规定

（1）桥梁主要附属结构应以各自设计使用寿命为目标进行耐久性设计。

（2）附属结构的材料，应采用不低于产品相关规范、标准规定的技术要求的材料，并应采取为达到设计使用寿命而必要的表面防腐处理措施。

（3）附属结构宜由产品提供方完成包括其耐久性设计在内的详细设计，并经设计单位确认后方能实施。

3.12.2 桥面铺装

桥面铺装作为与车辆直接作用的部位，影响行车的安全性和舒适性，同时作为桥梁整体结构的一部分，还影响桥面板和钢主梁的耐久性，设计时应予以足够的重视。

对于采用混凝土桥面板的组合梁桥，其桥面铺装与常规混凝土桥梁几乎无差别，可采用混凝土桥梁铺装的成功经验。但由于钢结构更易受到水的影响而造成锈蚀，因此应加强桥面铺装的防、排水构造设计。

对于采用正交异性钢桥面系的钢结构桥梁，由于正交异性钢板的力学特性不同于混凝土桥面板或一般道路结构，其上的桥面铺装受力模式与常规铺装不同，设计中应予以充分重视。为规范和指导公路钢桥面铺装工程设计和施工，保障工程质量，交通运输部颁布了《公路钢桥面铺装设计与施工技术规范》（JTG/T 3364-02—2019），公路钢桥面铺装设计和施工应按照此规范的规定执行。对于常规跨径钢结构桥梁钢桥面铺装设计，宜加强方案比选，选择安全、经济、耐久的方案。

3.12.3 护栏

1）一般规定

公路护栏是指设置于行车道外侧或中央分隔带的一种带状吸能结构，车辆碰撞时通过自体变形或者车辆爬升吸收碰撞能量，从而降低乘车人员受到伤害的程度。

公路钢结构桥梁护栏及栏杆的设计与施工应符合现行《公路交通安全设施设计规范》（JTG D81）、《公路交通安全设施设计细则》（JTG/T D81）及《公路护栏安全性能评价标准》（JTG B05-01）中的规定及要求。

《公路交通安全设施设计细则》（JTG/T D81—2017）规定："根据车辆驶出桥外或驶

入对向车行道有可能造成的交通事故等级,按表3.12.3的规定选取桥梁护栏的防护等级。"

表3.12.3 桥梁护栏防护等级的选取

公路等级	设计速度（km/h）	车辆驶出桥外或进入对向车行道的事故严重程度等级	
		高	中
高速公路	120	六(SS、SSm)级	五(SA、SAm)级
	100、80	五(SA、SAm)级	四(SB、SBm)级
一级公路	100、80	五(SA、SAm)级	四(SB、SBm)级
	60	四(SB、SBm)级	三(A、Am)级
二级公路	80、60	四(SB)级	三(A)级
三级公路	40、30	三(A)级	二(B)级
四级公路	20		

2）混凝土护栏

组合梁由于采用混凝土桥面板,桥面护栏类型多采用混凝土墙体式或组合式,连接方式分为现浇式和装配式。

路侧混凝土护栏按构造可分为改进型(F型)、单坡面式和直壁式三种,目前在我国应用比较广泛的是改进型和单坡面式,直壁式应用较少。

混凝土护栏目前多以现浇的施工形式进行安装,存在施工难度大、周期长等的特点。同时现浇式混凝土护栏不能移动,对于高速公路改扩建来说,易造成资源浪费。

装配式护栏外形与混凝土护栏相同,采用预应力钢棒将护栏与桥面板连接在一起。不仅降低了施工难度,加快了施工进度,而且更容易保证护栏的质量,如图3.12.3-1和图3.12.3-2所示。

图3.12.3-1 Ⅰ型混凝土护栏

图3.12.3-2 装配式混凝土护栏

3）钢护栏

钢护栏采用金属梁柱式桥梁护栏,根据横梁数量分为双横梁、三横梁、四横梁和五横梁结构。由于景观通透性好,在国内外桥梁上均有所应用,如图3.12.3-3所示。

图 3.12.3-3 钢护栏

3.12.4 灯柱底座

（1）照明、供电设施设置位置和方案应与照明、供电专业做好沟通协调。灯柱底座的设计方案应与环境、桥型、栏杆协调一致。

（2）照明灯柱底座不得侵入桥梁的净空限界，不得影响桥梁的安全使用。

（3）照明灯柱底座宜与底座处桥梁构造物相匹配。底座设置在混凝土护栏上时，宜将底座与护栏一同施工；底座设置在混凝土桥面板上时，底座可后浇筑，但应注意相应钢筋的预埋；底座设置在钢结构上时，底座宜采用钢结构，条件允许的情况下也可采用混凝土结构。

（4）照明灯柱底座应与桥面系连接牢固，其承载力应大于灯柱下部截面塑性弯曲承载力矩。

（5）照明灯柱底座施工时应根据照明、供电设计预埋灯柱基础连接件和线缆管线，线缆管线应引出结构外。

3.12.5 排水

为了迅速排除桥面积水，防止雨水积滞于桥面并渗入梁体而影响桥梁的耐久性，在桥梁的设计时,在桥面上除设置纵坡、横坡排水外,桥面需要设置一定数量的泄水管道,以便组成一个完整的排水系统。泄水管的形式一般有金属泄水管、钢筋混凝土泄水管、横向排水管道等。

桥上泄水管的数量和孔径,应视桥梁的长度、宽度及桥梁纵坡的大小而定。桥面泄水孔间距的确定需考虑降雨强度、桥面汇水面积、桥面横纵坡等因素的影响。桥面排水系统设计时,须根据现行《公路排水设计规范》(JTG/T D33)的相关规定执行。

我国公路桥梁的排水设计一般通过桥面横坡和纵坡流入泄水口后,直接向下排放或汇集到排水管排至地面排水设施或河流中。一般设计时主要从排水顺畅和行车安全两方面考虑,规定桥面应具有足够的横向和纵向坡度,使落在桥面上的降水迅速排向桥面行车道两侧,桥面泄水口的最大间距不应超过20m。

随着我国经济的高速发展,交通事故发生率居高不下,危险化学品运输事故也时有发生。而较一般运输事故而言,往往会衍生出泄漏、燃烧、爆炸等更严重的后果,造成生命财产的损失以及环境污染等一系列的社会问题。对于桥面交通事故造成的危化品泄漏,如果不及时阻绝其扩散的途径,危化品就会沿着桥面的排水设施排入到水体中,从而造成水源污染。因此,未来对桥梁排水系统的环保功能的要求是越来越高。

目前,国内比较新颖且环保的钢结构桥梁排水方式主要有:桥面智能化电控排水系统、排水及垃圾收集分离式排水系统。图3.12.5为港珠澳大桥桥面排水系统。

图3.12.5　港珠澳大桥排水系统

桥梁排水设计时应着重注意以下几点:

(1)跨界内排水设施应统筹规划、合理布局,与路界外排水系统和设施合理衔接。

(2)排水系统的设置应以保障行车安全为目的,保证排水系统的有效性和耐久性。

(3)排水系统应与主体工程和自然环境相适应,设计中注重各种排水设施的功能和相互之间的衔接,防、排结合,形成完善的排水系统。

(4)排水设计应包括排水系统总体设计、水文调查和计算、排水设施结构形式和材料选择、水力计算等内容。

(5)桥面应设置完善的排水设施,应重视桥面防水层、黏结层的设置和材料选择。

(6)设计时着重注意桥面排水系统与梁体间的连接构造,确保连接紧密、排水顺畅,避免桥面排水不畅对结构耐久性产生不利影响而引起结构腐蚀。

3.12.6 伸缩缝

(1)本指南主要针对常规跨径钢结构桥梁,应视需要设置变形缝或伸缩缝,一般情况下其伸缩量有限,所用到的伸缩装置伸缩量不大,多为中、小规格型号。伸缩装置应符合下列规定:

①应能保证梁体自由伸缩;
②应满足承载、梁体转角和变形要求,保证车辆平稳通过;
③降噪和防振功能;
④应具有良好的密水性和排水性;
⑤应易于检查和维修养护。

(2)目前常用的伸缩装置分类见表3.12.6。

表3.12.6 常用伸缩装置分类

装置类型	类型	伸缩量 e(mm)
模数式伸缩装置	单缝式	$20 \leqslant e \leqslant 80$
	多缝式	$e \geqslant 160$
梳齿板式伸缩装置	悬臂型	$60 \leqslant e \leqslant 240$
	简支型	$80 \leqslant e \leqslant 2000$
无缝伸缩缝	—	$20 \leqslant e \leqslant 100$

(3)伸缩装置类型的选取应根据桥梁结构功能需求、伸缩量大小进行综合考虑,伸缩装置性能应符合现行《公路桥梁伸缩装置通用技术条件》(JT/T 327)的规定。

(4)伸缩装置的正常使用伸缩位移应包含温度变化、制动力和混凝土收缩等作用引起梁体伸缩量,并应考虑伸缩位移富余量等因素。

(5)标准化设计的钢桥、组合桥宜采用浅埋式伸缩装置。

(6)伸缩装置结构本身的防水是通过结构的防水密封系统来实现的,在伸缩装置附近桥面表面宜设置附加的排水系统,其能将横向溢出行车表面的雨水予以排除,附加的排水系统可以设置在伸缩装置表面,或者在伸缩装置结构下面设置。

(7)对于弯桥,伸缩装置的各向变位应满足设计要求。

(8)当桥梁变形使伸缩装置产生显著的横向错位和竖向错位时,宜经专题研究确定伸缩装置的平面转角要求和竖向转角要求,并进行变形性能检测。

(9)梁端应根据伸缩缝构造要求预留安装槽口,并设置好预埋件。

(10)在正常设计、生产、安装、运营养护条件下,伸缩装置设计使用年限不应低于15年。当公路桥梁处于重要路段或伸缩装置结构特殊时,伸缩装置设计使用年限宜适当提高。

3.12.7 支座

1)一般规定

支座是连接钢结构桥梁上部结构和下部结构的重要承力部件,应满足下列要求:

(1)满足受力特性要求;

(2)满足梁体水平位移及转角变位要求;

(3)满足可靠性要求;

(4)方便安装、维修、养护。

2)支座类型

本指南主要针对常规跨径钢结构桥梁,所选用支座规格一般不超30MN(即3000t 竖向承载能力),可选用的支座按材料分类如下:

(1)钢支座。分为普通钢支座和减隔震钢支座。普通钢支座主要包含球型钢支座;减隔震钢支座包含摩擦摆式减隔震支座、弹塑性钢减震支座、圆柱面钢支座等。其中各类钢支座又可分为固定支座、单向活动支座、双向活动支座。

(2)橡胶支座。分为普通橡胶支座和隔震橡胶支座。其中普通橡胶支座包括板式橡胶支座、四氟滑板橡胶支座、盆式橡胶支座;隔震橡胶支座包括天然橡胶支座、高阻尼橡胶支座、铅芯橡胶支座等。

以上为常用支座类型,对于钢结构桥梁用特殊类型支座(如抗拉支座、抗风支座、高度可调支座等)需专门研究。

3)支座选型

钢结构桥梁上部结构较相同跨径混凝土桥梁重量轻、刚度小,活载引起的转角、位移等较大。此外,钢材的线胀系数较大,因此,温度引起的钢结构桥梁位移较大。支座选型时应充分考虑钢结构桥梁在结构、受力、转角、位移等方面的特点,采用适合的支座类型,确保桥梁整体安全、稳定。

(1)支座选用应根据桥梁所需承载力、结构功能、抗震需求等进行综合考虑。

(2)在正常施工和使用的条件下,支座应能承受可能出现的各种荷载作用和变形而不发生破坏;在偶然荷载发生后,支座仍能保持必要的稳定性。

(3)在正常维护的条件下,支座应具有良好的工作性能,应能在设计使用年限内满足各项功能要求。

(4)一般情况下,设计基本地震动水平峰值加速度为≤0.15g时,可采用普通支座,如板式橡胶支座、天然橡胶支座、盆式支座、球型支座等;设计基本地震动水平峰值加速度 A_h 为 $0.20g \leq A_h \leq 0.40g$ 时,宜采用具有减隔震功能的支座,如高阻尼橡胶支座、铅芯橡胶支座、摩擦摆式减隔震支座、弹塑性钢减震支座等;设计基本地震动水平峰值加速度 $A_h > 0.40g$ 时,应进行专门抗震设计。

(5)弯、坡、斜等特殊钢结构桥梁,受力条件复杂,宜选用具有受力各向同性优势的支座、具有自动复位功能的支座。

(6)桥梁支座安装位置处,梁底应进行合理的局部设计,确保安全、稳定。支座与上部结构连接宜采用螺栓连接,方便后期维养、更换。

(7)设计时应考虑支座的安装空间及限位装置的设置空间;连接构件尽量避免与结构受力筋、加劲板相互干扰。

(8)支座选用应考虑后期维修、养护及更换所需空间及可操作性。

(9)若需设置抗拉支座时,抗拉支座应具有可靠的抗拉性能,且支座的上部、下部与梁体、墩台之间应有可靠的连接,宜采用螺栓连接。

(10)支座的防腐性能要求宜与主体钢结构桥梁要求一致。处于高湿度、高盐度等严重腐蚀环境时,支座应具有抗腐蚀性能;处于严寒环境时,支座应具有耐低温性能。

(11)支座设计应检算设计位移量是否满足桥梁因温度、混凝土收缩徐变、制动力、地震力等荷载作用引起的位移、转角需求;上下各部件的轴线应对正,有预偏时应按预偏量设置。

4)支座布置

钢结构桥梁支座布置在满足承载力、位移、转角等功能需求的前提下,其布置应满足下列要求:

(1)支座布置应保证力的顺利传递。

(2)支座上下表面应水平,宜通过预埋钢板或楔形块进行调平。

(3)一般情况下,对于联长较大的钢结构桥梁,固定支座宜设置在计算刚度中心墩上。

(4)曲线桥的支座宜沿桥梁的切线方向布置。

3.12.8 养护及养护通道

(1)常规跨径钢结构桥梁养护按现行《公路桥涵养护规范》(JTG H11)的规定进行。

（2）常规跨径桥梁的检查和养护宜主要利用在桥面行走的桥检车来进行。常规跨径桥梁一般不设置梁底检查车，在桥面行走的桥检车伸出桁架长度基本都能够满足检查的需求。

（3）为满足伸缩缝检查、维护的需求，伸缩缝位置处宜设置专用检修通道。

（4）箱梁内部应设置专用检修通道。

（5）人行道（或桥面检修道）应保持牢固、完整、清洁，路缘石应经常保持完好状态。若出现缺损、松动应及时进行维修。

（6）对于长期未经使用的检修通道，应在每次使用前对其进行适当的维护。

3.13 抗震

由于钢结构桥梁自重较轻，地震作用下，上部结构响应相对较小，对抗震有利。《公路桥梁抗震设计细则》（JTG/T B02-01—2008）第1章总则第2条及《公路工程抗震规范》（JTG B02—2013）中第5章中，均明确了适用于单跨跨径不超过150m的钢筋混凝土和预应力混凝土桥梁、圬工或钢筋混凝土拱桥抗震设计。钢结构桥梁的抗震设计宜根据其自身的特点参照上述规范规定执行。

钢结构桥梁在抗震设计时，对于高烈度区桥梁，除采取合理的抗震构造措施外，可根据桥梁抗震设防类别、地震烈度、场地条件等因素，经综合比较分析选定其抗震性能目标，并进行钢结构桥梁抗震性能化设计，例如是否采取抗震构造措施、是否进行减隔震设计等。

钢结构桥梁采取的抗震措施，应确保桥梁在正常服役过程中安全、可靠、稳定。一般来说，通过正确的"抗震"设计可以保证结构的安全，防止结构的整体破坏或倒塌，然而，结构构件的损伤却无法避免的。在某些情况下，要靠结构自身来抵抗地震作用显得非常困难，需要付出很大的代价。因此，对于高烈度区，应采取专门的抗震设计及减隔震设计，如抗震构造措施、减隔震支座等。

根据场地类型等的不同，宜选用对抗震有利的钢结构桥梁类型。当采取相应抗震构造措施时，应确保钢结构桥梁在正常服役过程中安全、可靠、稳定。

1）7度区

钢结构桥梁桥台胸墙应适当加强，应在钢主梁与钢主梁之间和钢主梁与桥台胸墙之间加装橡胶垫或其他弹性衬垫，其构造示意如图3.13-1和图3.13-2所示，以缓和冲击作用和限制钢主梁的位移。

钢结构连续梁和桥面连续的简支梁（板）桥，应采取防止横向产生较大位移的措施，设置限位挡块构造,其构造示意如图3.13-3所示。

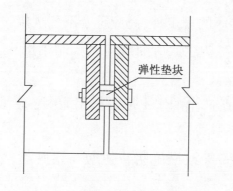 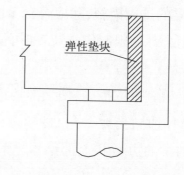

图3.13-1　梁与梁之间的缓冲设施　　图3.13-2　梁与桥台之间的缓冲设施

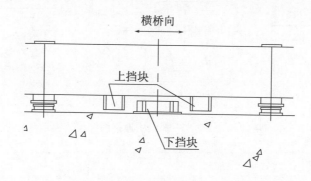

图3.13-3　横桥向限位挡块设置构造

桥面不连续的简支梁(板)桥,宜采取设置挡块、螺栓连接和钢夹板连接等防止纵向落梁的措施,分别如图3.13-4和图3.13-5所示。

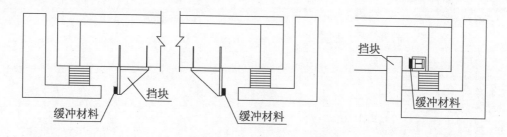

图3.13-4　纵桥向限位挡块设置构造

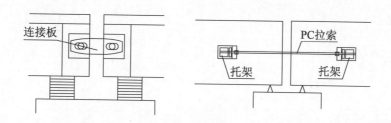

图3.13-5　纵桥向梁与梁连接的连梁构造示意

2)8度区

钢结构桥梁的抗震措施,除应符合7度区的规定外,尚应符合下列规定:

(1)应采用合理的限制位移装置(可借鉴7度区所列措施),控制结构相邻构件之间的相对位移。

(2)连续梁桥宜采取措施,使上部构造所产生的水平地震作用能由各个墩、台共同承担,使得桥梁整体协同受力。

(3)连续曲梁的边墩和上部结构之间宜采取措施防止边墩与梁脱离,如图3.13-6所示。

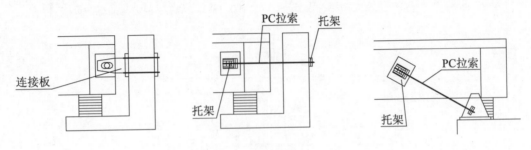

图3.13-6 梁与下部结构连接的连梁结构

3)9度区

钢结构桥梁的抗震措施,除应符合8度区的规定外,尚应符合下列规定:

(1)钢主梁各片梁间必须加强横向连接,以提高上部结构的整体性。当采用钢桁梁时,应采取结构措施,保证其横向稳定性设计。

(2)钢主梁支座应采取限制其竖向位移的措施,可通过支座的特殊设计,使其具备抗竖向拉力的功能。

第4章 工厂制造

4.1 一般规定

(1) 制造单位应对设计图进行工艺性审查。当需要修改设计时,必须取得原设计单位同意并签署设计变更文件。

(2) 制造单位根据设计图绘制施工详图并编制制造工艺,制造必须根据施工详图和制造工艺进行。

(3) 制造及验收应使用经计量检定合格的计量器具,并应按有关规定进行操作。

(4) 焊工须持有相应有效的资格证书,且只能从事资格证书中认定范围内的工作。

(5) 无损检测人员必须持有相应有效的检测资格证书,且只能从事资格证书认定范围内的工作。

(6) 制造前应进行焊接工艺评定,并应根据评定报告确定焊接工艺,形成焊接作业指导书。

(7) 新涂层体系应在开工前进行工艺性、配套性验证,并根据试验效果确定涂装作业指导书。

(8) 制造前对相关人员进行上岗前培训、技术交底和质量意识教育,实行持证上岗制度。

(9) 采用射线探伤检测作业时要做好安全防护工作。

(10) 钢结构的制造和验收应符合现行国家标准和行业标准的相关规定。

(11) 名称定义:

①零件:组成杆件(板单元、部件)的最小单元。

②部件:由零件在组装成单元件前的局部组合体。

③单元件(板单元):组成块体或节段的基本构件。

④块体:根据制造和安装需要,将节段分成若干制造单元,这个制造单元称为块体。

⑤节段:根据设计要求或制造和安装的需要,将整个钢主梁分成若干制造、运输及吊装单元,这个制造单元称为节段。

⑥杆件:组成钢桁梁的基本单元。

⑦设计图:由项目设计单位出具的图纸及技术文件。

⑧钢主梁:对各类结构形式钢梁构件的统称。

4.2 制造准备

4.2.1 设计图工艺性审查

制造厂对设计图和相关技术文件,从技术要求、可操作性、图面信息、制造线形要素、焊接施工、防腐体系等方面进行工艺性审查,提出合理化建议,以确保设计文件适合批量生产制造。

1)技术要求

审查设计文件对钢结构制造标准的规定,确认各项标准的适用性和可执行性。设计文件中提出的高于现行标准或没有适用标准的制造、检验内容,可通过协商或召开专家会研究确定相关标准。

2)可操作性

采用计算机三维建模,结合装配顺序,复核焊接、涂装和检测对操作空间的要求,提出优化建议。审查在现有技术、装备的基础上,典型结构、复杂结构和特殊结构的制造可操作性,确保现有工艺技术和装备条件能够满足所有类型结构的施工需求。主要审查内容应包括:

(1)现有设备和工艺条件的可操作性。

(2)结构尺寸能否满足人员和设备对操作空间的要求。

(3)构件标准化、自动化制造的可操作性,尽量减少工装数量。

(4)无损检测和尺寸测量的可操作性。

(5)发运单元是否符合运输条件。

3)图面信息

复核设计图连接关系、结构尺寸和材料表信息准确性。

4)制造线形要素

依据制造线形参数,经过计算机放样检验数据准确性。

5)焊接施工

(1)复核设计选用的钢材焊接性,对焊接性差的钢材提出变更建议。

(2)复核设计图中规定的接头形式、焊接方法和质量要求的合理性。

(3)构件焊接产生焊接变形的可控性。

(4)焊缝布置宜对称、合理,有充足的操作空间,便于工厂制造,并尽可能减少现场的焊接工作量。

6)防腐体系

(1)复核涂装防腐配套体系的应用范围、不同涂层间的兼容性、涂料技术指标的合理性。并根据实际施工情况对涂装工作提出合理化建议,供相关部门参考。

(2)现有生产条件和涂装工艺是否满足项目要求和国家环保标准要求。

(3)对于螺栓摩擦面的涂装,在满足抗滑移系数等工艺性能的条件下,宜采取便于操作的工艺和环保的涂装材料。

4.2.2 制造工艺方案

钢结构桥梁施工前,应编制钢结构制造工艺方案,主要包括下列内容:

(1)介绍工程概况;明确工程范围;明确工期、质量要求;规划总体施工组织;制订组织机构;制订材料采购计划;制订人员、设备、物资等资源投入计划;细化施工场地布置。

(2)以流程图形式说明制造工艺流程;对主要制造工艺、方案进行设计、试验,明确制造工艺、方案的审批流程。对切割、焊接、涂装等重要工艺制定工艺评定试验。明确关键部位焊接工艺;根据现场条件,制订现场焊接施工方案;制订焊接质量检验及控制措施。

(3)制订人员培训计划;制订工期保证体系及保证措施。

(4)确定节段及部件划分;制订主要部件的制造工艺方案;制订首制件认可实施方案(包括实施流程、具体要求、质量保证措施等);制订构件精度控制措施;设置梁段组装测量控制网,设置节段基准线及线形控制点;规定组装胎架、节段组装工艺、节段组装检验方法;制订节段预拼装方案;制订节段整体拼装方案。

(5)制订试拼装、现场焊接、涂装、运输等重点、难点的控制措施。

(6)制订钢结构运输方案,包括构件的厂内转运、陆上及水上运输及绑扎方案、吊装运输受力分析、规划运输路线。

(7)确定质量目标,制订质量保证体系及预防措施;制订安全、环保、文明施工目标、管理体系和保证措施。

4.2.3 施工详图

钢结构桥梁施工详图是指制造单位根据设计资料和结构受力情况,结合原材料特性、运输方案以及制造厂工艺装备、生产能力等因素对桥梁进行分段、分块后,绘制的满足制造需求的图样。绘制施工详图应考虑桥梁纵向线形、平面线形、横坡、预拱度、焊接变形、边缘加工余量、切割余量、制作温度、施工方法等影响。

施工详图可采用CAD进行二维图纸的绘制。鼓励从设计BIM模型直接转换施工详图及材料报表，模型变更时会自动更新图纸，保持模型和图纸的一致性。

1) 施工详图分类

施工详图是指导生产制造过程的图纸，应包括图纸目录、总说明、拼装布置图、节段图、部件图、零件图等。

2) 施工详图绘制要求

(1) 施工详图应是产品出厂前的发送状态，或交付业主时的交验状态，当不能满足生产需求时，可绘制零件、单元件施工图或工艺图予以补充。

(2) 施工详图的文字、数字或符号等，均应笔画清晰、字体端正、排列整齐。

(3) 施工详图绘制比例根据图样的用途与被绘对象的复杂程度确定。

(4) 施工详图的图框、图幅尺寸、图线、文字、绘图比例、尺寸标注、符号、螺栓表示等应满足相应制图规定。

3) 施工详图管理

(1) 施工详图的接收、储存、发放、变更、换版、作废等行为应有明确的规定，确保项目内各部门所使用图纸均为有效版本。

(2) 施工详图发放应进行受控管理，领用时要进行登记，工程结束后应由发放部门回收统一处理。

(3) 当构造发生变更时，已发放的施工详图要收回并作废，重新发放新版施工详图。

(4) 新版施工详图应在标题栏内注明版本号，以示与旧版的区别。

(5) 校对和审核的图纸需留档至项目交工验收。

4.2.4 工艺布局

工艺布局分为总体施工规划和各工序工艺布局，应遵循下列基本原则：

(1) 充分利用地形条件及自然资源，减少工程量、建设投资和投产使用后的固定费用；制定合理的生产流程，减少周转期，提高生产和使用效率。

(2) 确保生产过程稳定、提高产品精度，所有重型设备和机加工设备，应安装于厂房的最底层，必要时还需要加设防震措施；凡是产生剧烈振动和发出噪声的设备，应远离精密加工的生产区域，周围宜布置减振和消声设施。

(3) 根据项目特点，分析制造的重点和难点；结合现场的实际情况以及施工进度安排，确定水、电、通信、施工道路和办公及生活设施的布置；优化资源配置，合理布置施工场地，减少施工干扰，确保工程进度，降低工程费用和施工成本。

(4) 制造区应相对集中,就近存梁,缩短梁段的转运距离,合理规划打包发运场地。

(5) 必须考虑并落实安全和环保措施。

4.2.5 工艺及装备

1) 钢材预处理

宜采用预处理自动生产线(图 4.2.5-1)进行辊平、抛丸、喷涂、烘干(耐候钢仅需辊平),储存、制造期间钢材锈蚀程度应满足焊接和涂装质量要求。

2) 辊平矫正

消除钢材因为外力或内应力形成的弯曲、翘曲、凹凸不平等缺陷。板材矫正应采用专用矫正机(图 4.2.5-2),应满足 60mm 以下钢板的辊道输送连续矫正。

图 4.2.5-1 钢板预处理设备

图 4.2.5-2 钢板辊平设备

3) 除锈

除锈后的钢材表面不得有水迹、杂物和灰尘,涂料按照供应商提供的配方比例调配,涂装后要进行烘干固化。漆膜厚度应为 $20\mu m$ 左右。

4) 切割

(1) 异形板件应采用空气等离子或火焰数控切割机(图 4.2.5-3)切割下料,矩形板件可采用多头切割机床下料。

(2) 大型切割设备宜具备自动划线和标识喷写功能。

(3) 型材可采用火焰切割下料,规格较大的型材宜采用专用锯切机床下料。

5) 坡口加工

(1) 主要杆件焊接边坡口宜采用铣削加工方式或精密切割。

(2) 冷弯 U 肋焊接边坡口采用专用数控铣床加工。

(3) 设备包括刨边机、斜面铣床、双面铣床和液压牛头刨等,如图 4.2.5-4 所示。

图 4.2.5-3　数控切割设备

图 4.2.5-4　坡口加工设备

6）折弯

采用数控液压折弯机（图 4.2.5-5）压制成型 U 肋。

图 4.2.5-5　U 肋折弯加工设备

7）钻孔

（1）杆件或构件的螺栓孔需用钻孔设备钻制。

（2）常用钻孔设备有数控钻床（图 4.2.5-6）、摇臂钻床、磁力钻等。

（3）摇臂钻床、磁力钻钻孔时需与钻孔模板配合使用，保证孔群精度。

图 4.2.5-6　数控钻孔设备

8) 板单元组焊

(1) 板单元组装。宜采用专用组装设备(图 4.2.5-7),如果不能实现,正交异性板单元必须在专用组装机床上组装,组装机床应具备打磨、除尘、组装卡紧、定位焊等功能。

图 4.2.5-7　板单元专用组装设备

(2) 板单元焊接。正交异性板单元应采用自动化焊接(图 4.2.5-8、图 4.2.5-9)。顶板单元、底板单元宜采用多头门式自动焊专机或机器人焊接。板单元焊接前需预设反变形,并采用船位或平位进行焊接。

图 4.2.5-8　板单元焊接设备

9) 整体试(预)拼装

(1) 胎架基础必须有足够的承载力,确保在使用过程中沉降量≤2mm;胎架要有足够的刚度,避免在使用过程中变形。

(2) 胎架应设置适当预拱度,以抵消焊接收缩和重力产生的变形。

图4.2.5-9 板单元内焊设备

(3) 根据钢主梁结构特点在胎架两端设置基准点,四周设置高程测量基准点,作为试(预)拼装几何尺寸定位基准。

(4) 胎架宜设置在厂房内,以避免温度对拼装精度造成的影响;如果胎架设在室外,则关键定位工序必须在无日照或温度恒定时进行。

(5) 对于连续匹配预拼装节段,上一轮拼装完成后留下一段作为下一轮的匹配段参与拼装。

4.2.6 工艺试验

在规模化生产之前,对重要工序或新装备,应通过工艺试验检验并稳定工艺,验证工艺装备的主要功能和制造精度是否满足要求,工艺流程和工艺参数是否正确、合理可行,工艺控制措施是否有效,检查、检测方法是否可靠。根据工艺试验结果制订的工艺文件指导生产。进行工艺试验的项目,试验结果应满足专用技术标准、图纸及相关国家标准要求。

1) 切割工艺评定试验

在钢材切割加工之前,选取材质、规格具有代表性的钢板进行火焰切割工艺试验。通过工艺试验确定割嘴型号、气体压力、气体流量、切割速度、割嘴距工件距离、割嘴倾斜角度等工艺参数。切割后试件切割面质量应符合下列要求:

(1) 焰切面硬度符合设计要求。

(2) 切割边缘没有裂纹。

(3) 切割边缘无其他危害结构使用性能的缺陷。

切割工艺评定试验的评审内容:切割后表面硬度、切割面垂直度、表面粗糙度、是否存在裂纹及其他缺陷。

2) 焊接工艺评定试验

(1) 焊接工艺评定试验是编制焊接作业指导书或焊接工艺的依据。

(2) 焊接工艺评定试验按照现行《公路桥涵施工技术规范》(JTG/T F50)进行,并满足设计文件的相关规定。

（3）根据钢板材质、结构特点、接头形式、焊接方法、焊接材料和焊接位置等制订焊接工艺评定试验任务书，报监理工程师审批。

（4）焊接工艺评定试板代表的范围应符合相关规范要求，试验项目应能够覆盖全桥所有类型焊缝。

（5）同一制造厂已经评定并批准的工艺，可不再评定，但应提供完整的评定报告作为证明。

（6）试验用钢板、圆柱头焊钉、焊接材料必须具有生产厂家出具的质量证明书，并经进厂复验合格。

（7）焊接试验应根据预焊接工艺指导书进行，试验过程中记录坡口尺寸，焊接环境温度、湿度，焊前预热和道间温度以及焊接方法，焊接材料，焊接电流、电压、焊接速度等工艺参数。

（8）焊后对焊缝进行外观检查和超声波探伤检测。

（9）对试件进行机械性能试验，试验项目、试样的制取和试验标准应符合规范要求。当试验结果不合格时，应分析原因，修改焊接工艺指导书后重新试验。

（10）试验结束后应编制焊接工艺评定报告，内容包括：母材和焊接材料的质保书和复验报告、焊接工艺指导书、施焊记录、焊缝外观和无损检验结果、接头机械性能试验结果、宏观断面酸蚀试验结果、评定结论等。

焊接工艺评定试验评审内容：试验项目的覆盖范围，钢板的可焊性，焊接材料的适用性，所用焊接方法、焊接位置、坡口形式、坡口尺寸、焊接顺序、规范参数、焊接衬垫的合理性，焊前预热、道间温度控制等控制措施的有效性，焊缝外观检查、无损检测、机械性能试验和宏观断面酸蚀试验的结果是否满足要求等。

3）涂装工艺评定试验

涂料进厂复验合格后，方可进行涂装工艺试验。涂装工艺试验要求采用与正式涂装施工同设备、同人员、同材料。在满足施工环境的条件下，按照桥梁主体配套涂层体系进行工艺性能试验，记录施工过程中的相关工艺参数。最后一道涂料施工完成，整个涂层体系至少固化7天，然后对漆膜附着力、厚度和外观等进行检测。

涂装工艺评定试验内容：涂装工艺评定试验的评审内容包含外观、附着力、膜厚、涂料匹配性、涂层间隔时间。

涂装工艺评定试验要求如下：

（1）涂层表面应平整、均匀一致，无漏涂、起泡、裂纹、气孔和返锈等现象，允许轻微橘皮和局部轻微流挂。金属涂层表面均匀一致，不允许有漏涂、起皮、鼓泡、大熔滴、松散粒子、裂纹和掉块等,允许轻微结疤和起皱。

(2)干膜厚度采用"85-15"规则判定,即允许有15%的读数可低于规定值,但每一单独读数不得低于规定值的85%。对于结构主体外表面可采用"90-10"规则判定。涂层厚度达不到设计要求时,应增加涂装道数,直至合格为止。漆膜厚度测定点的最大值不能超过设计厚度的3倍。

(3)当检测的涂层厚度不大于250μm时,各道涂层和涂层体系的附着力按划格法进行,不大于1级;当检测的涂层厚度大于250μm时,附着力试验按拉开法进行。

锌、铝涂层附着力应按照《热喷涂 金属和其他无机覆盖层 锌、铝及其合金》(GB/T 9793—2012)附录A中规定的方法进行。当采用划格试验时,如果没有出现涂层从基体上剥离或金属涂层层间分离,则认为合格;当采用拉伸试验时,应不小于5.9MPa。

4.3 材料复验

4.3.1 钢材的复验

钢材的采购技术条件满足设计及招标文件要求。进场材料按下列要求复验:

(1)钢材复检应按同一厂家、同一材质、同一板厚、同一出厂状态每10炉(批)抽检一批,每检验批抽检一组试件。

(2)审核生产厂家提供的质量证明书。

(3)化学成分:

①普通桥梁钢:复验C、Si、Mn、P、S元素含量。

②耐候桥梁钢:复验C、Si、Mn、P、S、Ni、Cr、Cu元素,并计算耐腐蚀指数I满足设计文件要求。

$I = 26.01(\%Cu) + 3.88(\%Ni) + 1.20(\%Cr) + 1.49(\%Si) + 17.28(\%P) - 7.29(\%Cu)(\%Ni) - 9.10(\%Ni)(\%P) - 33.39(\%Cu)(\%Cu)$。

(4)力学性能:屈服强度R_{eL}、抗拉强度R_m、伸长率A、弯曲(180°)、冲击功KV_2。

(5)对于Z向钢及厚度大于20mm的钢材,应按现行《厚钢板超声检验方法》(GB/T 2970)的规定抽取每种板厚的10%(至少1块)进行超声波复测,质量等级为Ⅱ级。

(6)对于Z向钢应根据现行《厚度方向性能钢板》(GB/T 5313)的相关规定进行检验。

4.3.2 焊接材料的复验

焊接材料复验项目如下:

(1)审核生产厂家提供的质量证明书。

(2)药芯焊丝:首次使用的药芯焊丝检验熔敷金属的化学成分(C、Si、Mn、P、S等元素)和力学性能(屈服强度R_{eL}、抗拉强度R_m、伸长率A、冲击功KV_2);连续使用的同一厂家、同一型号的药芯焊丝,逐批进行熔敷金属化学成分检验,每一年进行一次熔敷金属力学性能检验。同时,厂家应在质保书中提供药芯焊丝扩散H含量检测值。

(3)实心焊丝:首次使用的实心焊丝检验焊丝的化学成分(C、Si、Mn、P、S等元素)和熔敷金属的力学性能(屈服强度R_{eL}、抗拉强度R_m、伸长率A、冲击功KV_2);连续使用的同一厂家、同一型号的实心焊丝,逐批进行化学成分检验。

(4)手工焊条:首次使用的焊条检验熔敷金属的化学成分(C、Si、Mn、P、S等元素)和力学性能(屈服强度R_{eL}、抗拉强度R_m、伸长率A、冲击功KV_2);连续使用的同一厂家、同一型号的手工焊条,逐批检验熔敷金属化学成分,每一年进行一次熔敷金属力学性能检验。

(5)埋弧焊焊丝:首次使用的埋弧焊丝检验焊丝的化学成分(C、Si、Mn、P、S等元素)和熔敷金属的力学性能(屈服强度R_{eL}、抗拉强度R_m、伸长率A、冲击功KV_2)。

(6)埋弧焊焊剂:首次使用的埋弧焊剂检验化学成分(P、S元素含量)、焊剂与焊丝组合熔敷金属力学性能(屈服强度R_{eL}、抗拉强度R_m、伸长率A、冲击功KV_2);连续使用的同一厂家、同一型号的埋弧焊剂,逐批检验熔敷金属的力学性能(屈服强度R_{eL}、抗拉强度R_m、伸长率A、冲击功KV_2)。

(7)耐候桥梁钢用焊材还应逐批检验熔敷金属的化学成分(C、Si、Mn、P、S、Ni、Cr、Cu等元素),并计算耐腐蚀指数I是否满足设计文件要求。

$I = 26.01(\%Cu) + 3.88(\%Ni) + 1.20(\%Cr) + 1.49(\%Si) + 17.28(\%P) - 7.29(\%Cu)(\%Ni) - 9.10(\%Ni)(\%P) - 33.39(\%Cu)(\%Cu)$。

(8)同一型号焊接材料在更换厂家后,首个批号应按照相关标准进行化学成分和熔敷金属力学性能检验。

4.3.3 涂装材料的复验

涂装材料进场复验应按相关规定执行。涂料复验应逐批进行,且每批不超过10t。复验项目如下:

(1)富锌底漆至少应复验固体分中金属锌含量、不挥发物含量、附着力等项目。

(2)中间漆至少应复验不挥发物含量、附着力、弯曲性等项目。

(3)面漆至少应复验不挥发物含量、附着力、弯曲性、耐冲击性等项目。

4.3.4 高强度螺栓的复验

高强度螺栓复验规则如下:

（1）检验频次：高强度螺栓按《钢结构用高强度大六角头螺栓》(GB/T 1228)、《钢结构用高强度大六角螺母》(GB/T 1229)、《钢结构用高强度垫圈》(GB/T 1230)、《钢结构用高强度大六角头螺栓、大六角螺母、垫圈技术条件》(GB/T 1231)有关规定进行复验。

（2）检验项目：高强度螺栓连接副按其生产批号逐批抽样复验。

①审核生产厂家提供的质量证明书；

②楔负载试验；

③螺母的保证荷载；

④螺母硬度；

⑤垫圈硬度；

⑥连接副扭矩系数（平均值和标准偏差）。

4.3.5 环槽铆钉的复验

环槽铆钉复验规则如下：

（1）检验频次：环槽铆钉按现行《环槽铆钉连接副 技术条件》(GB/T 36993)有关规定进行复验。

（2）检验项目：环槽铆钉连接副按其生产批号逐批抽样复验。

①审核生产厂家提供的质量证明书；

②硬度；

③拉脱力；

④夹紧力。

4.3.6 圆柱头焊钉的复验

圆柱头焊钉进厂后按照生产批号逐批进行复验，复验项目包括：

(1) 审核生产厂家提供的产品质量保证书、产品合格证。

(2) 化学成分：C、Si、Mn、P、S、Al元素含量。

(3) 力学性能：屈服强度 R_{eL}、抗拉强度 R_m、断后伸长率 A。

4.4 加工制造

4.4.1 零件加工

零件加工包括：钢板预处理、下料、坡口加工、钻孔、弯曲等工序，主要设备包括：预处理设备、辊板机、门式切割机、数控切割机、铣边机、刨边机、斜面铣、折弯机、压力机、摇臂钻床、数控钻床等。

1) 一般规定

(1) 图纸、工艺文件、工装、设备、材料、人员、工艺试验等满足要求后,可进行制造作业。

(2) 零件加工设备应满足加工制造能力。

(3) 钢板进厂复验合格后,方可投入生产。

2) 下料前工作

(1) 钢板在下料前宜进行滚平、抛丸除锈、除尘及涂防锈底漆等处理。

(2) 对于产品在车间内制作,不超过6个月时,可不喷涂防锈底漆。

(3) 下料前应移植钢板的牌号、规格等信息。

(4) 下料尺寸应按要求预留加工余量。

(5) 下料前应检查钢材的炉批号、材质、规格和外观质量。

(6) 主要零件下料时,应使钢材的轧制方向与其主要应力方向一致。对于连接板等非焊接件不受此限。

3) 零件下料

(1) 零件下料时除考虑焊接、修整收缩量外,同时应考虑桥梁线形和预拱度的影响。

(2) 切割下料前需确认图纸、文件及所用下料程序正确无误后,方可进行下料。

(3) 钢板下料后,应在零件上标明产品名称、零件号,对有材料追溯要求的主要零件还应标明钢材炉批号,并做好记录。

(4) 零件下料宜采用数控精密切割。

(5) 切割质量应符合下列要求:

① 边缘表面质量应符合表 4.4.1-1 的规定。

表 4.4.1-1　精密切割边缘表面质量要求

项　目	用于主要零件	用于次要零件	备　注
表面粗糙度	25	50	按 GB/T 1031 采用样板检查
崩坑	不允许	1m 长度内允许有一处 1mm	超限应补修,按焊接有关规定
塌角	圆形半径≤0.5mm		—
切割面垂直度	≤0.05t,且不大于 2.0mm		t 为钢板厚度

② 尺寸允许偏差应符合工艺要求,如工艺无具体要求,允许偏差为 ±2.0mm。

(6) 对边缘需进行机加工的板件,应按照工艺要求预留加工量。

(7) 剪切、锯切下料,根据车间设备能力,规定下料规格。剪切、锯切的质量标准如下:

①剪切、锯切断面的粗糙度 $Ra \leqslant 100 \mu m$。

②剪切、锯切断面的倾斜度≤1/10 厚度。

③剪切、锯切的允许偏差：±2mm。

(8)切割注意事项：

①精密切割所用氧气纯度须在 99.5% 以上。

②精密切割需在专用工作台上进行，台面应保持水平。

③下料时应预留切口宽度，数控件由操作者在下料前在设备上进行补偿，精切下料过程中由操作者在调整切割间距时预留，半自动切割件在号料时预留。

④使用火焰精密切割时宜选用快速割嘴。

⑤使用数控切割机切割的首件应先进行自检，合格后再进行批量切割。

4)零件矫正与弯曲

(1)零件矫正宜采用冷矫，冷矫时的环境温度不得低于 -12℃。矫正后的钢材表面不应有明显的凹痕或损伤。

(2)采用热矫时，加热温度应控制在 600~800℃，然后缓慢冷却，不得用水急冷；温度降至室温前，不得锤击钢材。

(3)主要零件冷作弯曲时，环境温度不宜低于 -5℃，内侧弯曲半径不宜小于板厚的 15 倍。

(4)冲压成型仅适用于次要零件，并应根据工艺试验结果用冷加工法矫正，矫正后应检查，不应出现裂纹。

(5)U 肋可采用热轧或冷弯成型，U 肋成型后应检查，要求圆角外边缘不得有裂纹。U 肋尺寸允许偏差见表 4.4.1-2。

表 4.4.1-2 U 肋加工允许偏差

序号	项 目	允许偏差(mm)	简 图
1	开口宽 B	+2.0 -1.0	
2	底宽 b	±1.5	
3	肢高 h_1、h_2	±2.0	
4	两肢差 $|h_1 - h_2|$	≤2.0	
5	竖弯、旁弯	≤L/1000 且≤6	
6	四角平面度	≤3	
7	长度	±2.0	

(6)零件矫正允许偏差应符合表 4.4.1-3 的规定。

表 4.4.1-3 零件矫正允许偏差

零件	项 目	允许偏差(mm)	说 明		简 图
钢板	平面度	$f \leq 1.0$	每米范围（连接部位）		
	直线度	$f \leq 2.0$	全长范围	$L \leq 8m$	
		$f \leq 4.0$		$L > 8m$	
波形钢腹板	波高	±3	板厚中心高度为 h		
	波长	±5	波峰与波峰的间距为 λ		
型钢	直线度	$f \leq 0.5$	每米范围		
	角钢肢垂直度	连接部位 $\Delta \leq 0.5$ 其余部位 $\Delta \leq 1.0$	全长范围		
	角钢肢、槽钢肢平面度	$\Delta \leq 0.5$	连接部位		
		$\Delta \leq 1.0$	其余部位		
	工字钢、槽钢腹板平面度	$\Delta \leq 0.5$	连接部位		
		$\Delta \leq 1.0$	其余部位		
	工字钢、槽钢翼缘垂直度	$\Delta \leq 0.5$	连接部位		
		$\Delta \leq 1.0$	其余部位		

5）零件加工基准划线

（1）划线前,需确认是否需要加工艺量以及加量值,确认后再进行划线。

（2）用钢针精确划线公差为 ±0.5mm;用划规精确划线号孔任意孔心距为 ±0.5mm;用钢针精确号孔任意孔心距为 ±1mm。

6）边缘加工

（1）加工面的表面粗糙度不得大于 $25\mu m$,零件边缘的加工深度不得小于 3mm,零件边缘硬度不超过 350HV10 时,加工深度不受此限。

（2）顶紧传力面的表面粗糙度不得大于 $12.5\mu m$;顶紧加工面与板面垂直度偏差应小于 $0.01t$（t 为板厚）,且不得大于 0.3mm。

（3）零件应根据预留加工量及平直度要求,两边均匀加工,并应磨去边缘的飞刺、挂渣,使端面光滑匀顺。

（4）坡口可采用机加工或精密切割，过渡段坡口应打磨匀顺，坡口尺寸及允许偏差依据工艺评定确定。

（5）对不等厚对接的过渡斜坡采用斜面铣床进行加工，确保加工斜面的角度。

（6）加工时应避免油污染钢材，加工后磨去边缘的飞刺、挂渣，使端面光滑匀顺。

（7）箱形构件内隔板边垂直度偏差不得大于1.0mm。

7）零件制孔

（1）主体结构螺栓孔及环槽铆钉孔应采用钻孔工艺，不得采用冲孔、气割孔，制成的孔应成正圆柱形，孔壁表面粗糙度不大于25μm。

（2）钻孔前应对工件进行校直或整平，且每次钻孔板层厚度不允许超过80mm。

（3）使用样板钻孔时，应使用足够的卡具卡紧，防止钻孔时工件与样板之间产生间隙或滑移现象。样板钻孔前，须检查所用样板与施工图孔群是否一致，是否需甩孔。数控钻孔前，须确认料件上件号与数控程序号一致。

（4）用先孔法工艺时，为保证杆件的拼装质量，对其用来定位的栓孔应全数检查，保证栓孔孔径的质量。

（5）螺栓孔径及环槽铆钉孔径允许偏差应符合表4.4.1-4的规定。板厚 $t \leqslant 30$mm 时，孔壁垂直度不大于0.3mm；板厚 $t > 30$mm 时，孔壁垂直度不大于0.5mm。

表4.4.1-4 螺栓孔径及环槽铆钉孔径允许偏差

序 号	螺栓规格	螺栓孔径(mm)	允许偏差(mm)
1	M10	12	+0.5 0
2	M12	14	
3	M16	18	
4	M20	22	+0.7 0
5	M22	24	
6	M24	26	
7	M27	29	
8	M30	33	

（6）螺栓孔距及环槽铆钉孔距允许偏差应符合表4.4.1-5的规定，有特殊要求的孔距偏差应符合设计文件的规定。

表4.4.1-5 螺栓孔距及环槽铆钉孔距允许偏差

序号	项 目	允许偏差(mm)			
		主要构件			次要构件
		钢箱梁	钢桁梁	工字梁	
1	两相邻孔距离	±0.5	±0.4	±0.4	±1.0

续上表

序号	项 目		允许偏差（mm）			
			主要构件			次要构件
			钢箱梁	钢桁梁	工字梁	
2	同一孔群任意两孔距		±0.8	±0.8	±0.8	±1.0 (±1.5)[1]
3	多组孔群两相邻孔群中心距		—	±0.8	±1.5	±1.5
4	两端孔群中心距	$L\leq11m$	±1.5	±0.8	±4.0[2]	±1.5
		$L>11m$	±2.0	±1.0	±8.0[2]	±2.0
5	孔群中心线与构件中心线的横向偏移	腹板不拼接	—	2.0	2.0	2.0
		腹板拼接	—	1.0	1.0	
6	构件任意两面孔群纵、横向错位		—	1.0	—	—
7	孔与自由边距		±2.0			

注：①括号内数值为附属结构的允许偏差。
②该数据为连接支座的孔群中心距允许偏差。

4.4.2 部件组装

1）一般规定

（1）组装前必须熟悉施工图和工艺文件，按图纸核对零件编号、外形尺寸、坡口方向及尺寸，确认无误后方可组装。

（2）对于不满足钢板轧制尺寸要求的零件，可采用多块钢板进行接料，并应符合下列规定：

①钢箱梁顶板、底板、腹板的接料纵向焊缝与U肋、板肋焊缝间距不得小于100mm。桁梁的盖板、腹板接料长度不宜小于1000mm，宽度不得小于200mm，横向接料焊缝轴线距孔中心线不宜小于100mm。

②钢箱梁顶板、底板、腹板和工字梁的腹板接料焊接可为十字形或T形，T形交叉点间距不得小于200mm；腹板纵向接料焊缝宜布置在受压区。

③组装时应将相邻焊缝错开，错开的最小距离应符合图4.4.2-1的规定。

④节点板需要接宽时，接料焊缝应距其他焊缝、节点板圆弧起点、高强度螺栓拼接边缘部位100mm以上；节点板应避免纵、横向同时接料。

（3）组装前必须彻底清除待焊区域的铁锈、氧化铁皮、油污、水分等有害物，使其表面显露出金属光泽。清除范围应符合图4.4.2-2的规定。

（4）采用先孔法的构件，组装时应以孔定位，用胎架组装时每一孔群定位不得少于2个冲钉。

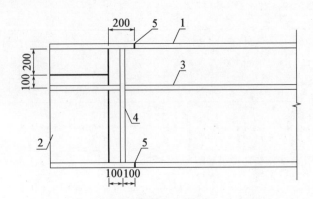

图 4.4.2-1 焊缝错开的最小距离(尺寸单位:mm)

1-盖板;2-腹板;3-水平肋或纵肋;4-竖肋或横肋;5-盖板对接焊缝

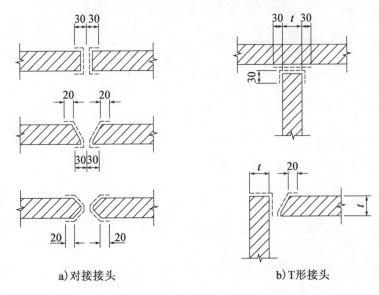

a) 对接接头　　　　　b) T形接头

图 4.4.2-2 组装前的清除范围(尺寸单位:mm)

(5)大型构件在露天进行组装时,工装的设计、组装及测量应考虑日照和温差的影响。

(6)构件应在胎架或平台上组装,组装胎架或平台应具有足够的强度、刚度,稳定可靠,满足支撑、定位、固定、操作等工作需要。

(7)构件组装应以纵、横基线作为定位基准。

(8)采用埋弧焊焊接的焊缝,应在焊缝的端部加装引板,引板的材质、厚度、坡口应与所焊件相同,引板长度不应小于80mm。

(9)进行焊接产品试板检验时,应在焊缝端部加装试板;当无法加装在焊缝端部时,应在相同环境相同条件下施焊。试板材质、厚度、轧制方向及坡口应与所焊对接板材相同,其长度应大于400mm,宽度每侧不得小于150mm。进行不等厚板产品试板检验时,可利用薄板进行等厚对接试验。

(10)组装完成后应做好编号,并防止损坏。

2) 工字组合梁

(1) 工字组合梁由工字梁和混凝土桥面板组成；工字梁主要由纵梁、小横梁、端横梁及焊钉组成，其结构形式如图 4.4.2-3 所示。

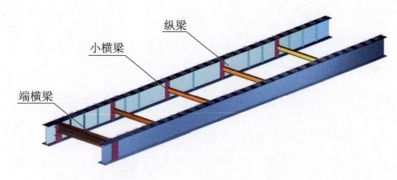

图 4.4.2-3　工字梁结构示意图

(2) 工字梁制作工艺见表 4.4.2-1。

表 4.4.2-1　工字梁制作工艺

序号	示　意　图	技　术　要　求
1		划出盖板、腹板基准线和腹板组装位置线
2		在专用胎架上按线定位腹板，严格控制腹板平面度，然后组装盖腹板成工型，重点控制盖腹板密贴及垂直度，按照焊接工艺进行焊接，采用火焰或工型矫正机对焊接变形进行矫正
3		修正纵横基线，划出加劲板组装位置线，按线组装加劲板并按工艺进行焊接
4		组装并焊接横梁接头及支座垫板，最后焊接焊钉

(3) 工字梁组装允许偏差见表 4.4.2-2。

表 4.4.2-2　工字梁组装尺寸允许偏差

序号	项　　目		允许偏差	简　图
1	对接高低差 Δ_1 (mm)	$t<25\text{mm}$	0.5	
		$t\geqslant 25\text{mm}$	1.0	
	对接间隙 Δ_2 (mm)		1.0	

续上表

序号	项 目		允许偏差	简 图
2	盖板中心和腹板中心线的偏移 Δ(mm)		1.0	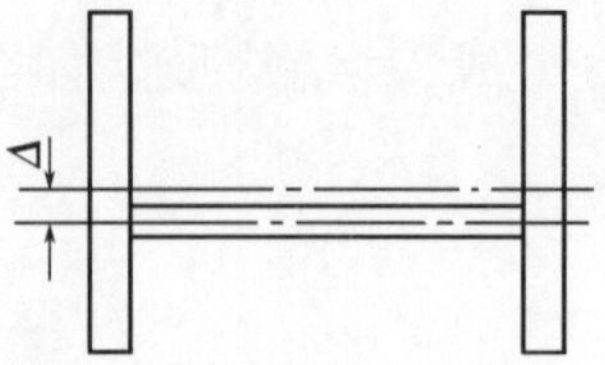
3	梁腹板的局部平面度 Δ(mm)		1.0	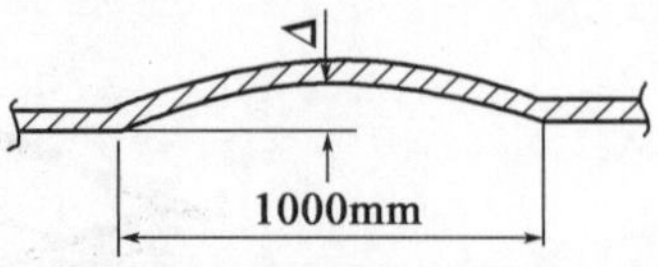 1000mm
4	盖板倾斜 Δ(mm)		0.5	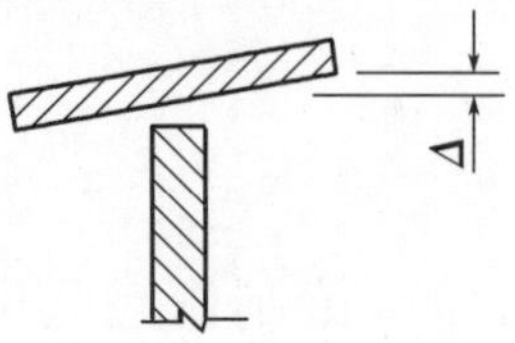
5	组装间隙 Δ(mm)		1.0	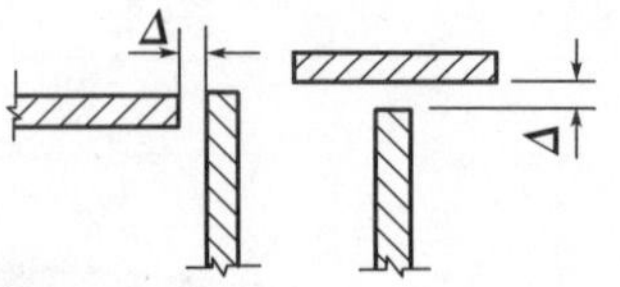
6	纵梁高度(腹板中心处高度)(mm)		+3 +1	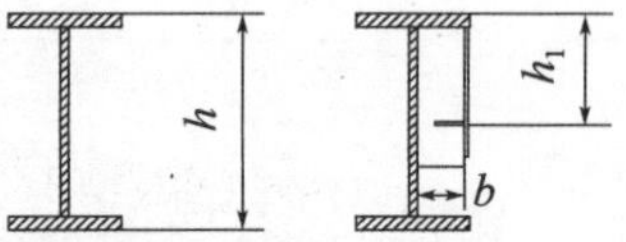
	横梁高度(mm)		+1.5 0	
	纵梁T形加劲肋宽度 b(连接横梁处)(mm)		±1.0	
7	纵梁竖肋间距 S(小、中横梁连接)(mm)		±1.5	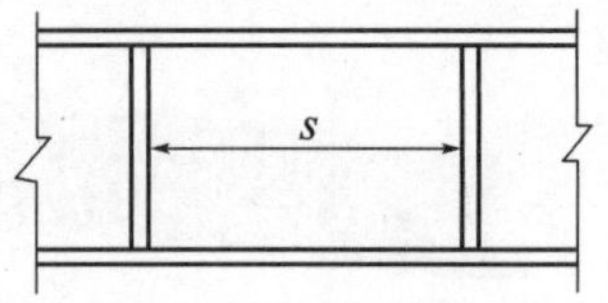
8	焊钉组装	焊钉间距(mm)	±4	
		焊钉线与杆件中心线偏移(mm)	±2	
9	陶质衬垫对接焊接头组装	α(°)	±5	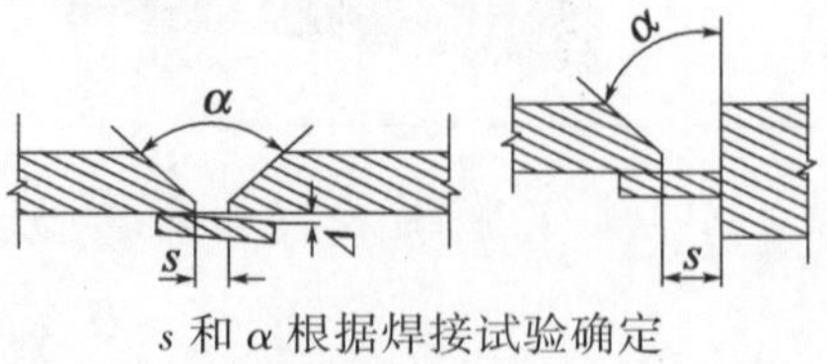 s 和 α 根据焊接试验确定
		Δ(mm)	0.5	
		S(mm)	±2	

3)箱形组合梁

(1)箱形组合梁一般由槽形钢主梁和混凝土桥面板组成。槽形钢主梁由腹板单元、底板单元、横隔板及加劲肋组成,如图4.4.2-4所示。钢主梁之间由箱间横向连接梁连接,组成钢主梁整体。

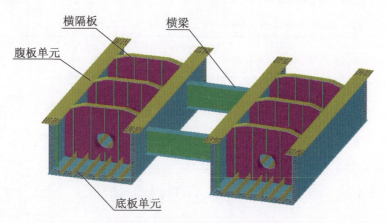

图 4.4.2-4 槽形钢主梁结构示意图

(2)槽形钢主梁制作工艺见表 4.4.2-3。

表 4.4.2-3 槽形钢主梁制作工艺

序号	示意图	技术要求
1		在专用组装胎架上铺设底板单元并固定,确保平面度满足组装要求
2		按线组装定位隔板,注意控制隔板垂直度
3		以纵横基准线为基准组装腹板单元,并点焊固定;注意设立防护并控制垂直度
4		调整两钢槽梁的位置,检验合格后,组装两槽形钢主梁之间横梁,形成槽形钢主梁

(3)槽形钢主梁组装允许偏差见表4.4.2-4。

表4.4.2-4 槽形钢主梁组装尺寸允许偏差

序号	项目		允许偏差(mm)	简图
1	盖板倾斜 Δ		0.5	
2	底板单元	板条肋中心间距 S	±2(中部);±1(隔板处及端部)	
		横隔板位置间距 S	±3.0(普通);±1(支座隔板处)	
		横向平面度 f	$S/250$	
3	腹板单元	高度 h	+2.0 +1.0 (除工艺量外)	
		加劲肋中心间距 S	±3	
		局部平面度	≤2.0	
		腹板单元侧向预拱度	±3(中部) ±2(端部)	
4	槽形钢主梁	块体单元高度 h_1、h_2	箱口:±2 其他:±4	
		宽度 b_1、b_2	±2	
		顶底板上下错边	±3	
		横断面对角线偏差	≤4.0	
		旁弯	f≤5.0(长度大于10m)	
		腹板单元组装偏差	±1	
		翼缘板四角平面度	≤4	
		底板四角平面度	≤6	
		块体纵基线到板边距离	±1	
		腹板单元竖直度	±2	
		横隔板单元组装偏差	±3	

4)钢箱梁

(1)钢箱梁主要由顶底板单元、腹板单元、横隔板单元、挑臂单元及其他零件组成,如图4.4.2-5所示。

第4章 工厂制造

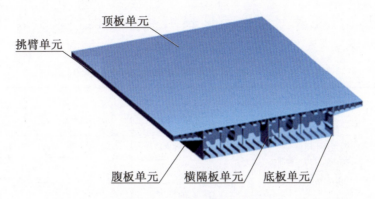

图 4.4.2-5 钢箱梁结构示意图

（2）钢箱梁制作工艺见表4.4.2-5。

表 4.4.2-5 钢箱梁制作工艺

序号	示 意 图	技 术 要 求
1		在专用组装胎架上铺设底板单元并固定，确保平面度满足组装要求
2		按线组装定位隔板单元及中腹板单元，注意控制隔板垂直度
3		以纵横基准线为基准组装边腹板单元，并点焊固定；注意设立防护并控制垂直度
4		以纵横基准线为基准组装顶板单元
5		组装焊接顶板单元

(3)钢箱梁板单元组装允许偏差见表4.4.2-6,钢箱梁组装尺寸允许偏差见表4.4.2-7。

表4.4.2-6 钢箱梁板单元组装尺寸允许偏差

序号	项目		允许偏差(mm)	简图
1	板单元U肋	U肋、板肋组装间隙	0.5,局部允许1.0	
		U肋间距S	±1.0(端部及横肋处)	
			±2.0(其他部位)	
2	底板	长度L、宽度B	±2.0	
		平面度f 横向	≤2	
		平面度f 纵向	<4/4.0m	
		任意两条板肋中心距S 横隔板处及端部	±1.0	
		任意两条板肋中心距S 其他部位	±2.0	
3	腹板	长度L、宽度B	±2.0	
		平面度f 横向	≤2	
		平面度f 纵向	<4/4.0m	
		加劲肋与腹板组装间隙a	≤1.0	
4	横隔板	长度L_1、L_2;宽度B	±2	
		横向平面度f	≤B/250,且≤5	
		对角线$|L_3-L_4|$	≤4	

表4.4.2-7 钢箱梁组装尺寸允许偏差

序号	项目	允许偏差(mm)		简图
1	板单元拼接对接板错边Δ	≤0.5	T<25	
		≤1.0	T≥25	
2	对接板间隙a	±2	—	
3	梁高	±2	工地接头处	
		±4	其余部分	
4	梁长	±3	分段长	
5	梁宽	±4	两车道	
		±6	四车道	
		±8	六车道	

续上表

序号	项 目	允许偏差(mm)	简 图
6	横断面对角线差	≤4	工地接头处的横断面
7	旁弯	≤5	单段箱梁
8	顶板、底板平面度	$h/250, 2t/3$ 取小值	h 为加劲肋间距 t 为板厚
9	拱度	+10 -5	相对拱度
10	扭曲	每米不超过1, 且每段≤10	以两边隔板处为准

5）钢桁梁

（1）钢桁梁主要由弦杆、腹杆、桥面板、纵梁、下平联、横联等组成，如图4.4.2-6所示。主桁架由上弦杆、下弦杆、腹杆组成，均采用焊接箱形断面。上横梁、纵梁均采用焊接工字形断面。下平联由下横梁、下斜撑组成，采用焊接工字形断面。

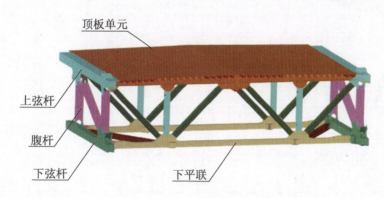

图 4.4.2-6　钢桁梁结构示意图

（2）钢桁梁制作工艺：

①弦杆制作。下面以钢桁梁典型杆件为例，其制作工艺见表4.4.2-8。

表 4.4.2-8　钢桁梁弦杆制作工艺

序号	示 意 图	技 术 要 求
1		在专用组装胎架上铺设腹板单元并固定，确保平面度满足组装要求
2		按线组装定位隔板，注意控制隔板垂直度

续上表

序号	示 意 图	技 术 要 求
3		以纵横基准线为基准组装下盖板单元,并点焊固定;注意设立防护并控制垂直度
4		组装另一侧腹板单元,保证两侧腹板与下盖板边缘平齐;翻身,焊接槽形内侧所有焊缝,修整焊接变形
5		按基线组装定位上盖板单元,焊接4条棱角焊缝
6		在专用划线平台上划弦杆接头板组装位置线及端部焰切线。按线组装腹杆、平联、横联接头板,焊接并修整焊接变形
7		组焊节点板封板。检查合格后参与预拼装

②腹杆制作。钢桁梁腹杆制作工艺见表4.4.2-9。

表4.4.2-9 钢桁梁腹杆制作工艺

序号	示 意 图	技 术 要 求
1		在专用组装胎架上铺设腹板单元并固定,确保平面度满足组装要求
2		按线组装定位隔板,注意控制隔板垂直度
3		以纵横基准线为基准组装下盖板单元,并点焊固定;注意设立防护并控制垂直度

续上表

序号	示 意 图	技 术 要 求
4		组装另一侧腹板单元,保证两侧腹板与下盖板边缘平齐;翻身,焊接槽形内侧所有焊缝,修整焊接变形
5		按基线组装定位上盖板单元,焊接4条主焊缝,修整焊接变形

(3)钢桁梁组装尺寸允许偏差见表4.4.2-10。

表4.4.2-10 钢桁梁组装尺寸允许偏差

序号	项 目		允许偏差（mm）	简 图
1	盖板倾斜 Δ		≤0.5	
2	组装间隙 Δ		≤1.0	
3	斜杆、竖杆、横梁、纵梁、横肋、横联杆件	高度 H 宽度 B 拼接部位	±1.0	
		其余部位	±2.0	
		箱形构件对角线差 $\|L_1 - L_2\|$	≤2.0	
4	宽度 B_1、B_2	节点板处 B_1	+2.0 / +0.5	
		接口处 B_2	+1.5 / 0	
5	构件接头板组装尺寸 L_1		+1.5 / 0	
6	高度 H、H_1、H_2		+1.5 / 0	
7	箱形杆件横隔板间距		±2.0	

续上表

序号	项 目		允许偏差（mm）	简 图
8	整体节点内斜杆、竖杆接头板位置	与斜杆、竖杆中心线偏离 Δ	≤0.5	竖杆、斜杆中心线；竖杆、斜杆接头板内距中心线
		斜杆、竖杆接头板内距 B	+1.0 / 0	

6）波形钢腹板组合梁

（1）波形钢腹板组合梁是一种新型的桥梁结构形式，它是由混凝土顶底板、波形钢腹板构成的组合结构，是对传统的混凝土桥梁的一种改进，如图4.4.2-7所示。

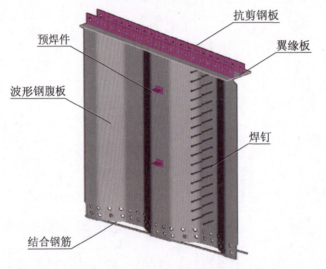

图4.4.2-7 波形钢腹板结构示意图

波形钢腹板梁由波形钢腹板、Π形单元件、接合钢筋、圆柱头焊钉以及临时支架预焊件组成。波形钢腹板与顶板采用钢筋混凝土榫的形式连接，与底板采用嵌入式连接，波形钢腹板节段现场采用搭接焊接方式连接。

（2）波形钢腹板制作工艺见表4.4.2-11。

表4.4.2-11 波形钢腹板制作工艺

序号	示 意 图	技 术 要 求
1		钢板辊平预处理后，在数控切割机床上下料

续上表

序号	示 意 图	技 术 要 求
2		划折弯线、定位线,并进行压弯
3		将压弯钢板进行对接、修整、探伤
4		拼装顶板并进行焊接、修整、探伤

(3)波形钢腹板组装技术:

①在波形钢腹板上组装接合钢筋,然后采用倒装法组装∏形单元件和波形钢腹板,并修整焊接变形。

②在波形钢腹板节段上组焊预焊件和焊钉,对焊接变形进行修整。

(4)波形钢腹板梁组装允许偏差见表4.4.2-12。

表4.4.2-12 波形钢腹板梁组装允许偏差

序号	项 目	允许偏差(mm)	简 图
1	对接高低差	$\Delta < 0.5$	
2	对接间隙 b	1	
3	翼缘板间距 L 偏差	+1.5 0	

续上表

序号	项 目	允许偏差(mm)	简 图
4	翼缘板倾斜	Δ≤2	
5	双肢角钢肢高低差	Δ≤0.5(结合处) Δ≤1.0(其余处)	

4.4.3 焊接

1）一般规定

（1）焊工必须取得权威机构签发的资格证书。焊工应按焊接种类（埋弧自动焊、CO_2 气体保护焊和手工焊）和不同的焊接位置（平焊、立焊和仰焊）分别进行必要的培训和考试，经考试合格获取资格证书。焊工须持证上岗，且只能从事资格证规定范围的焊接作业。焊工如果停焊时间超过6个月，应重新培训考核。

（2）所有类型的焊缝在焊接前应做焊接工艺评定试验，编制完善的焊接工艺评定试验报告。制定现场横向环焊缝的焊接工艺时，应能保证容许的焊缝间隙可在一定范围内调整，且应按最大缝宽30mm做焊接工艺评定试验。焊接工艺必须按照评审通过的焊接工艺评定报告编制，焊接工艺评定应符合设计要求。施焊应严格执行焊接工艺的规定。焊接参数只能在工艺规定的范围内调整，不得随意变更。

（3）焊接作业宜在室内进行。施焊环境湿度应小于80%，焊接低合金钢的环境温度不应低于5℃，焊接普通碳素钢不应低于0℃，当不符合上述条件时，应在采取必要的防风、防雨、预热、保温等工艺措施后进行焊接。

（4）主要部件应在组装后24h内焊接，超时的可根据不同情况在焊接部位进行清理或去湿处理后再施焊。

（5）焊前预热温度通过焊接试验和焊接工艺评定确定，预热范围一般为焊缝两侧100mm以上，距焊缝30~50mm范围内测温。为防止T形接头出现层状撕裂，在焊前预热中，必须特别注意厚板一侧的预热效果。

（6）焊前必须彻底清除待焊区域内有害物及定位焊的飞溅、熔渣，认真检查并确认所使用的设备工作状态正常，仪表良好；施焊时应按工艺规定的焊接位置、焊接顺序及焊接方向施焊，不得在母材的非焊接部位起、熄弧，埋弧自动焊应在距构件端部80mm以外的引板上起、熄弧;施焊完的部件,应及时清除熔渣及飞溅物。

(7) CO_2 气体保护焊焊接时,要及时清除喷嘴上的飞溅物,且干燥器始终处于良好的工作状态。CO_2 气体保护焊施工风力不宜大于 5 级,当风力影响到焊接质量时,应采取相应措施。

(8) 焊接材料应通过焊接工艺评定确定,经检验合格,方可投入使用。焊条、焊剂必须按表 4.4.3-1 或产品说明书烘干使用。烘干后的焊接材料应随用随取。当从烘干箱取出的焊接材料超过 4h 时,应重新烘干后使用。

表 4.4.3-1 焊条、焊剂烘干温度

焊接材料	烘干温度(℃)	保温时间(h)	保存温度(℃)	备 注
SJ101q SJ105q SJ101NQ SJ105NQ	350 ± 10	2	150 ± 10	由烘干箱取出后超过 4h 时,应重新烘干
E5015 E5015-G E5515 E5515-G	350 ~ 400	2	150 ± 10	

注:Q500 及以上强度钢板的焊材按照所用焊材产品说明书执行。

(9) Ⅰ、Ⅱ级焊缝焊后应记录杆件的名称、件号、焊缝位置、焊接日期、焊接参数、质量状况、操作者等信息。Ⅰ级焊缝焊后应增加追溯标识,以便对其进行追溯。

(10) 焊接后须割切掉两端的引板或产品试板,并磨平切口,且不得损伤母材。

2) 定位焊

(1) 定位焊前应按图纸及工艺文件检查焊件的几何尺寸、坡口尺寸、根部间隙、焊接部位的清理情况等,如不符合要求不得定位焊。

(2) 焊接工艺要求焊前预热时,则定位焊焊前也需要按同样的预热温度预热。

(3) 定位焊不得有裂纹、夹渣、焊瘤、焊偏和弧坑未填满等缺陷。如遇定位焊缝开裂,必须查明原因,清除开裂焊缝,并在保证构件尺寸的情况下作补充定位焊。

(4) 定位焊应距设计焊缝端部 30mm 以上,焊缝长为 50 ~ 100mm,间距 400 ~ 600mm;板厚大于 50mm 的构件,定位焊缝的间距为 300 ~ 500mm。定位焊的焊脚尺寸不得大于设计尺寸的一半,且不小于 4mm;因吊运需加强的部位,可按工艺规定加长、加密。

3) 焊接材料的使用

(1) 焊丝表面的油、锈必须清除干净,焊剂中不允许混入熔渣和脏物使用。

(2) 焊条、焊剂必须按表 4.4.3-1 的规定烘干使用,烘干后的焊接材料应随用随取。当从烘干箱取出的焊接材料超过 4h,应重新烘干后使用。焊条的再烘干次数不宜超过两次。

(3)气体保护焊所使用的 CO_2 气体纯度应不小于 99.5%。

4)焊接工艺要求

焊接时除应严格执行焊接工艺、保证焊接设备的完好性外,还应注意下列焊接工艺要求:

(1)焊接时严禁在母材的非焊接部位引弧。

(2)坡口焊缝或角焊缝焊接时,可采用焊接衬垫,也可用手工电弧焊或其他焊接方法进行打底焊。

(3)要求熔透的双面焊缝,正面焊完后在背面焊接之前,应采用机械加工或碳弧气刨清除焊缝根部的熔渣、焊瘤和未焊透部分,直至露出正面打底的焊缝金属时方可进行背面焊接。对于自动焊,若经工艺试验确认能保证焊透,可不作清根处理。碳弧气刨后表面应光洁,无夹碳、粘渣等缺陷,清根后应修磨刨槽,除去渗碳层。

(4)多层多道焊时,应连续施焊,逐层逐道清渣,发现焊接缺陷应及时清除,焊接接头应错开 50mm 以上。

(5)钢结构制造鼓励在下列部位采用自动化:

①工字梁。

工字梁的纵梁、横梁采用埋弧自动焊;工字形纵梁加劲肋,采用机械化小车焊接,轨道式机器人焊接现场腹板对接焊缝如图 4.4.3-1 所示;顶板圆柱头焊钉采用拉弧焊机焊接,特殊部位可采用手工焊接。

a)机器人焊接

b)焊缝外观质量

图 4.4.3-1 轨道式机器人焊接现场腹板对接焊缝

②箱形梁。

底板单元、腹板单元焊接采用机械化小车焊接;顶板焊钉采用拉弧焊机焊接,特殊部位可采用手工焊接;箱形梁腹板与顶、底板宜采用机械化小车焊接。板单元门式多电极焊接专机焊接如图4.4.3-2所示。

③钢箱梁。

顶板单元、底板单元、腹板单元制造采用机械化小车焊接;箱形梁腹板与顶板、底板宜采用机械化小车焊接,焊接小车焊接如图4.4.3-3所示。

图4.4.3-2 板单元门式多电极焊接专机焊接

图4.4.3-3 腹板与底板部位无盲区焊接小车焊接

④钢桁梁。

钢板对接采用埋弧自动焊接;顶板单元、底板单元、腹板单元制造采用埋弧自动焊或机械化小车焊接;箱形弦杆棱角焊缝采用埋弧自动焊接,如图4.3.3-4所示;其余位置均采用半自动焊。

图4.4.3-4 弦杆埋弧自动焊接

⑤波形钢腹板。

波形板对接采用埋弧自动焊接;顶板焊钉采用拉弧焊机焊接;其余位置均采用半自动焊。

(6)施焊过程中,最低层间温度不得低于预热温度,最大层间温度不宜超过250℃。

(7)每条焊缝应尽可能一次焊完。当中断焊接时,对冷裂纹敏感性较大的低合金钢和拘束度较大的焊件应及时采取后热、缓冷等措施。重新施焊时,仍需按规定进行预热。

5)修整

(1)清理与割除

①飞溅与熔渣的清理:焊接完毕,应清理焊缝表面的熔渣及两侧的飞溅。埋弧焊焊道表面熔渣未冷却时,不得铲除焊渣。

②引板、产品试板或临时连接件的割除:焊件焊接后,两端的引板、产品试板或临时连接件必须用机械加工、碳弧气刨或气割切掉,并磨平切口,不得损伤焊件。

(2)焊后矫正

构件焊接变形可以采用机械方法或局部加热的方法进行矫正。应缓慢冷却,不允许用水急冷;温度降至室温前,不允许锤击钢材。

6)焊缝返修及修磨

(1)埋弧自动焊施焊时不宜断弧,如有断弧则必须将停弧处气刨或铲磨成1:5的斜坡,并搭接50mm后再引弧施焊,焊后搭接处应修磨匀顺。

(2)应采用碳弧气刨或其他机械方法清除焊接缺陷,在清除缺陷时应刨出利于返修焊的坡口,并用砂轮磨掉坡口表面的氧化皮,露出金属光泽。

(3)焊接缺陷修补时,预热温度应按焊接工艺的规定再加30~50℃,预热范围为缺陷周围不小于100mm的区域。返修的焊缝应修磨匀顺,并按原质量要求进行复检。返修次数不宜超过2次。

(4)焊缝缺陷的修补方法应符合表4.4.3-2的规定。

表4.4.3-2 焊接缺陷修补方法

序号	焊接缺陷种类	焊接缺陷修补方法
1	电弧擦伤	对直径$\phi \leq 4$mm,$h \leq 0.5$mm的缺陷用砂轮修磨匀顺;对$\phi > 4$mm,深度$h > 0.5$mm的缺陷,补焊后用砂轮修磨匀顺
2	咬边	深度$0.3 \leq h \leq 0.5$mm处用砂轮修磨匀顺;$h \geq 0.5$mm处补焊后用砂轮修磨匀顺
3	焊缝表面高低不平、焊瘤	用砂轮修磨匀顺
4	未焊透、夹渣、气孔、凹坑、焊瘤等	用气刨或磨削清除后补焊并用砂轮修磨
5	焊接裂纹及弯曲加工时的边缘裂纹	查明原因,提出防治措施,清除裂纹,按补焊工艺补焊后修磨匀顺
6	烧穿	先在一面补焊,后在另一面刨槽封底补焊
7	飞溅	铲除

7)焊接质量检验

(1)焊缝外观质量检验

所有焊缝均应进行外观检查,焊缝不得有裂纹、未熔合、焊瘤、未填满的弧坑等缺陷,其质量应符合表4.4.3-3的规定。

表 4.4.3-3　焊缝外观允许缺陷

序号	项目	质量要求(mm)		简图
1	咬边	受拉部件横向对接焊缝及竖加劲肋角焊缝(腹板侧受拉区)	不容许	
		受压部件横向对接焊缝及竖加劲肋角焊缝(腹板侧受压区)	$\Delta \leq 0.3$	
		主要角焊缝	$\Delta \leq 0.5$	
		其他焊缝	$\Delta \leq 1$	
2	气孔	横向及纵向对接焊缝	不容许	
		主要角焊缝	直径小于1	每米不多于3个,间距不小于20
		其他焊缝	直径小于1.5	
3	焊脚尺寸	主要角焊缝K_0^{+2},其他焊缝K_{-1}^{+2};手弧焊全长10%范围内容许K_{-1}^{+3}		
4	焊波	$h<2$(任意25mm范围内)		
5	余高(对接)	焊缝宽$b>12$时,$h\leq 3$;焊缝宽$b<12$时,$h\leq 2$		
6	余高铲磨(对接)	$\Delta_1 \leq +0.5$;$\Delta_2 \leq \lvert -0.3 \rvert$		

(2)无损检测

①基本要求。

无损检验人员必须持有相应考核组织颁发的二级及以上等级资格证书,在有效期内从事相应考核项目的检验工作。

超声波探伤仪、磁粉探伤仪、射线探伤装置应定期送计量检验部门进行计量检定,并在检定有效期内使用。

从事无损检验的组织或单位,应具有一定的规模,设备数量和人员构成应能满足检验质量和检验工期的要求。超声波探伤所使用的标准试块、参考试块和对比试块应置备齐全。

有资质的第三方无损检测比例推荐为制造单位无损检测比例的5%。

②检验要求。

无损检验前应对焊缝及探伤表面进行外观检验,焊缝表面的形状应不影响缺陷的检出,否则应做修磨。

经外观检验合格的焊缝,方可进行无损检验。无损检验的最终检验应在焊接24h后进行。钢板厚度$t \geq 30mm$的焊接件宜在焊接48h后进行无损检验。

要求同时进行超声波检验和磁粉检验的焊缝,磁粉检验必须安排在超声波检验合格后进行。

用两种以上方法检验的焊缝,必须达到各自检验方法的质量要求,该焊缝方可认为合格。

进行局部探伤的焊缝当发现裂纹或超标缺陷时,裂纹或缺陷附近的探伤范围应扩大1倍,必要时延至全长。

开坡口部分熔透角焊缝的超声波探伤有效熔深应为坡口深度减去3mm。

钢桁梁箱形杆件棱角焊缝探伤的最小有效厚度为该焊缝的设计厚度。

③无损探伤内部质量等级及探伤范围应符合表4.4.3-4~表4.4.3-7的规定,当存在表中未列出其他对接焊缝、熔透角焊缝等重要受力焊缝时,也应进行无损探伤,质量等级和探伤范围参照表中同类焊缝。

表4.4.3-4　焊缝无损检验质量等级及探伤范围(工字梁)

适用范围	焊缝级别	探伤方法	探伤比例(%)	探伤部位	执行标准		
					标准号	检验等级	评定等级
纵梁下盖板横向对接焊缝	Ⅰ级	超声波	100	焊缝全长	JTG/T F50	B级	Ⅰ级
		射线	10	焊缝两端各250~300mm	GB/T 3323	B级	Ⅱ级
纵梁上盖板、腹板横向对接焊缝	Ⅰ级	超声波	100	焊缝全长	JTG/T F50	B级	Ⅰ级
纵梁、横梁主角焊缝	Ⅱ级	超声波	100	焊缝两端及跨中各1m	JTG/T F50	A级	Ⅱ级
熔透角焊缝	Ⅰ级	超声波	100	焊缝全长	JTG/T F50	B级	Ⅰ级
现场纵梁全断面对接焊缝	Ⅰ级	超声波	100	焊缝全长	JTG/T F50	B级	Ⅰ级
		磁粉	100	焊缝全长	GB/T 26951 GB/T 26952	—	2X级

表4.4.3-5 焊缝无损检验质量等级及探伤范围(钢箱梁、箱形组合梁)

适用范围	焊缝级别	探伤方法	探伤比例(%)	探伤部位	执行标准 标准号	执行标准 检验级别	执行标准 评定等级
顶板、底板、腹板工地环焊缝	Ⅰ级	超声波	100	焊缝全长	JTG/T F50	B级	Ⅰ级
		射线	100	顶板对接焊缝十字交叉处	GB/T 3323	B级	Ⅰ级
			30	底板对接焊缝十字交叉处			
顶底腹板、横隔板纵向对缝		超声波	100	焊缝全长	JTG/T F50	B级	Ⅰ级
腹板与顶、底板坡口焊缝	Ⅱ级	超声波	100	焊缝全长	JTG/T F50	A级	Ⅱ级
		磁粉	100	焊缝两端各1m	GB/T 26951 GB/T 26952	—	2X级
横隔板对接焊缝		超声波	100	焊缝全长	JTG/T F50	B级	Ⅰ级
U肋与顶底板角焊缝	Ⅱ级	磁粉	100	焊缝两端及中间各1m	GB/T 26951 GB/T 26952	—	2X级

表4.4.3-6 焊缝无损检验质量等级及探伤范围(钢桁梁)

适用范围	焊缝级别	探伤方法	探伤比例(%)	探伤部位	执行标准 标准号	执行标准 检验级别	执行标准 评定等级
主要杆件受拉的横向、纵向对接焊缝	Ⅰ级	超声波	100	焊缝全长	JTG/T F50	B	Ⅰ级
		板厚≤30mm时,X射线	10	焊缝两端250~300mm,焊缝长度大于1.2m时,中部加探250~300mm	GB/T 3323	B	Ⅱ级
		板厚>30mm时,超声波	10	焊缝两端500mm,焊缝长度大于1.5m时,中部加探500mm	JTG/T F50	C	Ⅰ级
熔透角焊缝	Ⅰ级	超声波	100	熔透段全长	JTG/T F50	B	Ⅰ级
U肋与顶底板角焊缝	Ⅱ级	磁粉	100	焊缝两端及中间各1m	GB/T 26951 GB/T 26952	—	2X级

续上表

适用范围	焊缝级别	探伤方法	探伤比例（%）	探伤部位	执行标准 标准号	执行标准 检验级别	执行标准 评定等级
主桁上、下弦、腹杆主焊缝	Ⅱ级	超声波	100	两端螺栓孔范围并各延长各500mm,弦杆节点板范围全长	JTG/T F50	A	Ⅱ级
纵横梁主角焊缝	Ⅱ级	超声波	100	两端工地孔范围并延长各500mm 跨中加探1m	JTG/T F50	A	Ⅱ级

表4.4.3-7 焊缝无损检验质量等级及探伤范围(波形钢腹板梁)

适用范围	焊缝级别	探伤方法	探伤比例（%）	探伤部位	执行标准 标准号	执行标准 检验级别	执行标准 评定等级
荒料对接焊缝	Ⅰ级	超声波	100	焊缝全长	JTG/T F50	B	Ⅰ级
荒料对接焊缝	Ⅰ级	X射线	10	焊缝两端250~300mm	GB/T 3323	B	Ⅱ级
翼缘板与波形钢腹板角焊缝	Ⅱ级	超声波	100	焊缝两端各1m(直线段部分)	JTG/T F50	B	Ⅱ级
"Π"形单元件角焊缝	Ⅱ级	磁粉	100	焊缝两端各1m	GB/T 26951 GB/T 26952	—	2X级
桥位搭接角焊缝	Ⅱ级	超声波	100	焊缝两端各1m	JTG/T F50	B	Ⅱ级

④超声波探伤。

超声波探伤应符合现行《焊缝无损检测 超声检测 技术、检测等级和评定》(GB/T 11345)的规定,焊缝超声波探伤的距离-波幅曲线灵敏度应符合表4.4.3-8的规定,缺陷等级评定应符合表4.4.3-9的规定。

表4.4.3-8 超声波探伤的距离-波幅曲线灵敏度

焊缝质量等级	板厚(mm)	判废线	定量线	评定线
对接焊缝Ⅰ、Ⅱ级	8~45	$\phi 3 \times 40\text{-}4\text{dB}$	$\phi 3 \times 40\text{-}10\text{dB}$	$\phi 3 \times 40\text{-}16\text{dB}$
对接焊缝Ⅰ、Ⅱ级	46~80	$\phi 3 \times 40\text{-}2\text{dB}$	$\phi 3 \times 40\text{-}10\text{dB}$	$\phi 3 \times 40\text{-}16\text{dB}$
熔透角焊缝Ⅰ级	8~100	$\phi 6$	$\phi 3$	$\phi 2$
熔透角焊缝Ⅰ级	8~100	$\phi 3 \times 40\text{-}4\text{dB}$	$\phi 3 \times 40\text{-}10\text{dB}$	$\phi 3 \times 40\text{-}16\text{dB}$

续上表

焊缝质量等级		板厚(mm)	判 废 线	定 量 线	评 定 线
角焊缝Ⅱ级	贴角焊缝	8~25	$\phi1\times2$	$\phi1\times2$-6dB	$\phi1\times2$-12dB
		26~80	$\phi1\times2$-4dB	$\phi1\times2$-4dB	$\phi1\times2$-10dB
	部分熔透角焊缝	8~100	$\phi3\times40$-4dB	$\phi3\times40$-10dB	$\phi3\times40$-16dB

注:1. 角焊超声波探伤采用铁路钢桥制造专用柱孔标准或与其校准过的其他孔型试块。
2. $\phi1\times2$ 为柱孔,$\phi3\times40$ 为长圆孔。
3. $\phi6$、$\phi3$、$\phi2$ 为平底孔底块,直探头探伤灵敏度对比试块。
4. 如超声波探伤已可准确认定焊缝存在裂纹、未熔合、未焊透(对接焊缝),则应判定焊缝质量不合格。

表 4.4.3-9 超声波探伤缺陷等级评定

评 定 等 级	板厚(mm)	单个缺陷指标长度(mm)	多个缺陷的累积指标长度
对接焊缝Ⅰ级	8~100	$t/3$,最小可为10	在任意 $9t$ 焊缝长度范围不超过 t
对接焊缝Ⅱ级		$2t/3$,最小可为12	在任意 $4.5t$ 焊缝长度范围不超过 t
熔透角焊缝Ⅰ级		$t/3$,最小可为10	在任意 $9t$ 焊缝长度范围不超过 t
部分熔透角焊缝Ⅱ级		$2t/3$,最小可为12	在任意 $4.5t$ 焊缝长度范围不超过 t
角焊缝Ⅱ级		$t/2$,最小可为10	—

注:1. 最大反射波幅位于长度评定区的缺陷,其指示长度小于10mm时,按5mm计。相邻两缺陷各向间距小于8mm时,两缺陷指示长度之和作为单个缺陷的指示长度。
2. t 为母材板厚(mm)。当板厚不同时,按较薄板评定。
3. U肋与顶(底)板的角焊缝,未熔透部分或有效喉厚应符合有关标准规定或设计文件要求。
4. 当焊缝长度不足 $9t$ 或 $4.5t$ 时,可按比例折算。当折算后的缺陷累计长度小于单个缺陷指示长度时,以单个缺陷指示长度为准。

⑤射线探伤。

a. 射线探伤应符合现行《金属熔化焊焊接接头的射线照相》(GB/T 3323)的规定,射线透射技术等级采用B级(优化级),焊缝内部质量为Ⅱ级。

b. 进行射线探伤的焊缝,发现超标缺陷时,应在不合格部位相邻两端250~300mm范围各增加一处射线拍片;若仍不合格时,不合格端应延长至另一射线照相拍片抽探部位。

c. 用射线和超声波两种方法检验的焊缝,必须达到各自的质量要求,该焊缝方可认为合格。

d. 焊缝不合格部位必须进行返修,返修次数不宜超过两次,超过两次时,应经监理工程师同意后方可进行返修。返修部位仍按原探伤方法进行100%无损检测,并应达到相应焊缝的内部质量要求。

⑥磁粉探伤。

焊缝的磁粉探伤应符合现行《焊缝无损检测 磁粉检测》(GB/T 26951)、《焊缝无

损检测　焊缝磁粉检测　验收等级》(GB/T 26952)的规定,检验结果满足标准中2X级的质量要求。

8) 圆柱头焊钉焊接与检验

(1) 圆柱头焊钉焊接应严格按照圆柱头焊钉焊接工艺执行,未经工程师同意不得随意更改焊接工艺参数。

(2) 焊接前应清除焊钉头部及钢板待焊部位(大于2倍焊钉直径)的铁锈、氧化皮、油污、水分等有害物,使钢板表面显露出金属光泽。受潮的瓷环使用前应在150℃的烘箱中烘干2h。

(3) 每台班开始正式焊接前,应按焊接工艺在试板上试焊2个焊钉,焊后按本技术规范要求进行检验,合格后方可进行施焊;若检验不合格,应分析原因重新施焊,直到合格为止。

(4) 焊钉应采用专用设备平位施焊,焊缝金属完全凝固前不允许移动焊枪;少量平位、立位及其他位置也可采用手工焊接;当环境温度低于0℃,或相对湿度大于80%,或钢板表面潮湿时,应采取相关措施满足焊接环境后方可进行施焊,否则不允许焊接焊钉。

(5) 圆柱头焊钉焊完之后,应及时敲掉焊钉周围的瓷环,并进行外观检验。焊钉底角应保证360°周边挤出焊脚。每100个焊钉至少抽一个进行弯曲检验,方法是用锤打击焊钉,使焊钉弯曲30°时其焊缝和热影响区没有肉眼可见的裂缝为合格;若不合格则加倍检验。施工单位在叠合混凝土板前,应核对现场弯曲检查数量,并对弯曲检查的焊钉进行复位。

4.4.4　试拼装、预拼装

1) 试拼装、预拼装

(1) 试拼装

为验证图纸的正确性、工艺的可行性和工装的合理性,选取钢桁梁和工字梁(栓接连接)的部分典型构件在批量生产前进行试拼装,试拼装检测合格后,方可批量生产。

(2) 预拼装

预拼装是钢结构桥梁制造的重要工序,钢箱梁节段、工字梁(焊接连接)采用测量仪器定位的连续匹配拼装方法,保证梁段间接口的匹配精度和桥梁整体线形精度。预拼装过程中,需完成接口顶板的配切、临时连接件的安装、连接板配孔、线形调整等工作。

2）试拼装流程及要求

（1）试拼装流程

试拼装工艺流程见图 4.4.4-1。

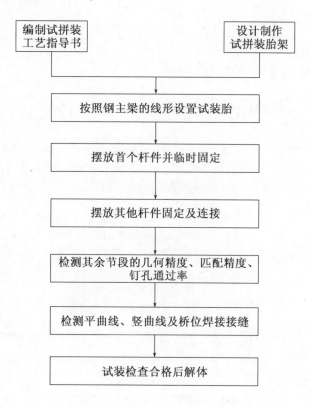

图 4.4.4-1　试拼装工艺流程

（2）试拼装要求

①工字梁、钢桁梁应按照图纸及工艺文件要求对首批杆件进行试拼装；工字梁应按整孔试拼装，钢桁梁采用平面试拼装，简支梁试拼装长度不宜小于半跨，连续桁梁应包括所有变化节点。

②试拼装应在专用的试拼装胎架上进行，各杆件应处于自由状态。

③提交试拼装的钢主梁构件均应检验合格，试拼装应在涂装前进行。

④试拼装应具备足够面积的拼装场地和配套的起吊设备，拼装场地应平整、坚实，在试拼装过程中不应发生支点下沉。

⑤试拼装时板层应密贴，所用冲钉不得少于螺栓孔总数的 10%，螺栓不得少于螺栓孔总数的 20%。

⑥试拼装过程中应检查拼接处有无相互抵触情况，有无不易施拧螺栓处。

⑦试拼装时必须用试孔器检查所有螺栓孔。主梁的螺栓孔应 100% 自由通过较设计孔径小 0.75mm 的试孔器；纵、横梁和联结系杆件的螺栓孔应 100% 自由通过较设计孔径

小 1.0mm 的试孔器。

⑧检测时,应避开日照的影响。

⑨试拼装应有详细记录,经鉴定合格后方可批量生产。

3)预拼装要求及流程

(1)预拼装流程

预拼装工艺流程见图 4.4.4-2。

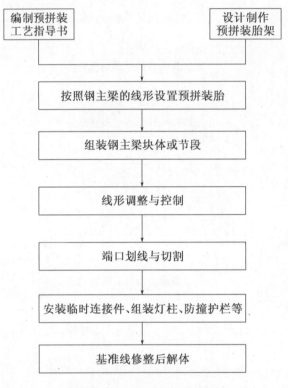

图 4.4.4-2 预拼装工艺流程

(2)预拼装要求

①箱形钢主梁、钢箱梁宜进行全桥预拼装,可采用连续匹配预拼装,且不少于 3 个节段。

②提交预拼装的零部件应是经验收合格的产品,且应将构件毛刺、电焊熔渣及飞溅清除干净。

③预拼装应具备足够面积的拼装场地和配套的起吊设备,拼装场地应平整、坚实,在预拼装过程中不应发生支点下沉。

④预拼装应在专用的预拼装胎架上进行,梁段应处于自由状态。

⑤预拼装时还应检查面板对接焊缝的工艺间隙、坡口以及接口是否平齐。

4)钢桁梁、工字梁试拼装允许偏差

(1)钢桁梁试拼装的主要尺寸及允许偏差见表 4.4.4-1。

表 4.4.4-1　钢桁梁试拼装的主要尺寸及允许偏差

序号	项　目	允许偏差(mm)	说　明
1	桁高	±2	上下弦杆中心距离
2	节间长度	±2.0	—
3	旁弯	L/5000	桥面系中线与其试装全长 L 的两端中心所连接直线的偏差
4	试装全长	±5	L≤50m(L 为试拼装长度)
		±L/10000	L>50m(L 为试拼装长度)
5	拱度	±3	当 f≤60mm 时(f 为计算拱度)
		±5f/100	当 f>60mm 时(f 为计算拱度)
6	主桁中心距	±3	—
7	对角线差	±3	每个节间

(2)工字梁试(预)拼装的主要尺寸及允许偏差见表 4.4.4-2。

表 4.4.4-2　工字梁试(预)拼装的主要尺寸及允许偏差

序号	项　目	允许偏差(mm)	说　明
1	梁高(h)	±2.0(h≤2m)	主纵梁腹板处两端头
		±4.0(h>2m)	
2	跨径(L)	±8.0	支座中心至支座中心
3	试拼装全长	±2n，±10 取绝对值较小值	钢主梁顶面长度
4	纵梁中心距	±3.0	
5	纵梁横断面对角线差	Δ≤4	$\Delta = |L_1 - L_2|$
6	旁弯	L/5000	桥梁中心线与其试拼装全长 L 的两端中心所连直线的偏差
7	拱度	+10 −3	与计算拱度相比
8	两片梁相对拱度差	4	—
9	支点处高低差	4	3 个支座处水平时,另一个支座翘起高度

5)钢箱梁预拼装允许偏差

(1)钢箱梁预拼装的主要尺寸及允许偏差的规定见表 4.4.4-3。

表 4.4.4-3　钢箱梁预拼装允许偏差

序号	项目	允许偏差（mm）	说明
1	预拼装长度（L）	$\pm 2n$，± 20 取绝对值较小值	n 为梁段数
2	梁段中心线错位	≤1	梁段中心线与桥轴中心线偏差
3	旁弯（f）	$3+0.1L$，且任意 20m 测长内 ≤6	测桥面中心线的平面内偏差。L 为任意 3 个预拼装梁段长度（m）
4	板面高低差	≤1.5	梁段匹配接口处安装匹配件后
5	纵向竖曲线	+10 −5	沿桥中心线测量横隔板处
6	纵肋直线度（f）	不大于 2	梁段匹配接口处

（2）箱形组合梁预拼装的主要尺寸及允许偏差的规定见表 4.4.4-4。

表 4.4.4-4　箱形组合梁预拼装允许偏差

序号	项目	允许偏差（mm）	说明
1	梁高（h）	± 2（$h \leq 2m$）	测量两端腹板处高度
		± 4（$h > 2m$）	—
2	两相邻梁段上下翼缘错边量	2	
3	两相邻梁段腹板错边量		—
4	跨度	± 8	测两支座中心距离
5	试拼装全长	$\pm 2n$，± 10 取绝对值较小值	试拼装长度
6	两箱梁中心距	± 5	测两侧腹板中心距
7	旁弯	$L/5000$	桥梁中心线与其试拼装全长 L 的两端中心所连直线的偏差
8	对角线差	4	单箱测两端断面对角线差
9	拱度	+10 −5	与计算拱度相比
10	支点处高低差	4	3 个支座处水平时，另一支座处翘起高度

4.4.5 涂装

1）一般规定

（1）涂装材料应优先采用环保材料，推广应用耐候桥梁钢免涂装工艺。

（2）根据施工的要求配备专用涂装房，涂装房由喷砂房和喷涂房组成。喷砂房与喷涂房必须隔离，以便喷砂、涂漆独立进行施工。建议喷砂房地面铺设钢板，喷涂房地面应坚固、平整，四周及顶面密封；端面设可移动门，便于钢主梁进出；预留空压机、除湿机及暖风机管道位置。

(3)涂装房内布置若干保证工作亮度的照明灯,使涂装作业的最小照明度为500勒克斯(Lux);喷涂、预涂、漆膜修整时除有固定的防爆灯外,还应使用便携式手提防爆灯。

(4)涂装房按照现行《涂装作业安全规程涂漆前处理工艺安全及其通风净化》(GB 7692)对施工环境、劳动保护、作业安全进行控制;墙上安装一定数量的大功率轴流风机及除尘设备,以便定时换气、排出空气中的粉尘及挥发性溶剂气体,保证施工环境和施工安全;喷涂房内应保持空气的洁净和流通,以保证涂层质量和干燥固化效果。

(5)施工过程中通过采用各种设备控制施工环境使其不受季节、气候的影响,从而进行全天候施工。采用除湿机、加热干燥机确保涂装房内环境温度在5~38℃之间,空气相对湿度小于85%,钢主梁表面温度超过空气露点3℃以上。

(6)涂装房电力供应应满足电驱动涂装设备的正常使用。

(7)喷砂设备应配备磨料自动除尘系统,保证磨料清洁;涂装厂房应配备漆雾处理系统,以满足环保及职业健康安全要求。

(8)涂装施工前应进行涂装工艺试验,确定合理的涂装工艺参数,制订切实可行的涂装施工工艺。

2)表面处理

(1)结构预处理

构件在喷砂除锈前应进行必要的结构预处理,包括:

①粗糙焊缝打磨光顺,焊接飞溅物用刮刀或砂轮机除去。焊缝上深为0.8mm以上或宽度小于深度的咬边应补焊处理,并打磨光顺。

②锐边用砂轮打磨成曲率半径为不小于2mm的圆角。

③切割边的峰谷差超过1mm时,打磨到1mm以下。

④表面层叠、裂缝、夹杂物须打磨处理,必要时应补焊。

(2)除油

表面油污应采用专用清洁剂进行低压喷洗或软刷刷洗,并用淡水枪冲洗掉所有残余物,或采用碱液、火焰等处理,并用淡水冲洗至中性。小面积油污可采用溶剂擦洗。

(3)除盐分

喷砂钢材表面可溶性氯化物含量应不大于$7\mu g/cm^2$,超标时应采用高压淡水冲洗。当钢材确定不接触氯离子环境时,可不进行表面可溶性盐分检测;当不能完全确定时,应进行首次检测。

(4)除锈

——磨料要求:

①喷射清理用金属磨料应符合现行《涂覆涂料前钢材表面处理 喷射清理用金属磨料的技术要求 导则和分类》(GB/T 18838.1)的要求。

②喷射清理用非金属磨料应符合现行《涂覆涂料前钢材表面处理 喷射清理用非金属磨料的技术要求 第1部分:导则和分类》(GB/T 17850.1)的要求。

③根据表面粗糙度要求,选用合适粒度的磨料。

——除锈等级:

①无机富锌底漆或水性涂料,钢材表面处理应达到现行《涂覆涂料前钢材表面处理 表面清洁度的目视评定》(GB/T 8923)规定的Sa2.5级~Sa3级。

②其他溶剂类涂料,钢材表面处理应达到现行《涂覆涂料前钢材表面处理 表面清洁度的目视评定》(GB/T 8923)规定的Sa2.5级;不便于喷射除锈的部位,手工和动力工具除锈至现行《涂覆涂料前钢材表面处理 表面清洁度的目视评定》(GB/T 8923)规定的St3级。

——表面粗糙度:

①喷涂无机富锌底漆或膜厚大于300μm涂层,钢材表面粗糙度为$R_z = 50 \sim 80 \mu m$。

②喷涂其他防护涂层,钢材表面粗糙度为$R_z = 30 \sim 75 \mu m$。

(5)除尘

①喷砂完工后,除去喷砂残渣,使用真空吸尘器或无油、无水的压缩空气,清理表面灰尘。

②清洁后的喷砂表面灰尘清洁度要求不大于现行《涂覆涂料前钢材表面处理 表面清洁度的评定试验 第3部分:涂覆涂料前钢材表面的灰尘评定(压敏粘带法)》(GB/T 18570.3)规定的3级。

(6)表面处理后涂装的时间限定

涂料最好在表面处理完成后4h内施工于准备涂装的表面上;当所处环境的相对湿度不大于60%时,可以适当延时,但最长不应超过12h;不管停留多长时间,只要表面出现返锈现象,应重新除锈。

3)涂装工艺

(1)涂装环境

①溶剂型涂料涂装环境。溶剂型涂料施工环境温度为5~38℃,空气相对湿度不大于85%,并且钢材表面温度大于露点3℃;在有雨、雾、雪、大风和较大灰尘的条件下,禁止户外施工。施工环境温度在-5~5℃时,应采用低温固化产品或采取其他措施。

②水性涂料涂装环境。水性涂料施工环境温度为5~35℃,空气相对湿度不大于80%,在施工环境温度15~30℃,空气相对湿度不大于60%时效果更佳。在有雨、雾、

雪、大风和较大灰尘的条件下,禁止户外施工。施工环境温度较低时,可以适当提高水性漆温度或/和提高喷涂基材表面温度,以改善涂装效果。

(2)涂料配制和使用时间

①涂料应充分搅拌均匀后方可施工,推荐采用电动或气动搅拌装置。对于双组分或多组分涂料应先将各组分分别搅拌均匀,再按比例配制并搅拌均匀。

②混合好的涂料按照产品说明书的规定熟化。

③涂料的使用时间按产品说明书规定的适用期执行。

(3)涂覆工艺

①大面积喷涂应采用高压无气喷涂施工。

②细长、小面积以及复杂形状构件可采用空气喷涂或滚涂施工。

③不易喷涂到的部位应采用刷涂法进行预涂装或第一道底漆后补涂。

(4)涂覆间隔

按照设计要求和材料工艺进行底涂、中涂和面涂施工。每道涂层的间隔时间应符合材料供应商的有关技术要求。超过最大重涂间隔时间时,进行拉毛处理后涂装。

4)涂装检验

(1)涂装检验项目

①外观:

涂层表面应平整、均匀一致,无漏涂、起泡、裂纹、气孔和返锈等现象,允许轻微橘皮和局部轻微流挂。

金属涂层表面应均匀一致,不允许有漏涂、起皮、鼓泡、大熔滴、松散粒子、裂纹和掉块等,允许轻微结疤和起皱。

②厚度:

施工中随时检查湿膜厚度以保证干膜厚度满足设计要求。干膜厚度采用"85-15"规则判定。对于结构主体外表面可采用"90-10"规则判定。涂层厚度达不到设计要求时,应增加涂装道数,直至合格为止。厚度测定点的最大值不能超过设计厚度的3倍。

③涂料涂层附着力:

涂层附着力检验应在涂层完全固化后进行。当检测的涂层厚度不大于 $250\mu m$ 时,各道涂层和涂层体系的附着力应按划格法进行,且不大于1级;当检测的涂层厚度大于 $250\mu m$ 时,附着力试验应按拉开法进行。

(2)涂装检验频次

①外观:全检。

②厚度及附着力按标准要求执行。

4.4.6 包装、存放

1) 包装

（1）构件包装应在涂层干燥后进行，包装和存放应保证构件不变形、不损坏、不散失，包装和发运应符合公路运输的有关规定。

（2）大截面工形、箱形构件不包装；细而长的工形、T形及角钢构件采用框架捆装，构件之间应加垫层保护；较小面积（体积）的零件应采用箱装，箱内塞实，保持通风干燥。

（3）需栓合发送的零部件应采用螺栓栓紧，每处栓合螺栓应不少于2个。

（4）不规则构件的质量超过10t的杆件应标出重心位置和质量。

2) 存放

（1）钢主梁构件的堆放场地应坚实、平整、通风且具有排水设备。支承处应有足够的承载力，不允许在钢主梁构件存放期间出现不均匀沉降。

（2）构件堆放应制订相应于构件特征的具体措施，必须在水平状态下存放，存放要分别种类，堆放整齐、平稳，防止倾斜、歪倒。

（3）构件的支撑点应设在自重作用下，构件不致产生永久变形处；超长构件应有足够的支垫，并调整到自重弯矩为最小的位置上，以防构件挠曲变形。

（4）构件刚度较大的面宜竖向放置。

（5）同类构件分层堆放时各层间的垫块应在同一垂直面上，构件叠放不宜过高。

（6）构件间应留有适当空隙，便于吊装人员操作和查对。

4.4.7 安全、环保措施

1) 一般规定

（1）钢主梁工厂制造必须建立完善的安全、环境管理网络，应设立健全的安全、环境领导机构，成立专门机构负责安全、环境管理，按照相关法律法规、政策、标准开展管理活动。

（2）应全面排查钢主梁工厂制造的相关工作活动和设施设备，制定全面完善的安全操作规程，规范配备和使用劳动保护用品。

（3）应根据工厂制造的危险特性规范编制应急预案，建立互动机制，定期组织教育培训、演练，对预案进行评审和修订，实现持续改进。

2) 重点安全防范措施

应重点防范以下9类安全事故：物体打击、机械伤害、触电、高处坠落、灼烫、车辆伤害、火灾、中毒窒息、坍塌,必须做到但是不限于以下防范措施,具体见表4.4.7-1。

表 4.4.7-1　工厂制造重点安全防范措施

序号	防范事故类型	重点防控工序	重点防控设备/工具	防 范 措 施
1	物体打击	1.零件加工; 2.组装; 3.焊接; 4.试拼装; 5.预拼装	1.大锤; 2.吊卡具; 3.冲钉; 4.螺栓; 5.杂物; 6.磁力钻	1.检查并修复设备/工具,防止松动; 2.清理现场杂物,保证高处物件规范摆放; 3.现场宜用"6S"管理
2	机械伤害	1.零件加工; 2.组装	1.钻床; 2.铣床; 3.刨床	1.检查并修复设备/工具,确保可靠; 2.员工做到会操作、会保养、会检查、会排查故障; 3.禁止戴手套、留长发操作旋转机床
3	触电	1.零件加工; 2.设备维报	1.带电设备; 2.线路	1.对有触电风险部位,进行警示; 2.专业电工维护、保养,确保绝缘效果良好,各类保护到位
4	高处坠落	1.天车维保; 2.试拼装; 3.预拼装; 4.组装; 5.电焊; 6.划线	1.天车走台; 2.工件顶端; 3.基坑临边	1.保证"三宝""四口""五临边"防护到位; 2.加强沟通协商,保证交叉作业施工安全; 3.设置可靠的作业平台、安全通道
5	灼烫	1.零件加工; 2.组装; 3.焊接	1.电焊机; 2.火焰切割; 3.火焰调直	1.配发使用防灼烫的劳动保护用品; 2.配备治疗灼烫伤的医疗救护物品; 3.对于可能存在烫伤风险的危险源进行警示、教育、警戒,防止人员误碰
6	车辆伤害	1.料件倒运; 2.包装; 3.存放	1.汽车; 2.平车; 3.叉车	1.检查厂内机动车辆,杜绝带病作业; 2.操作人员必须持证上岗; 3.严格执行绑扎、运输方案要求; 4.提前预判运输线路环境,确保安全
7	火灾	1.零件加工; 2.组装; 3.焊接	1.涂料库; 2.涂装车间; 3.备件库	1.按照要求足量配备消防器材,并定期检查,确保到位和消防通道畅通; 2.对易发火灾区域制订禁止动火制度,如不能避免要制订专项动火作业方案; 3.相关人员要掌握基础防灭火和火灾逃生技能
8	中毒窒息	1.组装; 2.箱体内焊接	1.气房; 2.受限空间	1.保证气房、涂装房通风畅通,防止气体集聚; 2.受限空间作业要制订专项安全方案,通风到位
9	坍塌	1.所有工序; 2.料件存放	1.作业区; 2.门式起重机; 3.支架	1.定期巡查,发现隐患及时排除; 2.单元件、杆件存放合规,基础牢靠,防止倾覆

3）重点环境危害因素防范措施

应重点防范以下3类环境危害污染因素：噪声、废气、危险废物，必须做到但是不限于以下防范措施，具体见表4.4.7-2。

表4.4.7-2 工厂制造重点环境危害因素防范措施

序号	防范环境类型	重点防控工序	重点防控点	防范措施
1	噪声	所有工序	1.火焰切割机；2.组装；3.电焊机；4.打砂机	1.定期监测，发现噪声超标应及时调整工业布局；2.为相关人员佩戴防噪声耳塞
2	废气	1.零件加工；2.电焊；3.涂装	1.火焰切割机；2.电焊机；3.打砂房；4.喷涂房	1.零散电焊点，规范使用烟尘净化器；2.火焰切割机配备固定式烟尘净化器；3.打砂工序，规范使用除尘设备；4.喷涂房要规范使用VOC除尘设备；5.各类除尘设备，作业现场要定期监测排放数据，确保废气达标排放
3	危险废物	1.设备维护保养；2.喷涂	1.废机油、废油水、乳化液；2.涂料渣；3.涂料桶	1.准确识别产生的危险废物，并按照国家相关要求处理；2.建立合规的危险废物临时存放库，做到规范存放

4.5 质量检验

4.5.1 一般规定

（1）钢桥制造完成后应进行检验，出厂前应进行验收。

（2）钢桥验收时，应具备下列文件：

①产品合格证；

②钢材、焊接材料和涂装材料的出厂质量证明书及复验资料；

③焊接工艺评定报告及其他主要工艺试验报告；

④工厂高强度螺栓摩擦面抗滑移系数试验报告；

⑤焊缝无损检验报告；

⑥焊缝重大修补记录；

⑦产品试板的试验报告；

⑧预拼装或试拼装验收报告；

⑨涂装检测记录。

(3) 钢桥计量时,钢板应按矩形计算,但大于 0.1m^2 的缺角应扣除;焊缝质量应按焊接构件质量的 1.5% 计。

(4) 吊耳、临时匹配件、摩擦试板、产品试板等应按全桥构件质量的 2.0% 计。

4.5.2 尺寸检验要求

(1) 工字梁制造尺寸允许偏差见表 4.5.2-1。

表 4.5.2-1 工字梁制造尺寸允许偏差

项　目		允许偏差(mm)	说　明	检测工具和方法
工厂制造构件	梁高	±2(h≤2m)	测量两端腹板处高度	钢卷尺
		±4(h>2m)		
	纵梁、横梁长度	±2	测量构件长度	钢盘尺、弹簧秤
	横梁高度	±1.5	测量两端腹板处高度	钢卷尺
	纵横梁盖板对腹板的垂直度	0.5	有孔部位	直角尺
		1.5	其余部位	
	旁弯	≤3	梁立置时拉线测量	紧线器、钢丝线(或经纬仪)
	纵梁拱度(f)	+10.0 -3.0	梁卧置时下盖板外侧拉线测量	紧线器、钢丝线、钢板尺
	纵梁、横梁腹板平面度	h/350 且不大于 8	平尺测量(h 为梁高)	钢板尺,钢平尺
吊装节段	跨径(L)	±8	测量两支座中心距离	钢盘尺、弹簧秤
	全长	±15	测量整孔长度	钢盘尺、弹簧秤
	旁弯	≤3	梁立置时拉线测量	紧线器、钢丝线、(或经纬仪)、钢板尺
	纵梁拱度(f)	+10.0 -3.0	梁卧置时下盖板外侧拉线测量	紧线器、钢丝线、钢板尺
	两片纵梁中心距	±3.0	横梁位置纵梁腹板中心距离	钢盘尺、弹簧秤
	两片纵梁拱度差	4	分别测量求差值	垂球、钢卷尺、水准仪

（2）箱形组合梁制造尺寸允许偏差见表4.5.2-2。

表4.5.2-2　箱形组合梁制造尺寸允许偏差

序号	项　目	允许偏差（mm）	说　明	检测工具和方法
1	梁高	± 2（$h \leqslant 2m$）	测量两端腹板处高度	钢卷尺
		± 4（$h > 2m$）		
2	制造梁段长	± 3	测量制造梁段长度	钢盘尺、弹簧秤
3	腹板中心距	± 3.0	测量两端腹板中心距	钢盘尺、弹簧秤
4	横断面对角线差	4.0	测量两端横断面对角线差	钢盘尺、弹簧秤
5	旁弯	$L/5000$	L为梁长	紧线器、钢丝线、钢板尺
6	拱度	$+10$ -5	—	紧线器、钢丝线、钢板尺
7	支点处高低差	4	3个支座处水平时，另一个支座翘起高度	水准仪、塔尺
8	主梁腹板平面度	$h/250$且不大于8	平尺测量（h为加劲肋间距）	钢板尺、钢平尺
9	扭曲	每米不超过1，且每段$\leqslant 10$	每段以两端隔板处为准	紧线器、钢丝线、钢板尺

（3）钢箱梁制造尺寸允许偏差见表4.5.2-3。

表4.5.2-3　钢箱梁制造尺寸允许偏差

序号	项　目	允许偏差（mm）	说　明	检测工具和方法
1	梁高（H）	± 2	工地接头处	钢卷尺
		± 4	其余部分	
2	梁长	± 3	分段长	钢盘尺、弹簧秤
3	梁宽	± 5	两车道	钢盘尺
		± 6	四车道	
		± 8	六车道	
4	横断面对角线差	$\leqslant 4$	工地接头处的横断面	钢盘尺
5	旁弯	$\leqslant 5$	单段箱梁	紧线器、钢丝线（或经纬仪）、钢板尺
6	顶板、底板平面度	$h/250, 2t/3$取小值	h为加劲肋间距；t为板厚	平尺、钢板尺
7	扭曲	每米不超过1，且每段$\leqslant 10$	以两边隔板处为准	垂球、钢卷尺、水准仪

(4) 钢桁梁制造尺寸允许偏差见表4.5.2-4。

表 4.5.2-4 钢桁梁制造尺寸允许偏差

序号	名 称		允许偏差(mm)	说 明	简 图
1	主桁梁构件	高度(H)	对拼式:±1.0	测量两端腹板处高度	
2		宽度(B)	±1.0	拼接部位	
3		长度(L)	±5.0	测量全长	
4		箱形构件对角线差	≤2.0(边长<1000) ≤3.0(边长≥1000)	测量两端箱口处两对角线	
5		弯曲	≤2.0(L≤4000) ≤3.0(4000<L≤16000) ≤5.0(L>16000)	拉线测量	
6		整体节点弦杆节点板内侧宽度(B)	+1.5 0	测孔群部位	
7		整体节点弦杆端口高度(H)	±1.0	测量两端腹板高度	
8		整体节点弦杆横梁接头板高度(H_1、H_2)	±1.5	接头板外端腹板处高度	
9		整体节点弦杆节点板内侧中心线距横梁接头板外侧孔的距离(L)	±2.0		
10		盖板对腹板的垂直度(Δ)	≤0.5(有孔部位) ≤1.5(其余部位) ≤1.0(有孔部位) ≤1.5(其余部位)	盖板宽度<600 盖板宽度≥600	
11		扭曲	≤3.0	构件置于平台上,四角中有三角接触平台,悬空一角与平台留有间隙	

续上表

序号	名 称		允许偏差(mm)	说 明	简 图
12	纵梁、横梁	高度（H）	纵梁：±1.0	测量两端腹板处高度	
			横梁：±1.5		
13		盖板宽度（B）	±2.0		
			±1.0（箱形腹板有拼接时）		
14		长度（L）	纵梁：+0.5，-1.5	测量两端角钢背至背之间距离	
			横梁：±1.5		
15			L_1：±1.0	L_1 为测量腹板板边孔距	
			L_2：±5.0		
16		旁弯（f）	≤3.0	梁立置时，在腹板一侧距主焊缝100mm处拉线测量	
17		上拱度（f）	+3.0 0	梁卧置时，下盖外侧拉线测量	
18		腹板平面度（Δ）	h/500 且≤5.0		
19	联结系构件	高差（H）	±1.5	测量两端腹板处高度	
20		盖板宽度（B）	±2.0		
21		长度（L）	±5.0	测量全长	
22		箱形构件对角线差	≤2.0	测量两端箱口处两对角线	

续上表

序号	名 称	允许偏差(mm)	说 明	简 图
23	长度(l)	±2.0 有二次切割量时可按工艺进行	—	
24	宽度(b)	±2.0	—	
25	板单元 横向平面度	2.0	—	
26	纵向平面度	4.0（每4.0m范围内）		
27	对角线差$|l_1-l_2|$	3.0		
28	长度	±2.0		
29	宽度	±5.0	—	
30	桥面板对接焊缝错边量	1.5	横梁盖板与面板、相邻面板间	
31	桥面板块 桥面板平面度	纵向$S_1/500$且≤3.0；横向$S_2/300$且≤1.5	S_2为纵肋间距；S_1为横肋间距	
32	桥面各点高程	±5.0	1个节间	

(5) 波形钢腹板梁制造尺寸允许偏差见表4.5.2-5。

表4.5.2-5 波形钢腹板梁制造尺寸允许偏差

序号	项 目	允许偏差(mm)	简 图	检测工具和方法
1	翼缘板宽(b)	±2		钢卷尺
2	腹板高(H)	±(3+H/2)		钢卷尺
3	构件长(节段)(L)	±4		钢卷尺
4	翼缘板的平整度(Δ)	±3		钢板尺、直尺
5	翼缘板的直角度(σ)	±b/100		钢板尺、直角尺
6	腹板高方向平整度(T)	±H/500		拉钢丝,用钢板尺测量

续上表

序号	项目	允许偏差(mm)	简图	检测工具和方法
7	波高(d)	±3		平尺、直角尺
8	波长(λ)	±5		钢卷尺
9	平面挠曲量(a)	±3		拉钢丝,用钢板尺测量

4.6 运输

4.6.1 运输方案选择

钢主梁构件在厂内制作完成后,应考虑经济、现场作业、架设工期等要求,一般采用公路或水运运输至桥位架设场地,从而进行构件的组装及安装架设。钢主梁运输途径有陆运和水运,但从经济性考虑,应结合现场作业条件、架设工期、经济等要求,对运输方式进行比较优选。

4.6.2 运输前的准备工作

公路运输要先进行路线勘测,合理选择运输路线,并根据沿途具体运输障碍制订措施。对承运单位的技术力量和车辆、机具进行审验,并报请交通运输主管部门批准,必要时要组织模拟运输。在吊装作业前,应由专业人员进行吊装和卸货的技术交底,其中指挥人员、司索人员(起重工)和起重机械操作人员必须经过专业学习并接受安全技术培训,经考核合格取得《特种作业人员安全操作证》后方可上岗。所使用的起重机械和起重机具应完好。

在装卸作业时必须明确指挥人员,统一指挥信号。钢构件必须有防滑垫块,上部构件必须绑扎牢固,结构构件必须有防滑支垫。构件运进场地后,应按规定或编号顺序有序地摆放在规定的位置,场内堆放地必须坚实,以防止地面下沉和构件变形。堆码构件时要码靠稳妥,垫块摆放位置要上下对齐,受力点要在一条线上。装卸构件时要妥善保护涂装层,必要时要采取软质吊具。随运构件(节点板、零部件)应设标牌,标明构件的名称、编号。

一般公路运输杆件长度为14m、宽度为3.2m,装载高度从地面起为4.5m。

4.6.3 装载和加固要求

1) 货物装载图

根据不同结构形式的钢主梁构件特点,制订合理的钢主梁构件装载图方案,尽量保证构件对称摆放、车辆承载均衡。不同结构形式的钢主梁构件装载见图 4.6.3-1 ~ 图 4.6.3-3。

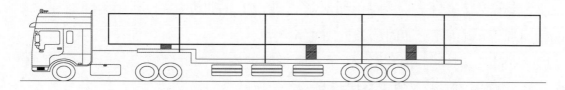

图 4.6.3-1　工字组合梁、箱形组合梁节段(纵向)装载

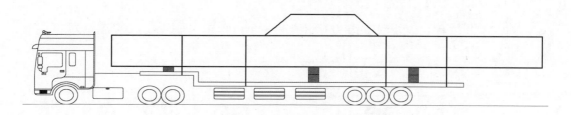

图 4.6.3-2　钢桁梁杆件(纵向)装载

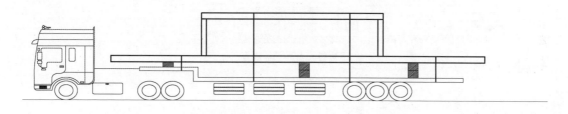

图 4.6.3-3　波形钢腹板梁装载

2) 钢主梁构件装载要求

(1) 钢主梁构件运输时,按安装顺序进行配套发运。

(2) 汽车装载不超过行驶中核定的载质量。

(3) 装载时保证均衡平稳、捆扎牢固。

(4) 运输钢主梁杆件时,根据构件规格、质量选用汽车。大型货运汽车载物高度从地面起控制在4m内,宽度不超出车厢,长度前端不超出车身,后端不超出车身2m。

(5) 钢主梁杆件长度未超出车厢后栏板时,不准将栏板平放或放下;超出时,杆件、栏板不准遮挡号牌、转向灯、制动灯和尾灯。

(6)钢主梁构件的体积超过规定时,须经有关部门批准后才能装车。

(7)为确保行车安全,在超限运输过程中,对超限运输车辆、构件设置警示标志,并进行运输前的安全技术交底。在遇有高空架线等运输障碍时须派专人排除。在运输中,每行驶一段(80km左右)路程要停车检查钢构件的稳定和紧固情况,如发现移位、捆扎和防滑垫块松动时,要及时处理。

3)钢主梁构件加固要求

(1)采用软介质封车带或钢丝绳对货物进行下压捆绑加固,利用紧绳器或手动葫芦拉紧后捆绑于车辆两侧,加固示意见图4.6.3-4。

(2)加固时,钢丝绳和货物间必须采取防磨措施,防磨材料必须使用软介质材料,例如橡胶垫、皮管子等,不得使用金属材料。

(3)加固车时,用铁线(或钢丝绳)拉牢,形式应为八字形、倒八字形、交叉捆绑或下压式捆绑。

(4)在运输全过程中,货物不得发生滑移、滚动、倾覆、倒塌或坠落等情况。

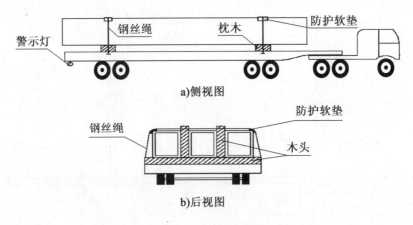

图4.6.3-4 钢主梁构件加固示意图

4.6.4 构件防护要求

为了防止钢主梁装车、运输过程中钢主梁成品构件变形及表面涂装破坏等,特制订以下保护措施。

1)钢主梁构件的装卸要求

(1)构件装车和卸车均要配置相应能力的起重设备进行。

(2)装卸过程中,钢丝绳严禁直接接触杆件,起吊部位应加垫,避免损伤涂装面。

(3)构件上标有重心标识"⊕"和起吊点,起吊时根据重心位置选择起吊点,保证装卸及搬运的安全。

2) 钢主梁构件运输过程中的防护要求

（1）防止变形。构件在运输、堆放过程中应根据需要设计专用胎架。转运和吊装时吊点及堆放时搁置点的设定均须合理确定，确保构件内力及变形不超出允许范围。转运、堆放、吊装过程中应防止碰撞、冲击而产生局部变形，影响构件质量。

（2）防止涂装破坏。所有构件在转运、堆放、拼装及安装过程中，均须轻微操作。搁置点、捆绑点均需加橡胶垫进行保护涂装面。

（3）在运输过程中，发现变形、漆膜损坏的构件应单独堆放，并由专职校正、涂装人员进行修补。

4.6.5 应急管理

构件运输应成立以项目负责人为第一责任人的管理体系，编制应急预案，当车辆遇到紧急事故时，该管理体系开始运转，层层落实责任到人。

在整个紧急事故处理过程中，调度中心起着核心作用，负责与气象部门、交管部门、高速公路管理局等协调和沟通。

（1）做好气象预报接收工作，确保在大风、大雨、浓雾等天气来临前采取措施避让。

（2）当运输车辆在路上发生碰撞时，应进行如下处理：

①在发生交通事故时，要保护好现场，向122交管部门报警。

②积极配合有关部门进行责任认定，同时报告公司领导，以便事故善后处理。

③运输车辆在输运途中发生碰撞事故等紧急情况后，队长应立即向高速管理部门报告现场情况，同时呼请周围车辆进行有效救助。

（3）车辆发生火灾：

①根据有关规定和制度，车辆出行必须配备泡沫灭火器、太平斧、千斤顶、撬棍、钢制牵拉绳以及其他常用修理工具。

②当人员身体造成损害时，在积极采取自救的同时应紧急向120救援。

③在车辆突发火灾时，应立即使用随车配备的灭火器进行扑救，同时紧急向119火警报告，以便得到及时救助，使财产减少到最低损失。

（4）突发自然灾害：

在突发自然灾害（如地震、地陷、塌方、泥石流、洪水等）时，应将车辆及时撤离危险地带，保护好人身和车辆安全，同时应向110和有关部门报警，以便得到妥善处理。总之，遇突发事件时，在采取上述应急处理措施的同时，还要服从当地政府和交通行政人员的现场统一调配指挥,并且向公司领导报告,以便将损失降低到最低限度。

4.6.6 运输安全保证措施

1)一般规定

(1)钢主梁运输单位必须建立完善的安全管理网络,设立健全的安全管理领导机构,成立专门机构负责安全管理工作,按照相关法律法规、政策、标准开展管理活动。

(2)应根据钢主梁运输的危险特性规范编制应急预案,要建立互动机制,定期组织教育培训、演练,并对预案进行评审及修订,实现持续改进。

2)重点安全防范措施

应重点防范以下4类安全事故:车辆伤害、物体打击、坍塌、高处坠落,必须做到但是不限于以下防范措施,具体见表4.6.6。

表4.6.6 钢主梁运输重点安全防范措施

序号	防范事故类型	重点防控工序	重点防控设备/工具	防范措施
1	车辆伤害	1.运输; 2.绑扎; 3.存放; 4.拆卸	1.汽车; 2.轮船; 3.火车	1.检查厂内机动车辆,杜绝带病作业; 2.操作人员必须持证上岗; 3.严格执行绑扎、运输方案要求; 4.严格执行交通规则
2	坍塌	运输	汽车	1.提前预判运输线路环境,确保线路安全; 2.汽车停放在可靠区域
3	物体打击	1.绑扎; 2.拆卸	汽车	1.检查并修复设备/工具,防止松动; 2.清理现场杂物,保证高处物件规范摆放
4	高处坠落	1.绑扎; 2.拆卸	1.汽车; 2.火车	1.严格执行绑扎、运输方案要求; 2.佩戴齐全的劳动保护用品

第5章 现场制造、组装与安装

5.1 一般规定

（1）本章适用于钢结构桥梁现场制造和安装，包括钢主梁现场制造、组合梁场内组装和桥上组装，以及钢主梁在支架上分段安装、整体安装、顶推安装、附属设施施工、工地涂装、钢桥面铺装等施工内容。

（2）现场制造是指在工厂制造的梁段无法直接运至施工现场的情况下，在工地现场进行钢主梁梁段制造的过程。工地组装是指按照规定的技术要求，将钢主梁节段和混凝土桥面板在现场或桥上组成组合梁段的过程。安装是指利用不同的提升设备按照一定的程序把构件或梁段固定在设计位置并连接固定成桥的过程。

组合梁的安装方法有两种，一种是在预制厂将钢主梁和桥面板组装成组合梁，然后再整体吊装到桥位上；另一种是先将钢结构（通常是槽形梁或工字梁）安装在桥位上，再安装桥面板，钢构件和混凝土之间用湿接缝连接。

（3）钢结构桥梁安装应依据设计文件和规范进行，实现设计意图，满足工程质量、安全、环保和职业健康安全要求，做到节能环保，打造品质工程、绿色工程。

（4）安装施工前应对设计图进行审查，并编制安装专项施工方案。当现场施工条件变化，需要修改安装方法或顺序时应进行修改和补充，并应按规定进行重新审批；涉及施工图的变更时应取得原设计单位同意并签署设计变更文件。

（5）现场安装使用的特种设备应由国务院特种设备安全监督管理部门核准的检验机构对特种设备的安全性能进行验证性检验。特种设备使用前应向负责特种设备安全监督管理的部门办理使用登记，并取得特种设备使用登记证书。专用设备应在使用前进行荷载试验，并进行全面验收。

跨道路、航道施工时，对影响交通、通航安全的施工作业应取得施工作业许可证。

（6）现场焊接作业人员和检测人员都应持有相应的资格证书，且只能从事资格证书中认定范围内的工作。

（7）用于组合梁的预制混凝土板安装前宜存放6个月以上，安装过程中应采取措施防止预制板受力不均而产生裂纹。

(8)组合梁湿接缝浇筑前应对界面采取清理、脱脂、除锈、涂刷界面剂等技术措施,提高湿接缝的整体性,并采取养生措施防止出现干缩裂缝;其余参照现行《公路钢混组合梁设计与施工规范》(JTG/T D64-01)执行。

(9)施工前应对相关人员进行上岗前培训、质量意识教育和技术交底,实行持证上岗制度。

(10)安装及验收应使用经计量检定合格的计量器具,并应按有关规定进行操作。

(11)施工中宜积极使用"四新"技术,运用标准化、机械化、信息化等施工管理手段。

(12)钢结构现场制造、安装过程中不得采用火工矫正变形。

(13)常规跨径钢结构桥梁安装及验收除执行本指南规定外,尚应符合国家和行业现行有关标准的规定。

(14)质量检查记录、质量证明文件等资料应完整齐全、真实有效,具有可追溯性。

5.2 施工方案

5.2.1 施工方法

(1)施工方法应根据工程结构特点,地形、地貌、水文、气象等环境条件和合同要求,结合施工单位的工程经验和技术水平合理选择。施工方法的选择要有针对性,以解决钢桥安装工程的难点、重点问题。钢结构桥梁施工方法一般由设计单位在施工图中进行明确,并与结构设计分析模型一致。如果选择的施工方法与施工图不一致,应经设计方复核,避免出现结构内力与设计不符的问题。施工方法的选择可参考表5.2.1。

表5.2.1 公路常规跨径钢结构桥梁安装方法

安装方法	安装设备	工法特点
支架上安装	起重机	适用于桥墩高度较低、便于搭设支架;场地坚实平整,空间开阔,能满足起重机作业的场所。 没有吊装顺序限制,可跳孔安装
	架桥机	适用于桥下障碍较多,可搭设支架但起重机作业不便的场所。 必须逐孔顺序施工,不能跳孔安装
	起重船	适用于浅水水上施工,要求一定水深满足起重船吃水要求,空间开阔,能满足起重船作业的场所。 没有吊装顺序限制,可跳孔安装
整体安装	起重机	适用于桥位场地坚实平整,空间开阔,能满足起重机作业的场所。 没有吊装顺序限制,可跳孔安装

续上表

安装方法	安装设备	工法特点
整体安装	架桥机	适用于桥下障碍较多,起重机作业不便的场所。 必须逐孔顺序施工,不能跳孔安装
	起重船	适用于水上施工,要求一定水深满足起重船吃水要求,空间开阔,能满足起重船作业的场所。 没有吊装顺序限制,可跳孔安装
	提升架、千斤顶	适用于大型构件能运到桥位正下方、仅竖向提升即可就位的构件安装。 提升架需要专项设计;所需设备较少
顶推安装	千斤顶	适用于桥下有障碍,起重机、架桥机作业不便的场所,不需要大型起重设备,不影响桥下交通。 桥头需要有组装场地。 变高度梁仅适用于步履式顶推施工

(2)钢结构桥梁安装设备选择应具备适应性、先进性、经济性,各种配套设备应组合合理,且有足够的安全储备。选择安装设备宜进行通用性和专用性比较,有条件的可配置自动控制系统。对涉及安全保护的重要配件、配套机构,应注明规格型号和性能。

(3)钢结构桥梁安装设备配置应适应现场施工条件和结构的特点,符合施工工艺需要,工作性能应满足施工要求;宜按各单项工程工作面、施工强度、施工方法进行设备配置,力求安全、经济;设备性能应高效、低耗、运行安全可靠,符合环境保护要求;设备宜通用性强,能在工程项目中持续使用。

5.2.2 施工平面布置

(1)施工总体平面布置应根据桥梁平纵布置、现场地形环境条件、施工方法、物料堆放、现场节段组装、支架搭设、吊装作业需要等因素进行合理布置,满足工程需要,并遵循减少用地、绿色环保的原则。

(2)施工平面布置宜将生活区、施工区、加工区分开设置,互不干扰,以利于安全生产、文明施工。

(3)施工区应根据现场条件进行合理布设,混凝土拌和站、设备停放区和材料堆放区、支架搭设区、钢主梁组装区布设应便于施工安全、高效地组织。

(4)场内临时码头、施工便道等应根据现场条件合理设计,宜利用永久性道路和交通设施,做到永临结合,实现节能环保。现有道路、桥梁用于大型构件运输时,应能满足承载力和通行净空的需要。

(5)临时供电、供水线路应根据临近高压电网、水源管网合理规划;在起重机等大型设备通过或作业区,应尽量避免设置架空线路。

(6)水上作业区域及施工船舶临时停靠区域应根据施工需要进行划定,并按航道要求设置警示标志。

(7)对于环境条件或工艺复杂的工程,应在施工总平面图中对重大施工安全风险点的位置进行明确标注和说明。

(8)为避免施工场地选址处于严重的滑坡、崩塌、泥石流等不良地形地质条件,应对生活区、重要设施的场地进行水文地质评价,必要时应进行处治。

5.2.3 大临设施设计与验算

(1)大临设施包括临时码头、栈桥(平台)、便道(桥)、预制场或组装场,挡土墙、混凝土拌和站、提梁站、围堰等。

(2)大临设施受力结构及基础与地基应满足施工需要及强度、刚度、稳定性的要求,其设计计算应符合设计原理和设计规范。临时受力结构设计文件应规范、完整,符合施工图设计深度要求。

(3)施工单位应对临时受力结构进行设计、验算复核。

(4)对于重大临时设施需委托第三方验算的,受托单位和负责人应具有相应资质和经验,验算报告应经计算、审核、审批负责人签字,并应加盖单位公章。

(5)大临结构设计时,应计算施工过程中的应力和变形,并提出施工监控指标和监控方案;对需要设置预拱度的应依照工序转换过程进行模拟计算,并经设计单位复核。对需要进行预压检验结构安全性的,应提出合理的预压方案。

(6)应同步编制大临结构通道、步梯、临边防护等安全防护方案和拆除方案,在施工过程中严格执行。

(7)场所内的排水系统设计应统一规划,保持畅通,并应引至天然沟渠等主排水系统内。

5.2.4 施工顺序、工艺流程与施工要点

1)施工顺序

应根据桥梁结构形式及总体施工计划,在考虑设备工效的基础上合理安排施工顺序。钢桥安装一般按照钢构件加工制造、下部结构主体施工及验收、钢结构现场安装施工准备、支架搭设、钢主梁安装、桥面附属、工地涂装、桥面铺装的顺序组织施工。钢结构部分则应按照安装顺序组织钢构件运输和现场组装,现场连接焊接和栓接质量应同步进行检查和验收。

2) 施工工艺流程

施工过程中宜采用成熟的施工工艺并结合钢结构桥梁的组装工艺、吊装方法制订工艺流程，如图5.2.4所示。

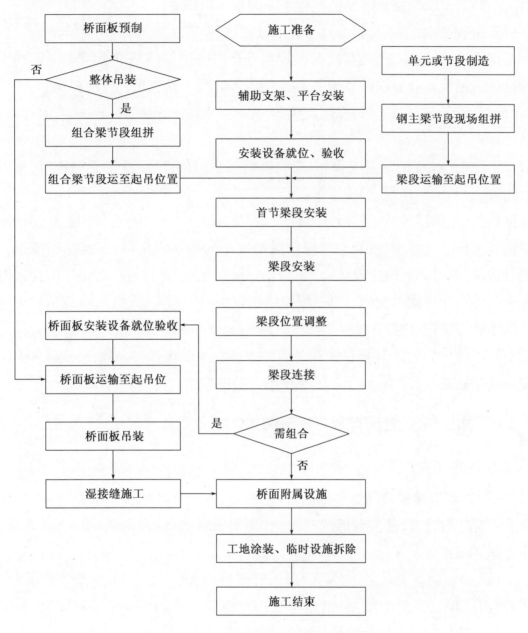

图5.2.4　常规跨径钢主梁安装基本工艺流程

3) 施工要点

施工要点应结合工艺流程图对施工工艺要点进行扼要说明。说明应针对设计要求、施工质量、安全、进度、环境保护和职业健康、"四新"技术应用等，明确提出达到的做法、标准、要求、控制目标、措施、检测手段和监控预警指标等。

采取特殊工艺时,还应结合具体工艺方法,对特殊要求进行简明扼要的说明。

(1)钢结构主要施工质量控制构件和部位有:原材料、钢构件、钢筋混凝土板、波形钢腹板、混凝土与钢构件的连接、钢构件之间的连接、波形钢板之间的连接、湿接缝、变形量、预拱度等,需要明确质量控制标准和详细的技术措施。

主要安全控制重点有:支架安装与拆除、吊装设备安装与拆除、吊装作业、不良天气、水上和高空作业、运输等,需要在技术风险和安全风险识别的基础上重点研究并确定安全技术措施。吊装作业分构件装卸作业、钢构件(梁段)安装、预制桥面板吊装、组合梁吊装、附属预制件(护栏、灯柱、伸缩缝、支座等)吊装。钢结构连接时,狭小空间作业也是安全防范的重点。

(2)安装施工过程中及完成后,应采取措施防止钢构件、梁段受到损伤、污染。不得随意对构件进行开洞、切割、焊接等作业。

在钢构件、梁段拼装、转运、吊装过程中,以及与防水、桥面铺装、机电、交安设施等专业施工的交叉作业过程中,可能会造成钢结构成品的损伤或污染,影响结构质量。安装前应制订成品保护计划,通过安排合理的工序,制订有效的"护、包、盖、封"等措施对梁体进行保护。施工中的临时支垫、调整、固定措施宜提前进行设计,拆除临时结构应避免损伤钢结构本体或防腐涂层。

(3)安装施工过程中,环境保护和职业健康重点主要包括:"三废"处置、水土保持以及作业现场防止粉尘、噪声、有害气体对现场人员的伤害。

5.2.5 施工部署、进度计划与资源配置

1)施工部署

(1)施工部署应根据合同要求确定进度、质量、安全和环境保护等总体目标,应对工程内容和目标进行分解,落实到部门及运输、支架安拆、钢结构吊装、组装场、连接、桥面施工作业队和班组。

(2)钢结构桥梁施工应建立完善的组织管理机构和生产、质量、安全、环保及成本等管理体系,制定相关管理制度,对钢结构工程的进度、质量、安全、环保、成本实施全面管理。

(3)确定合格的专业施工队、物资供应组织,组建无损检测、施工监控组。合理划分专业队作业内容和班组设置,明确各专业队伍和班组以及施工各方的工作内容、界面划分、资源配置,并确定相互之间的交接关系。

2)施工计划

(1)施工计划包括施工总体计划、年度计划、关键节点计划。施工总工期应根据合同

约定、工程特点、技术难度、资源配置、气候条件影响因素、施工组织管理水平等确定,并宜采用国内平均施工水平结合功效分析合理编制。

(2)施工计划应以关键线路为主线,在施工计划设计文件中明确控制施工进程的关键节点应具备的条件。

(3)施工计划应在实施过程中根据实际完成情况动态调整,在保证质量安全的前提下连续、稳定、均衡地进行施工。

(4)施工计划编制应考虑冬、雨季等特殊气候条件影响,并制订相应的工期保证措施。

3)资源配置

(1)资源配置包括劳动力、工程材料和周转材料配置、施工设备和机具配置。专项施工方案中还要列入专职安全生产管理人员以及焊接、起重、高空作业等特种作业人员。

(2)应根据施工方案确定工程材料和周转材料使用数量并编制使用和进场计划。工程构件、材料、半成品等进场需经验收合格后方能使用,并应配置充足的安全防护用品。

(3)应根据施工方案组织施工设备和机具配置数量进场。起重设备、运输车、船舶、安装工具应齐全、配套,计量、测量和检验仪器配置数量、规格和性能应满足施工需要,并检验合格,状态良好。对专用设备、特种设备应根据专门的检验或试验方法进行检验,并组织验收、报批。

5.2.6 质量保证措施

(1)按照《中华人民共和国建筑法》《中华人民共和国公路法》《建设工程质量管理条例》《公路工程质量管理办法》等国家和行业管理部门现行法律法规要求,建立健全质量管理体系,遵守质量管理规章制度,执行质量检查控制程序。

(2)制订质量计划,按照项目的具体要求确定质量目标并进行分解,质量指标应具有可测量性,编制质量检测计划,配置检测资源。

(3)建立现场安装质量管理组织机构并明确相关岗位和人员的职责,落实工程质量分工负责制,严把工程质量关。

(4)宜进行质量分析和策划,制订符合项目特点的技术保障措施和资源保障措施。强化施工各阶段的质量管理工作,做好质量风险的分析评估,对主要质量风险采取相应的预防措施,并制订应急预案。

(5)开展全员质量管理,实行全过程质量管控,执行质量检查、考核、奖罚制度,对质量事故处理作出相应的规定。质量检查控制程序应包括班组自检、专业工程师自检、项目质检工程师检查、现场监理工程师验收等控制程序。

（6）应结合施工工艺过程制订详细的技术措施：包括施工测量误差控制措施；原材料、构配件、施工设备和机具、成品（半成品）进场检验标准、频率和检测方法；重点部位和关键工序的技术保证措施；原材料、构配件和设备、成品和半成品保护措施；质量通病预防和控制措施；工程质量检查保证措施。

质量控制环节应包括钢构件进场外观检查、钢构件进场质检资料检查、钢结构安装焊后测量检查、焊接质量检查、栓接质量检查、补充涂装质量检查等。

质量控制重点宜包括钢构件组装质量控制、现场安装质量控制、测量控制、焊接过程及质量控制，组合梁湿接缝施工控制、钢混结合段质量控制等。

对工艺较为复杂的钢结构桥梁，宜委托监控单位进行成桥线形控制。对钢结构桥梁焊缝质量，宜委托有资质的第三方检测单位进行抽查。

施工测量误差控制措施应符合设计文件、相应的技术标准和工程需要，如对测量仪器、设备、工具等进行符合性检查；对控制网、基准点等进行内外业符合；对施工控制点、线、网进行保护并定期复测并上报监理工程师；严格执行测量双人双机双法复核验证制度，以及现场交桩和复查制度。

（7）应结合工程施工计划制订季节性和暴雨、高温等特殊气候条件下的工程质量保证技术措施，并提出相应的资源配置。

（8）对涉及新材料、新技术、新工艺以及关键工程和工序的，应开展专题研究和试验，正式开工前应进行工艺试验、足尺模型试验等，并检验设计和施工是否能达到目的，确定工艺流程、技术参数和标准。

（9）应结合工程实际明确创优目标，成立创优组织机构，制订创优工作计划，创优目标分解到部门和分部分项工程，并在专项施工方案和交底中细化，落实创优技术措施和管理措施，建造优质工程。

5.2.7 安全保证措施

（1）认真贯彻"安全第一、预防为主、综合治理"的方针，以安全生产为核心，落实企业安全生产主体责任，重点防范和遏制重特大事故，推进安全生产管理标准化、系统化和规范化。

（2）应建立健全安全管理体系，组建专职安全管理机构和部门，配置专职安全管理人员，明确各岗位人员职责和权限，履行安全生产管理责任。

（3）应按照工程内容和岗位职责对安全管理目标进行分解，制订相应的控制措施。

（4）应建立相应的安全管理制度，保证安全生产费用足额投入、配置安全管理资源，建立现场安全检查、隐患排查治理制度。执行考核、奖罚制度，对安全事故处理作出相应的规定。

（5）应对交叉作业、"四新"技术应用、第三方监测、施工监测、现场巡查提出相应的安全规定。同一工地有几个单位同时施工，或不同专业交叉作业时，应共同拟定现场的安全技术管理办法，做好协调工作，共同执行。施工中采用"四新"技术应制订相应的安全技术措施。

（6）建立施工人员三级教育和上岗培训考核制度；新进场人员必须进行申报和安全教育，严禁未进行安全教育私自上岗；特种作业人员必须持证上岗；施工现场生产区、生活区内应遵守安全劳动纪律；施工中应严格执行操作规程，严禁违章指挥、违章作业、冒险作业。

（7）进行安全风险辨识、分析与评估，对临时用电、支架安装与拆除、起重吊装、高空作业、水上施工等制订有效的安全技术措施。交叉施工时，应设置防护棚、防护网、防撞装置和醒目的警示标志、信号等。对特殊工序，应根据钢结构桥梁施工特点和施工方法，以及危险性程度编制施工专项作业指导书并进行交底。对大临设施进行监测，设置预警机制，制订现场处置预案。

（8）应根据季节、气候变化情况，制订相应的季节性安全施工技术措施。

（9）施工安全设施和施工方案同步设计、同步实施，同步使用与维护，施工安全设施宜进行标准化设计。

（10）应在专项风险评估结论基础上针对施工过程中可能发生事故的紧急情况，编制应急救援预案并组织评审，成立应急救援组织机构，组建应急救援队伍，储备应急救援物资。定期进行演练并在施工过程中对预案进行动态管理和调整，必要时报地方政府相关部门备案。

（11）针对支架坍塌、高处坠落、起重伤害、物体打击、触电等重大危险源制订施工应急处理程序、现场应急处置措施、演练计划，配置相应的应急救援物资，明确相关联络电话，确定应急救援路线。对预案、预警、预防明确要求，结合施工监测和预警，落实现场防护条件，加强施工安全技术交底和危险告知等，防止重大险情或事故发生。

制订安全技术措施时，可按以下顺序考虑降低安全风险：

（1）消除：改变设计以消除危险源，如避开不良环境和地质条件，降低系统安全风险。

（2）替代：用低危害材料代替或降低安全风险，如采用机械化换人、自动化减人措施消除人工作业安全风险。

（3）工程控制措施：高处作业安全控制措施、起重设备安全控制措施、现场临时用电、消防、防雷控制措施、支架平台施工安全控制措施、夜间施工安全控制措施、主要风险施工安全控制措施。

（4）标志、警告和管理控制措施：安全标志、安全防护、安全警示控制措施。

（5）个体防护：安全防护眼镜、安全带和安全绳、安全网、防坠落装置、口罩和手套等。

5.2.8 环境保护措施

（1）环境保护应坚持保护优先、预防为主、综合治理、公众参与、损害担责的原则。

（2）环境保护应根据工程特点建立健全环境管理体系，成立环保领导小组，明确职责、权限，予以管理和控制。

（3）环境保护应制定相应的环境保护管理检查制度，配置环境保护措施所需资源。执行考核、奖罚制度，对环境保护不力的行为作出相应处罚规定。

（4）环境保护应针对现场条件、工程特点和施工工艺，制订防止大气污染、水污染和防止施工噪声污染等具体措施并严格执行，并定期或不定期监测监控。

（5）应优先使用清洁能源，采用资源利用率高、污染物排放量少的工艺、设备以及废弃物综合利用技术和污染物无害化处理技术，减少污染物的产生。

（6）应采取节地节能节材措施：合理规划平面布置，少占地，保护周边植被，不随意乱砍滥伐林木。

（7）施工现场应控制扬尘和废气的排放。临时道路宜硬化处理，定期洒水降尘，拌和站出入口设清洗装置以减少车辆污染物携带。粉状材料的运输和存放应采取防散落和防尘措施。混凝土拌和站所用的水泥、粉煤灰等应采用储存仓储存，上料系统应采取密闭、除尘的措施。钢构件的除锈、涂装应满足挥发性有机化合物（VOC）排放要求。

（8）在居民区或噪声敏感区施工时，应采取降低噪声措施减少对附近居民的干扰。施工作业人员在噪声较大的现场作业时，应采取有效的防护措施。

（9）应制订生活生产污水排放控制措施。生产生活区应分开规划，设置系统的排水、排污通道，设置污水净化系统，达标后排放。陆域施工车辆设备冲洗和维护保养废水必须经沉淀处理后排放，宜考虑废水循环利用。

（10）应制订固体废弃物管理措施。固体废物应有序堆放，净化处理，对施工建筑垃圾倾倒到环卫部门指定的地点；应对生活垃圾按规定分类装入相应的容器或者指定场所。

（11）对危险废物，应分类收集，并交有资质的单位进行处理。禁止将危险废物混入非危险废物中；严禁向水域、自然保护区、农田、下水管道倾倒、排放危险废物。

（12）应制订水土流失防治措施，保护桥址处的岩土不受侵蚀流失，裸露区域应采取临时防护和植被覆盖措施。

(13)应制订生态环境恢复措施,做到工完场清,并按要求恢复原有的生态环境,且通过验收。

5.2.9 施工方案编制

1)一般规定

(1)编制准备:编制专项施工方案之前,编制人应完成设计图纸、技术专用条款、地方特殊要求、类似工程、"四新"技术等相关资料的收集整理及消化吸收;完成施工现场实际踏勘;分析项目部风险评估或环评报告、地方行业主管部门及建设单位相关要求文件;分析工程重难点,确定施工目标,提出多种初步设想及可采用的工艺工法、设备、材料、工序安排等。

(2)编制方案:提出多种不同方案进行同深度比选,确定实施方案,选定主要设备和大型临时设施;编制施工图、计算书,编制各项计划,根据计算分析修改优化方案;对工程易发生质量、安全事故的部位或工序提出针对性措施;形成内容完整、资料齐全的专项施工方案。

(3)评审:专项施工方案应由施工单位技术负责人审核、总监理工程师审查。对于超过一定规模、危险性较大的专项施工方案,还应当组织召开专家论证会对专项施工方案进行论证。

2)专项施工方案编制内容

(1)编制说明:包括编制依据、原则、目标、与本专项方案配合的相关施工方案和其他需要说明的事项。

编制依据包括相关法律、法规、规范性文件、标准、规范及施工图设计文件、施工组织设计等。

(2)工程概况:包括主要技术标准、工程概述(工程结构形式、结构图、施工平面布置图)、主要工程项目及数量、自然地理特征(地形地貌、地质、水文、气象)、工期、设计或合同特殊要求和技术条件、施工及交通运输条件、工程特点(包括结构特点、环境特点)、专项工程重难点分析。

(3)施工总体安排:包括施工任务划分、施工步骤、施工顺序及工期计划安排、主要机械设备、材料、人员计划、施工总平面布置(含主要大临设施、施工供水供电等)和施工准备。

(4)施工方法、工艺、要点和施工注意事项:阐述总体施工方法和施工顺序步骤、编制详细的单项施工工艺流程图,写明各工序的施工方法、操作要点及详细的质量标准、检验方法和频率,施工中应该注意的事项。

（5）危险源辨识：对不同性质危险源及危害因素分门别类进行辨识，列出风险等级清单，制订处置措施、现场应急处置预案、事故应急救援预案。

（6）各项施工保证措施：包括各项目标、文明施工措施，质量保证措施，安全保证措施，工期保证措施，冬季、夏季、雨季等施工措施，环保、水保及文物保护措施，节约用地措施，降低造价措施，节能及各类资源管理措施，创优计划。

（7）专项施工方案图、表和论证资料：

①专项工程平面布置图、大临设施布置图、结构图、组装图、移动路线图、构件（或部件）细部图、连接结构图、材料数量表、组装和连接要求、图纸说明。

②设计图纸：要求符合制图标准，内容全面准确，标注和说明清楚，便于识别，一般技术人员无须创造性工作就能明白、理解图纸，能照图实施。设计图纸应包含专项工程施工设计图、临时设施和安全防护设施的图纸。

③施工进度计划图应采用网络图、横道图等表示形式。各项材料、人工、设备使用计划图、主要设备材料表、资金使用计划图。

④计算书应包括以下内容：计算依据（相关设计规范、设计手册等）、计算原理、计算方法及计算公式、数据采集及依据（各种工况下的数据采集和建模）、各工况受力计算分析及工况受力图、各工况下计算或受力验算过程（各种工况下的受力验算，工况受力分析等）和结果、汇总表、计算结论、注意事项和建议。

5.3 现场制造

受运输条件限制，有的钢结构桥梁很难在工厂做成较大节段吊装单元直接运输到现场安装，只能是将钢桥先加工成能够运输的单元或块体，运至桥位附近再进行现场组装制造成大的节段或整孔梁，然后进行安装。现场制造是指在工厂制造的梁段无法直接运至施工现场的情况下，在工地现场进行钢主梁梁段制造的过程。

现场制造需要提前进行场地规划建设，根据各类桥梁的现场制造内容，规划适宜的生产布局，建设厂房、存梁区、办公生活区、道路、配置工装设备等满足生产生活的设施。

5.3.1 现场布局和建设

为保证项目现场实施的质量和进度，按照施工组织总体规划，根据现场施工内容以及施工条件，对桥梁现场进行合理的工艺布局，并完成现场的厂房、道路、办公生活区等场地建设任务。

1）现场制造的设施布局原则

（1）在满足施工的条件下，尽量节约施工用地。

（2）满足施工需要和文明施工的前提下，尽可能减少临时建设投资。

（3）在保证场内交通运输畅通和满足施工对材料要求的前提下，最大限度地减少场内运输，特别是减少场内二次搬运。

（4）在平面交通上，要尽量避免与其他生产单位相互干扰。

（5）符合施工现场卫生、安全技术和防火规范。

2）现场布局和建设

现场布局应解决施工区域的空间和平面的组织，处理好施工过程中各方面的关系，使各种施工活动有秩序地进行，实现文明施工，节约土地，减少临时设施费用。

现场工艺布局应根据现场的工作内容开展，内容包括构件进场道路及存放、吊装单元制作场地及胎架、现场办公及库房、吊装单元运输设备及道路等。

根据工程项目的整体规划部署，合理安排施工临建的位置。施工总平面的布置应符合国家和当地有关建筑工程施工现场安全文明的规定，同时应根据施工组织设计分阶段进行规划；对涉及总平面的场地进行区域划分，使办公、生活、施工等区域独立、便于管理。

为保证总拼作业不受风雨的影响，保证雨季施工，钢结构临时厂房宜采用半封闭式。厂房空间应满足设计所需预拼节段长度要求，直线段宜满足一次可预拼 $N+1$ 段钢主梁，曲线段宜满足一次可预拼 $N+2$ 段钢主梁，$N \geq 3$。

3）现场制造布局示例

（1）某大桥钢箱梁制造，根据现场地形、钢箱梁结构特点、现场制造内容等进行的工艺布局如图 5.3.1-1 所示，主要包含：板单元存放区、箱形梁总拼临时厂房、箱形梁涂装临时厂房、节段临时存放区、进出场道路及项目部驻地等。

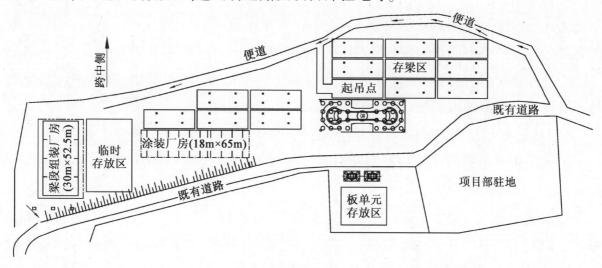

图 5.3.1-1 某大桥钢箱梁现场制造工艺布局示意图

（2）某桥工字梁制造，根据现场地形、钢主梁结构特点、现场制造内容等进行的工艺布局如图5.3.1-2所示，主要包含：杆件存放区、工字梁吊装段连接区、节段临时存放区、进出场道路及项目部驻地等。

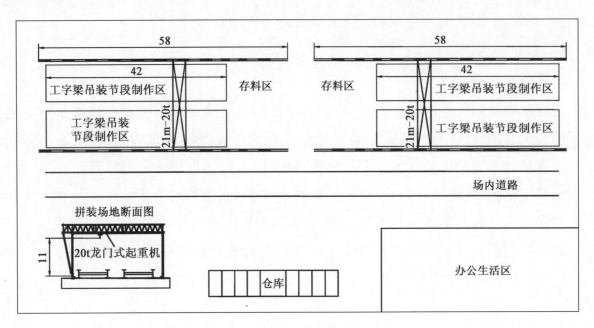

图5.3.1-2　某桥工字梁现场工艺布局示意图（尺寸单位：m）

4）现场厂房和驻地建设

应根据施工组织设计以及现场布局，进行现场厂房及项目驻地的施工建设。

（1）生产区建设

①根据现场制造内容，在桥位附近选择合适的场地作为生产区，设钢主梁总拼临时厂房（图5.3.1-3），除锈涂装临时厂房（图5.3.1-4）。所有场地均设2.5m高彩板围挡，设置伸缩大门。

②在场内醒目位置设置工程公示牌、施工平面布置图、安全生产牌、消防保卫牌、管理人员名单及监督电话牌、文明施工牌等文明标志。

③各种原材料、半成品或成品应按其检验状态与结果、使用部位等进行分类标识。各种机械设备应悬挂机械操作安全规定公示牌和设备标示牌。

（2）场地硬化及基础处理

①车间所有场地均应进行混凝土硬化。对软弱地基应进行换填处理，保证地基承载力。

②场地整平后分层填土碾压密实，先施工20cm厚级配碎石土垫层，地坪浇筑20cm厚C20混凝土进行硬化。地坪混凝土应架设模板分块浇筑，浇筑混凝土前应仔细检查模板线形及碎石土顶面高程，并在模板上做好混凝土浇筑顶面标记。

③场地按横向2%、纵向0.5%设置排水坡,硬化按中间高、四周低原则进行。

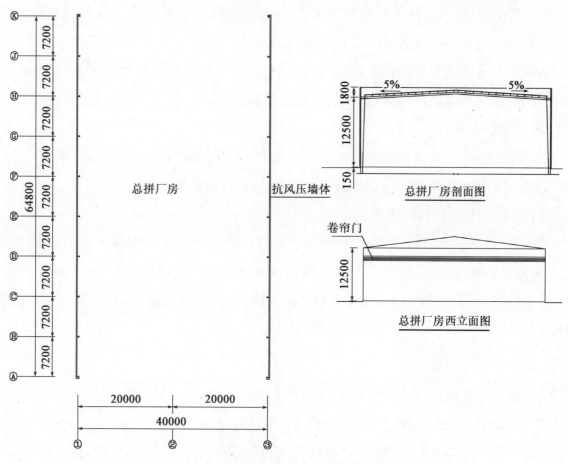

图 5.3.1-3　现场总拼临时厂房示意图(尺寸单位:mm)

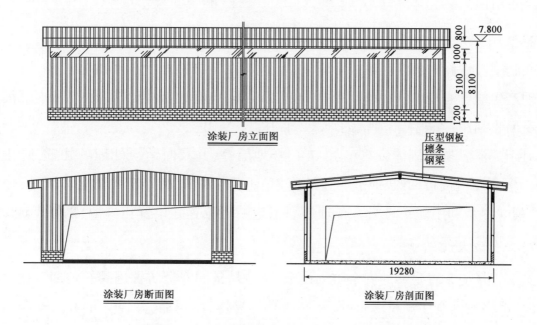

图 5.3.1-4　现场涂装厂房示意图(尺寸单位:mm)

(3) 现场供电系统

钢结构车间、涂装车间与项目驻地可并入土建标段或单独接入变压器,满足不同节段生产及生活用电。低压线采用三相五线交流电路,设置一机一闸、两级漏电保护。在配电箱和开关箱分别配置漏电保护器,确保用电安全。场内电缆线布置采用预留地下预埋穿线管和混凝土面层开线槽的方式,严禁乱搭乱接。

(4) 涂装临时厂房

除锈涂装区应建设满足要求的封闭式厂房,并配置相应的除锈、涂装设备,用于钢主梁节段的除锈、涂装,并满足挥发性有机化合物(VOC)排放要求。

(5) 物资仓库及材料堆放场

设置封闭式物资仓库,主要用于焊材、高强度螺栓等一些不宜露天存放的材料、构件,设露天材料堆场,主要用于各类板单元、周转材料等物资材料存放。堆放场内主要通道采用20cm厚的C20混凝土硬化,并做好排水设施,其余部分根据需求局部进行硬化或采用碎石铺平。

5) 项目经理部驻地布置

项目经理部驻地设置于桥址附近,项目部驻地采用集装箱板房,项目经理部设会议室、办公室、阅览室、职工食堂、洗手间、篮球场、羽毛球场等办公及生活性设施。项目部驻地排水系统设置排水沟,并统一安装铁盖板,四周排水沟形成连通排水体系后采用排水管将水引出。

6) 环保设施

在施工驻地修建沉淀池集中处理生活污水,在机械检修保养场地修建隔油池、沉淀池处理产生的含油废水。在产生废水的施工现场,应修建沉淀池,将生产废水沉淀处理后尽量回收利用,或排入不外流的地表水体中。

对于焊渣铁屑等固体废物,应设专门场地储存,并及时运至处理场处置,防止污染环境。生活垃圾按可回收利用、可生物降解、不易生物降解分三类设立垃圾箱,分类收集、处理。尽量利用建筑垃圾。合理规划工地厕所位置并设置化粪池,搞好工地卫生。

7) 安全防火设施

施工现场应布置足够的安全防火设施,储备足量的安全防护用品并定期发放。场地布置时,严格按安全法规要求布设、储放油类等易燃、易爆品,并设立足量的安全消防装置。在醒目处设置消防安全宣传牌。

5.3.2 现场施工准备

1) 人员准备

制造前对从事钢桥制造的铆工、电焊工、涂装工、起重工等进行专项培训和技术交底。从事焊接工作的电焊工必须通过相应的焊工资格考试,焊工考试按照钢桥技术标准要求进行,并报监理工程师审核认可。焊工所需要参与取证的项目及数量根据产品的制作要求确定。凡取得相应焊工资格且符合焊工管理要求的焊工,才可参与相应项目的焊接操作。

2) 现场设备准备

根据现场施工内容、工程数量以及工期要求,配备足够的生产设备。生产设备主要有:用以现场起重的履带式起重机、汽车式起重机、运梁车、门式起重机、叉车、平板车等;用以现场焊接的气体保护焊机、埋弧自动焊机、交直流焊机、碳弧气刨、空压机、焊条烘箱、打磨机等;用以现场测量的全站仪、水准仪、经纬仪等设备;用以现场无损检测的磁粉探伤仪、超声波探伤仪、X光机等;用以现场涂装及检测的空压机、高压清洗机、搅漆泵、喷涂泵、涂镀层测厚仪等。

3) 工装准备

按照安装方案制作吊装单元,需要设置相应的工装胎架。现场常用的格构式胎架由各种型钢、钢板连接组合而成,一般在工厂预制标准节,在现场根据实际需要制作不同高度的非标准节,然后组装成预定高度的整体胎架。

(1) 胎架的基准定位

在胎架安装前,首先按照三纵一横的测量方式设置测量基准点,再通过基准点进行纵横向的数据传递,对胎架进行定位、标记。

(2) 胎架的使用

胎架安装完成后应进行检验测量,确保高程、线形、控制尺寸符合图纸工艺的要求,方可使用。对于复杂的胎架宜编写使用说明书以及技术交底。图 5.3.2-1、图 5.3.2-2 为典型现场桥面板吊装单元和箱形梁组焊工装示意图。

5.3.3 吊装单元制作

在实际施工中,钢结构桥梁的架设安装不仅要考虑桥梁形式、施工条件、技术能力、现有设备等条件,而且还要根据架设安全、质量、工期、造价、环保等条件,合理选取架设方法。吊装单元的划分通常与架设方法一致,吊装单元制作是钢桥施工的主要内容和步骤。下面介绍几种吊装单元的制作方法。

图 5.3.2-1　桥面板吊装单元工装示意图

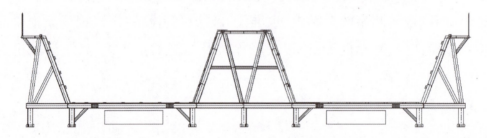

图 5.3.2-2　箱形梁组焊工装示意图

1）工字梁吊装单元

为吊装便利，在现场支架上通过栓接或焊接，将工字梁用横梁组装成格子梁体系，形成吊装单元，如图 5.3.3-1 所示。

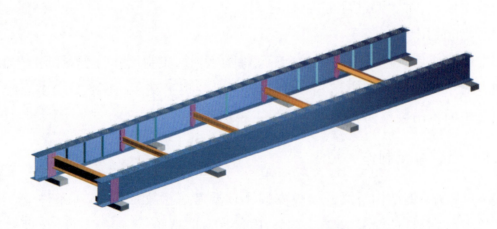

图 5.3.3-1　工字梁吊装单元结构示意图

(1) 工字梁吊装单元制作工艺流程

现场工字梁吊装单元制作的一般流程见图 5.3.3-2。

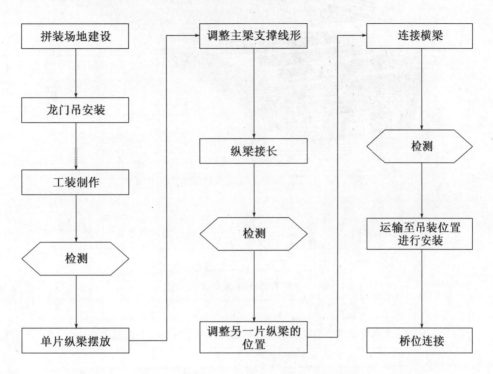

图 5.3.3-2　工字梁吊装单元制作工艺流程

(2) 制作控制要点

由于受桥面横坡的影响,无论直线段,还是平面圆弧曲线或缓和曲线段,内外侧的纵梁在高度上均有一定的差值。对此,现场组焊工字梁吊装单元过程中,在纵梁节段定位之前,在纵梁接口位置设置竖向可微调的液压顶升、螺旋丝杆或钢垫块等装置,调整竖向高度、线形,检测合格后再将纵梁节段初定位。

2) 槽形钢主梁的吊装单元

槽形钢主梁主要由顶板、腹板、底板、小纵梁、隔板、纵肋及横肋板组成,如图 5.3.3-3 所示。支座处横隔板采用实腹式构造,其余横隔板均采用桁架式构造,横肋板均采用框架式构造,横隔板与横肋板交替布置。小纵梁采用工字形断面,支撑于横隔板。翼缘板上布置焊接剪力钉与混凝土板相连。

(1) 槽形钢主梁制作工艺流程

槽形钢主梁节段制作按"底板单元→横肋单元→腹板单元→K 形横撑→悬臂单元"的顺序进行,实现正位阶梯立体推进方式组装与焊接,即以拼装胎架为外胎、横隔板为内胎组焊钢主梁节段,现场施工流程如图 5.3.3-4 所示。图 5.3.3-5 为现场槽形钢主梁总拼实例。

图 5.3.3-3 箱形组合梁的槽形钢主梁结构示意图

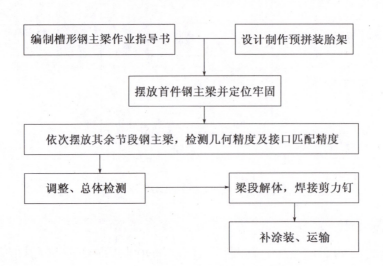

图 5.3.3-4 槽形钢主梁制作工艺流程

图 5.3.3-5 现场槽形钢主梁总拼实例

（2）制作控制要点

现场组焊槽形钢主梁过程中，为保证梁段质量，应从以下几点加以控制：

①竖向线形控制：通过计算机模拟放样出的顶、底板长度控制竖向线形。

②平面线形检测：测量梁段底板结构中心线旁弯情况。

③几何尺寸检测：检测梁段整体长度；检测梁端箱口尺寸。

④接口匹配检测：检查相邻梁段间环接口间隙，板边错台。

3）钢桥面板吊装单元

钢桥面板一般是纵、横肋加劲的正交异性钢桥面板，与主桁的弦杆焊接在一起，成为桥面结构直接参与弦杆受力的板桁组合结构。横梁的腹板、底板与节点处的横梁接头采用栓接，胎架模拟弦杆设置定位装置，以控制横梁位置。为控制桥面板块的装配位置，在胎架上设置有纵横基准线和基准点，同时胎架外设置独立的基线、基点，对胎架进行监测。

（1）钢桥面板吊装单元制作工艺流程

钢桥面板吊装单元制作工艺流程见图5.3.3-6。图5.3.3-7为现场吊装桥面板单元实例。

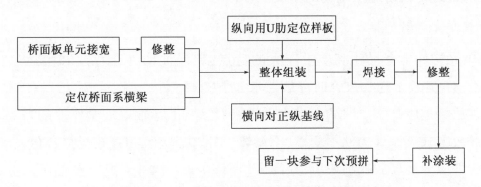

图5.3.3-6　钢桥面板吊装单元制作工艺流程

（2）制作控制要点

钢桥面板单元、纵梁单元、横梁单元、隔板单元和其他零件的几何精度经检查符合质量要求后，方可进行块单元的组装。

①在总体组装胎型上组装块单元构件，控制外形尺寸。

②在焊接平台上采用二氧化碳半自动焊接横隔板T形构件的焊缝。

③修整焊接变形并检测几何精度。

④在胎架上划线并钻制横梁连接孔群。

⑤修整外露边缘，并且对所有的棱角倒棱。

⑥桥面板单元整体除锈并涂装。

图 5.3.3-7　现场吊装桥面板单元实例

5.3.4　现场存放与转运

吊装单元制作完成后,需在现场存放,待需要时再按要求转运至桥位处进行安装。现场存放与转运是钢桥施工现场的重要工作内容。

1) 吊装单元存放

吊装单元构件具有尺寸和质量较大的特点,须保证构件在存放和吊运过程中不变形、不损坏、不污染、不遗失。临时存放要求如下:

(1) 存放场地应坚实、平整,有排水设施,满足装卸、运输等安全作业的需要。

(2) 存放方式应保证构件不变形、不损坏、不散失,包装和存放应符合相关规定。

(3) 构件应分类存放在垫块上,并高出地面20cm。构件支点应设置在自重或叠放作用下构件不产生永久变形处。多层堆放时,各层间垫块应在同一垂直面上。构件叠放时不宜过高,防止压伤下层构件或出现安全事故。

2) 转运

吊装单元在现场的运输准备工作主要包括运输工具准备、运输方案及技术准备和构件准备。对于尺寸巨大的钢构件,应合理选择运输车辆。

构件运输应按安装顺序有序进行,先吊先运,避免混乱和增加二次搬运。

构件运输时的受力情况和支承方式,应符合设计要求状态,如需改变,应对杆件重新进行验算,强度不足时应加固。

构件的支承点应水平、对称设置,受荷均匀。对高宽比较大或多层叠放的运输构件,应设置固定架或倒链等予以固定,以防倾倒,如图5.3.4所示。

图 5.3.4　现场吊装单元转运

3）道路布置

施工期间应保证道路畅通。道路应充分考虑吊装单元外形尺寸大的特点，满足车辆运行要求，避免土建和钢主梁安装时产生交通运输的相互干扰。

4）转运过程中成品保护措施

由于吊装单元外形尺寸和质量大，在转运过程中应注意防护。

（1）吊运大型、超长型杆件必须有专人负责，使用合适的工夹具、索具，严格遵守吊运规则，防止在吊运过程中发生振动、撞击、变形、坠落或其他损坏。

（2）装载时，必须有专人监管，清点上车的箱号及打包号；车上钢构件应放置稳固，并设置必要的捆扎，防止构件滑动遗失。

（3）运输过程应保持车辆行驶平稳。对超长、超宽、超高杆件，必须由经过培训且经验丰富的专职驾驶人员运送，并设押运人员负责特殊路段的指挥协调，同时在车辆上设置标记。

（4）装卸前，装卸人员要熟悉构件的质量、外形尺寸，并检查吊具、索具，防止发生意外。严禁野蛮装卸。

（5）钢主梁构件到达施工现场后，应及时组织卸货，分区堆放。按规定转运至工作面的吊运位置，避免二次搬运。

5.3.5　现场安全、环保措施

1）一般规定

（1）钢主梁现场制造单位必须建立完善的安全、环境管理网络，设立健全的安全、环境领导机构，成立专门机构负责安全、环境管理工作，按照相关法律法规、政策、标准开展管理活动。

(2)应全面排查钢主梁现场制造相关的工作活动和设施设备,制定全面完善的安全操作规程,规范配备使用劳动保护用品。

(3)应根据现场制造的危险特性编制应急预案,建立互动机制,定期组织教育培训工作,组织演练,组织对预案进行评审及修订,实现持续改进。

2)重点安全防范措施

现场制造应重点防范以下9类安全事故:物体打击、机械伤害、触电、高处坠落、灼烫、车辆伤害、火灾、中毒窒息、坍塌,必须做到但是不限于以下防范措施,具体见表5.3.5-1。

表5.3.5-1 钢主梁现场制造重点安全防范措施

序号	防范事故类型	重点防控工序	重点防控区域/工具	防 范 措 施
1	物体打击	拼装 环缝焊接 安装	大锤 吊卡具 冲钉 螺栓	1. 检查并修复设备/工具,防止松动; 2. 清理现场杂物,保证高处物件规范摆放; 3. 现场宜实行"6S"管理
2	机械伤害	打磨 天车检修 钻孔	手持砂轮机 天车 磁力钻	1. 检查并修复设备/工具,确保可靠; 2. 员工做到会操作、会保养、会检查、会排查故障
3	触电	拼装 环缝焊接 安装 打磨	带电设备 临时用电 手持电动工具	1. 对有触电风险部位进行警示; 2. 专业电工维护、保养,确保绝缘效果良好,各类保护到位; 3. 临时用电符合现行《施工现场临时用电安全技术规范》(JGJ 46)要求
4	高处坠落	拼装 环缝焊接 安装 天车维保	天车 桥位现场	1. 保证"三宝、四口、五临边"防护到位; 2. 加强沟通协商,保证交叉作业施工安全
5	灼烫	拼装 环缝焊接 安装	电焊机 火焰切割机	1. 配发并使用防灼烫的劳动保护用品; 2. 配备治疗灼烫伤的医疗救护物品; 3. 对于可能存在烫伤风险的危险源进行警示、教育、警戒,防止人员误碰
6	车辆伤害	料件倒运 包装 存放	汽车 平车 叉车	1. 检查厂内机动车辆,杜绝带病作业; 2. 操作人员必须持证上岗; 3. 严格执行绑扎、运输方案要求; 4. 提前预判运输线路环境,确保安全

续上表

序号	防范事故类型	重点防控工序	重点防控区域/工具	防范措施
7	火灾	总拼装 环缝焊接 安装	临建区 火焰切割机 电焊机	1. 按照要求足量配备消防器材,并定期检查确保到位,确保消防通道畅通; 2. 对易发火灾区域实施禁止动火管理,如需动火作业要制订专项动火作业方案; 3. 相关人员要掌握基础防灭火和火灾逃生技能
8	中毒窒息	组装 电焊	气房 受限空间	1. 保证气房、涂装房通风畅通,防止气体集聚; 2. 受限空间作业要制订专项安全方案,通风到位
9	坍塌	所有工序 存放	临建区 门式起重机 支架	1. 定期巡查,发现隐患及时排除; 2. 单元件、杆件存放合规,基础牢靠,防止倾覆

3) 重点环境危害因素防范措施

现场钢主梁制造应重点防范噪声、废气两种环境因素,必须做到但是不限于以下防范措施,具体见表 5.3.5-2。

表 5.3.5-2 重点环境危害因素防范措施

序号	环境危害因素	重点防控工序	重点防控设备/区域	防范措施
1	噪声	所有工序	所有区域	1. 定期监测,发现噪声超标应及时调整工业布局; 2. 相关人员佩戴好防噪声耳塞
2	废气	总拼装 环缝焊接 涂装	火焰切割机 电焊机	1. 零散电焊点,规范使用烟尘净化器,应根据当地环境保护主管部门具体要求规范作业; 2. VOC 排放应符合规定

5.4 组合梁现场组装

5.4.1 一般规定

(1) 本节适用于常规跨径工字组合梁、箱形组合梁、波形钢腹板组合梁在组装场内集中组装以及在桥上组装的施工。

(2) 施工前应编制专项施工方案,根据设计文件确定相应的施工工艺,并有防止桥面板混凝土和接头混凝土开裂的预防措施。

(3) 除本节另有规定外,钢筋、混凝土、模板、支架等施工应符合本指南相关章节及其他现行规范的规定。

（4）组合梁施工中应对钢构件制造和组装实施线形控制，根据设计文件要求设置相应的预拱度。

（5）组合梁组装应符合现行《公路钢混组合桥梁设计与施工规范》（JTG/T D64-01）的要求。

（6）组合梁的运输宜采用专用运梁车，运梁车的长度、宽度、载重、转弯半径等应满足要求，运输过程中应对其采取固定措施。

（7）在湿接缝和钢混接头处，宜采用微膨胀补偿收缩混凝土。

（8）组合梁所用预制桥面板，宜存放6个月以上。预制桥面板的吊装应对吊装设备、吊绳、吊具、桥面板构件及吊点进行安全验算。

（9）组装场地宜结合其他临建整体设计，综合考虑场地的重复利用。组装场地和台座制作应专门设计。台座应合理设置支承点位置，通常在台座上设置平面和高度可调整的装置，使其受力均匀；台座应控制四角高差，并防止不均匀沉降，其余要求见本指南相关章节。

（10）当采用钢-超高性能混凝土（UHPC）组合结构或采用超高性能混凝土（UHPC）作为胶结材料时，应对新材料、新工艺进行试验验证。

5.4.2 工字组合梁场内组装

（1）本节适用于工字组合梁在场内现浇桥面板或预制桥面板完成桥面部分，然后进行架设的工艺，以及分节段组装，架设后在桥上进行桥面湿接缝连接的工艺。现浇组装和预制板组装工艺流程见图5.4.2-1、图5.4.2-2。

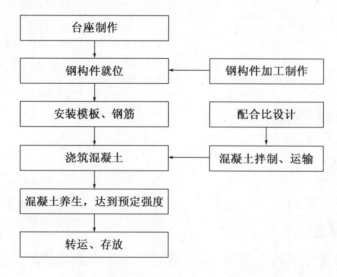

图5.4.2-1 工字组合梁现浇混凝土组装工艺流程

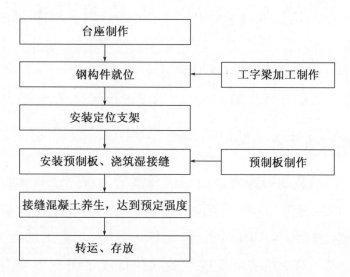

图 5.4.2-2　工字组合梁预制板组装工艺流程

（2）组合梁所用钢结构节段宜匹配制作，具有精确的匹配定位连接件或标记，匹配标记误差不宜超过 1mm。工字梁的制造、运输、试拼装、预拼装、涂装等应符合本指南的相关规定。

（3）起吊钢主梁至台座上就位时，宜采取有效措施对其进行临时加固，增加工字梁的整体刚度，防止其产生变形。

（4）设置模板支架或预制板支架时，可利用钢结构作为支撑，但其支承点应避开钢主梁底板处较薄弱的部位，防止产生局部变形。对支承在钢主梁以外的支架，应对其地基进行必要的加固处理，或采取措施防止与钢结构处变形不一致。

（5）现浇桥面板时，应符合下列要求：

①模板与钢主梁之间应密贴处理，保证各接缝严密不漏浆。模板仓内应洁净、无污染。相邻模板的表面错台不超过 2mm。

②钢筋和预埋件位置应准确；对预埋管道的端口宜采用合适的材料或工具临时封闭，防止漏浆。

③浇筑施工时，应采取有效措施保证混凝土保护层厚度、顶面的平整度符合要求；浇筑完成后，对桥面板顶面的处理应符合设计或规范要求。

④浇筑方式应符合现行《公路桥涵施工技术规范》（JTG/T F50）的规定。

⑤桥面混凝土应按施工方案进行养生，保湿保温养生时间应不少于 7d。

（6）采用预制桥面板组装时，尚应符合下列要求：

①预制板的制作应符合现行《公路钢混组合桥梁设计与施工规范》（JTG/T D64-01）的要求。首批预制板完成后应进行试拼装，检验预制板之间及与钢结构之间的匹配精度。

②预制板与钢结构应定位准确、固定牢靠。接缝仓内应洁净、无污染。连接钢筋应顺直,焊接符合规范要求。

③对湿接缝混凝土应采取措施防止干缩裂纹。

(7)混凝土强度达到设计强度的85%前,不应进行移运、吊装受力。

5.4.3 箱形组合梁场内组装

(1)本节适用于在组装场内现浇桥面板或预制桥面板完成整体组装,然后进行架设的箱形组合梁施工,以及分节段组装,架设后在桥上连接的箱形组合梁施工。

(2)箱形组合梁场内组装和工字组合梁场内组装工艺工法相近,工艺流程参见图5.4.2-1、图5.4.2-2。箱形组合梁场内组装除执行工字组合梁场内组装要求外,尚应符合下列规定:

①箱形组合梁质量一般大于工字组合梁,因此应严格控制地基承载力,防止不均匀沉降引起钢主梁的受力不均。

②箱形组合梁外形宽度一般大于工字组合梁,在吊放就位时,除精确对位,还应做好防晃荡、防磕碰措施。

③模板应分内、外模进行制作;优先选用钢模板,外模宜采用整体式,并与钢结构连接,方便施工,有利于质量控制。

④内模支架应采取有效措施避免损伤钢主梁及其表面的防腐涂层。

5.4.4 波形钢腹板组合梁场内组装

(1)本节适用于在场内整体组装、浇筑成型,整体运输、吊装、架设的波形钢腹板组合梁施工。

(2)工艺内容为安装外模、在台座上安装底板底层钢筋、安装波形钢腹板、安装底板顶层钢筋、安装内模、绑扎顶板钢筋、安装端模板、浇筑混凝土、养生、张拉预应力、移运存放,工艺流程见图5.4.4。

(3)模板分外模、内模及端模三部分设计制作,宜采用组装式钢模板,方便施工,有利于质量控制。由于腹板是波形钢板,外模的底侧模板和翼缘板底模宜设计成整体,以利于模板与腹板的定位。模板安装时应满足下列要求:

①顶板与腹板交界处是波形,不易贴合紧密,应采取防漏浆措施。

②外模总长按最大梁长设计,应设置调整节块,满足桥梁内、外侧边梁调整长度要求。内、外侧边梁翼缘板模板设计宜为可调式挡边,以调整此部位边梁悬臂长度,满足翼缘板的曲线形状要求。

③如梁体是变截面,内模宜分标准段模板和异形模板组合制作。

④内模预留开孔的位置要严密不漏浆。模板周转使用应保持清洁完整。

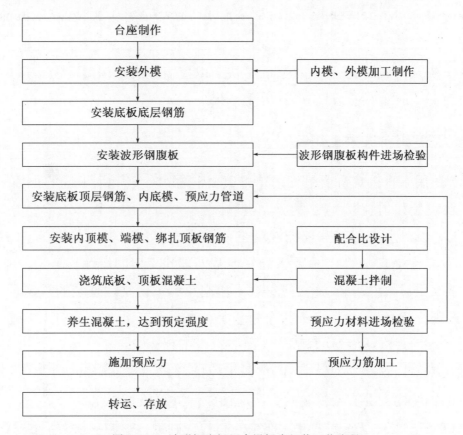

图 5.4.4　波形钢腹板组合梁场内组装工艺流程

（4）梁体钢筋应定位准确,设架立钢筋使主要受力钢筋不变形;钢筋焊接时应避免钢绞线、波纹管及波形钢腹板被电焊烧伤。临近预应力管道的焊接宜于管道埋置前进行。底板横向需穿过波形钢腹板预留孔的钢筋,宜选择在波形钢腹板吊装定位前施工。二次张拉的预应力钢筋不宜在预制阶段穿入;当穿入时应采取防止锈蚀或其他防腐蚀的措施。

（5）波形钢腹板进行现场拼装时,应设足够的支点固定位置,防止施工中变形移位。

（6）混凝土浇筑宜采用二次浇筑,第一次浇筑至底板与波形钢腹板连接处,第二次浇筑顶板。底板浇筑宜在顶板上留灌注混凝土的孔口,用管道灌注混凝土,浇筑完底板后恢复顶板模板和钢筋。

（7）自然养生时,不少于7d;采用蒸养方案时应制订养生方案,进行温度控制。混凝土强度达到20MPa以上时方可拆模。

（8）混凝土强度与弹性模量均达到设计值的85%时施加预应力。

（9）梁体混凝土湿接缝的施工应满足下列要求:

①预制梁体的湿接缝位置应进行凿毛处置,漏出粗集料,凿毛深度不宜小于5mm,预制构件结合面疏松部分的混凝土应剔除并清理干净。

②应选择日气温较低的时段浇筑湿接缝混凝土,并采取有效措施减小混凝土的干缩。

③湿接缝混凝土强度达到设计强度或预应力未按设计要求张拉前,不得进行移运吊装施工作业。

④混凝土浇筑完成后,应在其收浆后尽快予以覆盖并洒水保湿养生。采用喷洒养生剂的方式进行养生时,应通过试验验证养生效果。

5.4.5 工字组合梁桥上组装

(1)本节适用于直接在桥上组装钢结构、现浇桥面板或安装预制桥面板的工字组合梁施工。现浇组装和预制板组装工艺流程参见图5.4.2-1、图5.4.2-2。

(2)需要搭设落地支架支撑现浇混凝土荷载或支撑预制板荷载时,应按现行《公路桥涵施工技术规范》(JTG/T F50)要求做好地基处理和支架的设计与施工。

(3)工字钢主梁构件吊装、连接应符合本指南第5章钢结构安装的规定。

(4)采用现浇桥面板时,桥面板宜全桥整体浇筑。钢筋混凝土施工除符合本指南关于工字组合梁场内现浇桥面板的规定外,尚应符合下列要求:

①可利用钢结构支撑支架模板,且宜采用栓接形式连接;焊接时应避免伤及钢结构和涂装。利用钢结构支撑支架模板的方案应由设计方复核。

②应沿纵向按每3~5m宽度设置连续的高程控制带,以控制整体高程和平整度。应采取加密垫块、架立钢筋、设置作业通道等措施防止钢筋变形移位。

③混凝土浇筑宜采用泵送方式,也可采用吊车和料斗的方式。

④混凝土顶面应采用连续梁进行混凝土整平。

(5)采用预制板组装时,安装预制板应符合下列规定:

①预制混凝土桥面板的安装施工应遵循先预制、先安装的原则,且宜采取对号入座的方式进行预制和安装。

②预制混凝土桥面板的安装可采用轮式或履带式起重机、架桥机、起重船、门式起重机、专用起重机等方法,宜结合钢结构的安装综合考虑;安装的顺序及安装程序应符合设计和施工控制的规定。桥面板铺设宜根据现场施工条件,采取必要的固定措施。

③安装前应将钢主梁与桥面板的结合面及剪力连接装置表面清理干净,在钢主梁上准确放样,现场核对相邻桥面板钢筋、剪力钉、连接件等的相对位置;按设计要求粘贴橡胶垫,橡胶垫应位置准确并与钢板连续密贴,如图5.4.5-1所示。

④安装时应采取四点起吊方式;起吊安装时,应使用吊具保证各吊点受力均衡,并应防止对桥面板产生碰撞或其他损伤,如图5.4.5-2所示。

图 5.4.5-1　吊装前安装橡胶垫　　　　　图 5.4.5-2　四点吊装预制板示意图

⑤桥面板安装就位过程中,应使各桥面板中的预埋件和孔道、管道对准、顺直,当安装桥面板的钢筋与相邻桥面板的钢筋、剪力钉或连接件等有位置上的冲突时,应采取适当的措施进行调整,且该调整应以弯折钢筋改变其位置为主,不得因桥面板就位困难而随意切断钢筋或破坏剪力连接装置。有预应力管道时,相邻孔桥面板预应力管道的错位偏差宜不超过 2mm。

⑥桥面板安装就位后,应及时检查其在钢主梁上的支承状况,当有翘曲、脱空偏位等情况时,应吊起重新安装。

⑦桥面板在安装时的质量问题之一,是在预制板外露钢筋之间、外露钢筋与剪力钉之间碰撞,造成钢筋或剪力钉的切割。其原因一是设计不准确或给定的富裕空间不足,二是预制时钢筋定位不准确或桥面板尺寸的偏差过大等造成,因此应从设计、预制和加工精度、构件间配合三方面采取措施、严格把控,保证安装的质量。

(6)采用预制板组装时,剪力槽和湿接缝应符合下列规定:

①剪力槽、湿接缝混凝土的配合比应进行专门设计。剪力槽、湿接缝的浇筑时机和浇筑顺序应符合设计和施工控制的要求。

②剪力槽、湿接缝在浇筑混凝土之前,应对在安装过程中变形的连接钢筋和剪力钉予以校正和调直,对损坏的连接件和剪力钉等应进行修复,并应按设计要求进行连接钢筋的绑扎或焊接。

③在连接湿接缝处的预应力管道时,应保证管道顺直、无弯折,对接头处的管道应包缠严密,使之不漏浆。

④混凝土浇筑前,应将剪力槽、湿接缝内的杂物清理干净,并应对混凝土结合面进行充分湿润,保证湿接缝混凝土与预制桥面板混凝土的接缝严密(图 5.4.5-3)。

⑤浇筑湿接缝混凝土时,应对其进行充分振捣,湿接缝混凝土的顶面宜比预制安装桥面板略高出 2~3mm;浇筑完成后,应对混凝土的顶面进行拉毛或采取其他增加粗糙度

的处理(图5.4.5-4)。

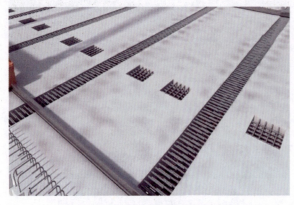

图5.4.5-3 剪力槽、湿接缝示意图

图5.4.5-4 剪力槽、湿接缝浇筑

⑥对剪力槽、湿接缝混凝土进行保温、保湿养生的时间应不少于14d,对桥面板预应力钢束的张拉亦宜在混凝土龄期达设计要求后进行。

⑦湿接缝混凝土的强度在未达到设计强度等级的85%之前,不得在桥面上通行车辆、堆放材料或进行其他影响其受力的施工作业。

(7)采用支点位移法对桥面板施加预设应力时,应符合下列规定:

①顶、落梁所配置的千斤顶应具有足够的安全储备,每个墩顶的千斤顶应根据其行程确定分级次数。

②在桥面板混凝土的强度和弹性模量达到设计要求时,方可进行落梁施工。设计无要求时,一般不低于混凝土设计强度的85%。

③顶升和落梁时应均匀、同步,钢主梁临时支点、梁底支垫和千斤顶的中线应严格对准,并应采取有效措施,防止钢主梁在顶升和落梁过程中受扭或产生较大的变形。

④顶、落梁施工时,宜及时调整梁下临时支垫的高度和厚度,保证施工的安全,同一断面钢主梁底板两侧高差在顶、落梁过程中宜控制在5mm以内。

(8)采用钢主梁反拱法对桥面板施加预设应力时,应符合下列规定:

①对组合梁节段横截面采用反拱法施加预设应力时,反力支架与支点宜设置在钢主梁的横隔板或支承线位置;钢主梁支点的支撑位置应进行构造设计,并应对结构局部的强度和稳定进行验算;拆除反拱装置后,顶板中点与边缘点的残留反拱变形高差应不大于10mm,梁段间拼接面的反拱竖向变形差值应不大于2mm。

②对整孔安装的组合梁,在纵向采用反拱法施加预设应力时,支撑支点的位置宜根据钢主梁内力的调节效果进行确定,且宜根据首次桥面板结合长度在3~5个支点范围内选择;支点顶升的高度应根据组合梁安装线形的高差和设计反拱值进行确定。

(9)组合梁的预应力张拉对组合结构的受力有较大的影响,特别容易引发湿接缝混凝土的开裂,应严格按设计文件和规范要求执行。

5.4.6 箱形组合梁桥上组装

(1)本节适用于直接在桥上组装钢结构的箱形梁或槽形钢主梁,现浇桥面板或安装预制桥面板的箱形组合梁施工。施工工艺可参照图5.4.2-1、图5.4.2-2(将图中"台座制作"改为"支架安装"、"工字梁"改为"槽形钢主梁")。

(2)整体一次现浇由于质量较大,应根据现场实际情况及施工需要选择支架、模板材料,并对支架、模板进行专门设计及结构稳定性计算,应按现行《公路桥涵施工技术规范》(JTG/T F50)要求做好地基处理和支架的施工。支架的拆除应避免损伤钢构件及其防腐涂装。图5.4.6-1是一种箱形组合梁支架。

(3)槽形钢主梁或闭口箱梁等构件吊装、连接应符合本指南第5章钢结构安装的规定。组装前应对已架设的钢箱梁轴线偏位、高程进行复测。组装前应将钢构件与混凝土桥面板结合处表面的锈蚀、污垢清理干净。

(4)采用现浇桥面板时,桥面板宜全桥整体浇筑。钢筋混凝土施工除符合本指南有关工字组合梁场内现浇桥面板的规定外,尚应符合下列要求:

①对现浇桥面板中的钢筋、预应力管道与钢箱梁加劲肋、剪力钉等三维位置关系进行核对,有较大出入时,应与设计方进行沟通,对该处位置进行适当调整,严禁随意切除剪力钉、破坏加劲肋。

②可利用钢结构支撑现浇支架模板,且宜采用栓接形式连接;焊接时应避免伤及钢结构和涂装;利用钢结构支撑现浇支架模板的方案应由设计方复核。

③应采取加密垫块、架立钢筋、设置作业通道等措施防止钢筋变形移位。应沿纵向按每3~5m宽度设置连续的高程控制带,以控制整体高程和平整度。

④桥面板现浇施工应按底板、横隔板、顶板的顺序施工。浇筑混凝土入模宜采用泵送方式,也可采用吊车和料斗的方式。应采用连续梁进行混凝土整平。顶面平整度在2m范围内不宜大于2mm。图5.4.6-2是利用混凝土汽车泵浇筑桥面板的示例。

图5.4.6-1 箱形组合梁支架   图5.4.6-2 混凝土汽车泵浇筑桥面板

⑤钢筋、混凝土、预应力施工还应满足设计文件、规范及本指南的相关规定。

(5)采用预制板组装时,安装预制板应参照本指南5.4.5小节(5)执行。

(6)采用预制板组装时,剪力槽和湿接缝应参照本指南5.4.5小节(6)执行。

(7)采用支点位移法对桥面板施加预设应力时,应参照本指南5.4.5小节(7)执行。

(8)采用钢主梁反拱法对桥面板施加预设应力时,应参照本指南5.4.5小节(8)执行。

(9)组合梁的预应力张拉对组合结构的受力有较大的影响,特别容易引发湿接缝混凝土的开裂,应严格按设计文件和规范要求执行。

5.5 安装准备

5.5.1 场地和工作面

施工场地(区)和工作面是用于存放钢结构施工材料和构件、机械设备作业、临时固定、安装构件作业的场所,总体应能满足施工持续作业和生产安全需要。场地和工作面准备应符合下列要求:

(1)陆地施工场地应稳定,上、下边坡和支挡、防排水设施应当完备。采用吊车或架桥机进行安装时,场地应该满足其最小安装作业空间需求;采用支架安装时,应对支架搭设场地的地基进行处理,使其地基承载力满足施工要求,在安装过程中应排除交通、架空电线等干扰。施工道路均应接入施工场地,施工用水、用电应按方案进行配备。

(2)水上施工时,场区应满足起重船或者运输船锚泊、作业需要。起重船吊装时应保证航道、码头、泊位、锚地的正常使用。

(3)现场安全防护设施应满足下列要求:

①架桥机、吊车在陆地吊装时应根据作业范围对施工现场进行围挡封闭并设置警示标识。起重船、吊架进行水上作业时,应对施工区域进行水上警戒,防止其他船只进入发生碰撞。

②陆地支架及水上支架搭设完毕后,高空作业区域设置围栏及安全网,宜在支架上张贴警示标志,同时在顶部设置夜间施工警示灯;如支架上跨公路,在距离支架100~200m处放置警示标志及限高架,在支架墩柱上涂荧光发光漆警示。

③顶推安装过程中应设置防倾覆装置及顶推限位装置,同时在顶推梁段尾部根据梁段重量放置相应配重使梁段保持平衡。

(4)用于安装的支架应符合下列要求:

①支架搭设应符合设计要求。

②支架搭设完毕后应在支架上设置变形观测点。

③支架搭设完毕后需经验收通过,方可投入使用。

(5)在钢主梁吊装之前应对构件安装基座进行复验核对,基座中心与主梁中心的偏差、基座顺桥向偏位、基座高程应满足现行《公路桥涵施工技术规范》(JTG/T F50)桥面及附属工程中有关支座的规定。

5.5.2 构件和材料

对用于安装的构件和材料应进行进场检验,检验合格后方可使用。进场构件和材料应按设计数量要求配套。对构件和材料的进场检验管理应符合下列要求:

(1)工程用构件和材料包括永久工程所用的钢筋、预应力钢绞线、混凝土材料、混凝土预制构件(混凝土桥面板)、钢构件(加工好的梁段、块)、钢构件连接所采用的高强度螺栓、焊条、焊丝等,其进场检验除应符合本指南第2章的规定外,尚应符合下列要求:

①钢筋进场检验应符合现行《公路桥涵施工技术规范》(JTG/T F50)的有关钢筋要求,预应力钢绞线应符合现行《预应力混凝土用钢绞线》(GB/T 5224)的相关要求。

②所用混凝土材料例如水泥、细集料、粗集料、外加剂、掺和剂应符合现行《公路桥涵施工技术规范》(JTG/T F50)混凝土工程有关要求。

③水泥混凝土预制构件进场检验结果应符合设计及相应规范要求。

④钢材应符合本指南2.1.1小节要求;钢构件出厂时应进行验收,其质量应符合设计或现行《公路桥涵施工技术规范》(JTG/T F50)关于钢桥的相应要求。

⑤连接用的高强度螺栓、圆柱头焊钉、高强度环槽铆钉等标准连接件及焊条、焊丝等焊接材料应符合本指南2.1.2、2.1.3小节要求。

(2)施工用构件和材料包括临时工程所用的吊具、钢丝绳、支架脚手杆、扣件、型钢、贝雷梁、油泵、千斤顶、导梁、滑块、卷扬机、滑车、滚筒等,其进场检验应符合下列要求:

①吊装所采用的钢丝绳应符合现行《起重机钢丝绳保养、维护、安装、检验和报废》(GB/T 5972)相应要求;吊具应根据设计要求验收。

②支架所采用的支架脚手杆、扣件应符合现行脚手架安全技术规程要求,如《建筑施工碗扣式钢管脚手架安全技术规范》(JGJ 166)、《建筑施工承插型盘扣式钢管支架安全技术规程》(JGJ 231)等;型钢应符合现行《热轧型钢》(GB/T 706)的要求;"321"或HD200型装配式公路钢桥构件应符合现行《装配式公路钢桥 制造》(JT/T 728)的要求。

③采用步履式顶推法施工前应对施工中所采用的油泵、千斤顶、导梁、滑块进行进场检验,采用拖拉法施工前则应对卷扬机、滑车、滚筒、导梁进行进场检验,其检验结果均应符合设计及相关规范要求。

(3)构件和材料的保管应符合下列要求:

①进场所有构件和材料在检验合格后应该分类、标识,存放在规定区域内。

②对于有防雨防潮要求的构件和材料应进行覆盖防雨及支垫防潮处理。

③对于进场的构件和材料应建立收发制度且应设置专人进行管理。

④对于有时效要求的构件和材料,应注明使用期限,对不在有效期的构件和材料应该按照要求重新进行检测,检测不合格的严禁用于施工。

钢构件摩擦面的抗滑移系数出厂时宜不小于 0.55,工地安装前的复验值应不小于 0.45。当抗滑移系数检验不合格时,构件摩擦面应重新处理、检验。

高强度螺栓的连接副的保管时间不应超过 6 个月。当保管时间超过 6 个月,必须按要求重新进行扭矩系数试验,检验合格后方可使用,摩擦面的抗滑移系数及高强度螺栓的连接副检验结果均应符合现行《公路桥涵施工技术规范》(JTG/T F50)相应要求。

对水泥的检验应符合现行《公路工程水泥及水泥混凝土试验规程》(JTG E30)相应要求。

5.5.3 工艺和设备

(1)进场设备数量应符合方案要求,且进场设备性能不低于施工方案要求。用于钢主梁安装的大型设备有吊车、卷扬机、导梁;特种设备有门式起重机、起重船、架桥机;专用设备有提升架、千斤顶、缆索式起重机等。进场的大型设备必须具备"两证一报告",即生产许可证、产品合格证、出厂检测报告。进场专用设备应委托具有相应资质的检验检测使用单位和监理单位共同验收,验收合格后方可使用,做好验收记录,验收人员履行签字手续。特种设备的安装、使用管理、检验、检测办法应符合现行《特种设备安全技术规范》(TSG 08)相应要求。

(2)对安装工艺宜进行工艺试验验证,对工艺孔、标记点、吊点应进行检查,验证其满足施工工艺要求;采用焊接或连接工艺应在施工前进行工艺评定;用于施工的混凝土配合比应进行验证。施工中所采用设备的检测、量测、安全功能应在使用前进行标定。

(3)检验仪器设备精度应满足施工要求,仪器设备在施工前应经计量标定,标定合格后方可使用。

(4)在使用架桥机、吊车、起重船进行吊装钢主梁时,正式吊装前应对其传动部分、电器设备、安全防护装置、机械工作机构性能进行检查,其性能必须满足钢主梁吊装要求;操作人员必须持有特种装备作业证。

(5)在支架上安装时,应验证支架搭设的安全可靠性,检查支架受力、结构的合理性,宽度、高度、跨径布置应满足各构件在安装过程中的强度、刚度、稳定性和安全作业防护要求。需要预压时,预压后顶面高程应满足钢主梁安装要求。无论何种环境,支架应具有避免水害的措施。

(6)在采用步履式顶推法施工时,应检查其千斤顶、油泵、滑块、滑道是否工作正常,其性能是否满足顶推施工要求。在采用拖拉法进行施工时,应检查其卷扬机、滑轮组、千斤顶是否工作正常,其工作性能是否满足拖拉施工要求。采用步履式顶推法施工及拖拉法施工,均应验证钢主梁预拼装场地地基承载力是否满足钢主梁拼装要求。

(7)正式施工前,应由第三方监控单位对结构进行建模分析并制订监控方案,将结构分析结果和监控方案报设计单位核对,经设计单位认可后方可实施。

5.5.4 人员

现场人员包括施工负责人、施工管理人员、施工技术人员、施工机械操作维护人员等。施工人员配备需满足下列要求:

(1)人员配备应满足施工作业需求,且分工明确,在施工前应建立并落实人员责任制。

(2)施工人员必须具备岗位所需的操作技能和管理能力,特殊工种必须持证上岗。试验检测人员应具备相应资质和经验。

(3)所有人员都需进行进场培训,保证从业人员具备必要的施工生产知识、熟悉施工生产规章制度及操作规程,培训完毕后应对培训人员进行考核。未经进场培训或者培训未合格人员不得上岗作业。

(4)项目部应向有关人员进行技术交底。技术交底要说明施工的要求,对施工方案进行细化和补充;要说明作业时的安全注意事项。技术交底工作应留存记录。

(5)项目部应对进场施工人员进行动态管理。班组在有人员变动时应及时办理进退场手续。项目部应按时对作业人员进行排查,避免出现未登记、未教育者上岗作业。

5.5.5 测量和试验

(1)施工前应对设计单位交付的现场控制网进行测量控制网复测及加密工作,建立测量控制网。控制网的精度应满足钢桥安装施工的需求,测量控制网应符合现行《工程测量规范》(GB 50026)的有关规定。

(2)施工前应制订测量放样专项方案,保证测量放样精度,重要部位测量放样应换手复测。

钢主梁采用整体吊装施工前应对墩柱支座中心坐标及顶面高程进行测量,放出支座中心点位置以便于钢主梁吊装对准就位。

搭设支架时应根据每段梁段的控制点放出临时支承的位置,并对控制点进行标记,以便于吊装就位时对准使用;在吊装之前还应对支架做好基础沉降、变形布点及初始值观测。

顶推施工前,应在每一联钢主梁拼装完成后对其进行轴线及高程测量。在顶推架设前需对滑道进行高程测量,以各个顶推阶段的沉降位移为依据控制梁体姿态。

(3)施工前应开展各类工艺和标准试验。所有梁段在安装之前应进行预拼装试验;在钢主梁吊装之前,吊装所采用的机具均应进行试吊或者试拉试验;在较软弱的地基上采用支架法进行施工时,宜在钢主梁安装前对支架进行预压试验;钢筋焊接工艺试验、钢主梁焊接连接工艺试验、高强度螺栓连接工艺试验、水泥混凝土配合比标准试验应符合现行《公路桥涵施工技术规范》(JTG/T F50)的要求。

对于不在工地试验室授权范围内的试验项目,应委托有资质的试验检测机构进行。

5.5.6 施工条件进行检查验收

正式安装前,应对施工准备和施工条件进行检查验收,以保证安装施工的顺利进行。对施工准备和施工条件进行检查验收除符合本指南5.5.1~5.5.5小节要求外,尚应达到下列要求:

(1)施工现场应采用围挡进行围蔽,防护设施齐备。现场设置有"五牌一图",各类标志、标牌齐全。施工场地保持现场整洁卫生,在条件允许的情况下尽量进行硬化。道路要设有排水设施,保证道路平整畅通。对施工现场裸露地面要进行碾压,及时洒水,确保无扬尘。

(2)施工现场环保设备应齐全,"三废"处理应符合环保要求。除特殊情况外,在每天22时至次日6时,严格控制噪声作业,对混凝土搅拌机、电锯、柴油发电机等强噪声设备,采用隔声棚遮挡,实现降噪。

(3)施工前应检查施工应急预案,建立完整的应急救援体系,并对应急救援预案进行宣贯、演练。施工现场应急救援资源齐备,且应急救援设备物资应按照应急救援预案要求进行储备。

(4)施工前,开工所需的环保、安全、交通导改、航道占用等许可手续齐备,开工报告得到审批。

5.6 安装作业

5.6.1 总体要求

(1)本节适用于常规跨径钢结构桥梁构件的现场组装、安装,包括在支架上安装、整体安装、顶推安装的施工方法和工艺。

（2）安装应依照批准的专项施工方案、施工监控实施方案和作业指导书实施，施工方案修改应按规定审批。安装设备应符合施工方案要求，且应对安装设备实行全过程动态管理。

（3）钢结构构件安装施工前应对桥梁的墩（台）、塔、支座垫石、止推挡块、龙口、拱座和跨径进行复测，并与待安装构件的尺寸、空间位置进行核对，确认无误后方可进行正式安装。主要检验内容包括：钢主梁长度与跨径、支座垫石中心、止推挡块位置的复核；钢构件安装高度与桥面高程的复核；拱座轴线、跨径与钢拱肋长度的复核；合龙段与龙口长度的复核等，如果发现问题应及时处理。

（4）安装质量管理实行三检制，工序检验不合格不得进行下道工序施工。钢结构与相关各专业工种之间经常遇到的衔接关系包括：钢主梁安装与防护栏、灯柱、桥面铺装施工；支座垫石、支座安装（含临时支座）与钢主梁的安装；钢主梁安装与伸缩缝施工；钢主梁安装与机电设备、电缆、管道等设施的安装施工。除了空间定位配合外，还需考虑连接、涂装质量上的相互影响，如发现问题应及时处理。

（5）安装施工过程中及完成后应采取措施防止钢构件、梁段受到损伤、污染。未经允许不得对构件进行开洞、切割、焊接等作业。

在钢构件、梁段安装过程中，涉及结构安装与防水、桥面铺装、机电、交通设施等专业施工的交叉作业，可能造成钢结构成品的损伤或污染，影响结构质量。安装时应合理安排工序，有效实施"护、包、盖、封"等保护措施。

（6）钢结构桥梁安装时应根据安全风险辨识，执行对临时用电、危险性较大的水上、高处、起重及其设备安装拆除、交叉施工、高支架、塔架、地锚等作业技术措施。施工安全设施应与大临设施同步实施、同步使用。

安全设施应遵循先防护后施工的原则安排施工步骤，如果设置滞后，必然造成部分施工环节安全保障缺失，形成安全隐患。

施工过程应符合现行《建筑施工高处作业安全技术规范》（JGJ 80）、《建筑机械使用安全技术规程》（JGJ 33）、《施工现场临时用电安全技术规范》（JGJ 46）的规定。

（7）除本节另有规定外，钢结构制造、钢筋、混凝土、模板、支架等施工应符合本指南相关章节及其他现行规范的规定。组合梁的施工应有防止桥面板混凝土和接头混凝土开裂的预防措施。在湿接缝和钢混接头处，宜采用微膨胀补偿收缩混凝土。

（8）道路、吊装场地、支架、组拼场地等大型临时设施应按照设计方案执行。钢主梁或组合梁如有预拱度要求，则支架、台座或工装应具备相应的预拱度设置功能。

（9）钢主梁或组合梁的运输宜采用专用运梁车，运梁车的长度、宽度、载重、转弯半径等应满足要求，运输过程中应对构件采取固定措施。

5.6.2 支架上安装(陆地、水上)

1) 一般规定

支架上安装主要是指利用支架作为临时支撑,分节、分段吊装并连接成整体的施工方法,主要应用于简支梁、连续梁等的安装。钢结构简支梁安装工艺流程见图5.6.2-1,组合简支梁安装工艺流程见图5.6.2-2,钢结构连续梁安装工艺流程见图5.6.2-3,组合连续梁安装工艺流程见图5.6.2-4。

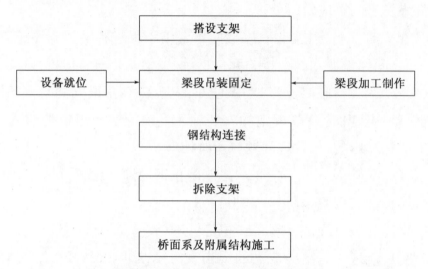

图5.6.2-1 支架上安装钢简支梁工艺流程

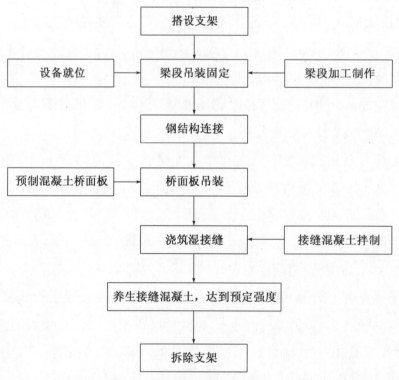

图5.6.2-2 支架上安装组合简支梁工艺流程

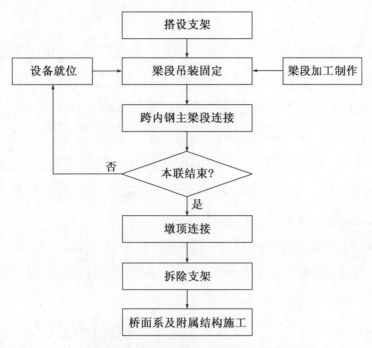

图 5.6.2-3　支架上安装钢连续梁工艺流程

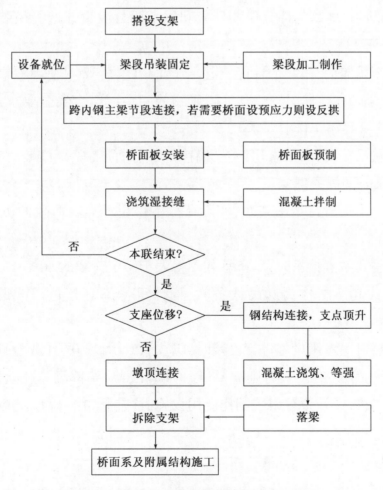

图 5.6.2-4　支架上安装钢混组合连续梁工艺流程

2)支架设计

用于安装的支架应参照相关规范、标准进行专项设计,并满足下列要求:

(1)支架设计应受力简单明确、结构合理;支架的构造应便于制作、运输、安装、维护;宜采用通用和标准化构件,既可提高支架制作、安装质量,也为支架的周转使用提供便利,减少支架的材料浪费,减轻环境污染。

(2)支架的宽度、高度、跨径布置应满足各构件在安装过程中的强度、刚度、稳定性和安全作业防护要求;应具备钢主梁就位后平面纠偏、高程及纵横坡精确调整等功能,设计时应当额外考虑钢主梁精确调整就位的工况。

(3)支架纵、横向顶部高程宜与梁底拼装线形相吻合,同时应考虑预拱度、支架受力、温度变形等影响;设计受限时可考虑用临时支座来满足梁底拼装线形的需要,临时支座必须进行专门设计,防止使用过程中失稳。

(4)跨路或航道布设支架时,除按照要求设置交通警示设施外,还应设置防撞设施。

3)吊装设备选择

应根据地形地貌、地基条件等现场环境和钢主梁分段设计选择吊装设备,吊装设备的使用应符合下列要求:

(1)采用吊车吊装时,吊车的性能应满足作业高度、荷载、作业半径要求;吊装过程中吊车大臂与构件、临近建筑、支架或其他障碍物的间距应符合安全要求;地面平整度、坡度、地基承载力应满足吊车作业要求。

(2)采用单机吊装时,当吊索与钢主梁存在夹角时尚需验算吊装对钢主梁结构的影响,必要时进行临时加固处理。

(3)采用履带吊负重行走吊装时,实际荷载不得超过额定荷载的70%,钢主梁离地高度不超过50cm。

(4)采用双吊车定点抬吊时,单车承载不得大于额定荷载的80%。

(5)采用门式起重机作为起吊设备时,构件重量不宜超过门式起重机额定荷载的80%。

(6)采用架桥机等专用设施进行安装时,应按照专用设施的作业规程施工,构件重量不得超过专用设施的额定能力,否则需要根据实际工况对架桥机等进行验算。

(7)采用卷扬机、千斤顶等组装制作专用设施时(非标准),除应进行专项设计外,还应进行荷载试验。

4)安装顺序

(1)应按照设计要求的节段和顺序进行安装;设计无要求时应符合安全、便利的原则。

(2)在起重设备满足使用的前提下宜尽量减少分段;安装顺序宜从联端向另一端依次顺序安装,并应及时纠偏调整,避免误差累积。

(3)如限于现场条件必须进行横向分块时,首次安装的块段必须能够自稳,且宜根据实际情况加设防倾措施;后续安装的构件应与已安装构件连接,形成稳定体系。

5)安装作业

(1)支架使用前必须经过验收,当地基为非刚性地基时,宜通过加载预压确认地基承载能力及消除地基非弹性变形;安装过程中应安排专人观测支架的变形及沉降,超过方案设计允许值应暂停施工,采取措施消除异常后方可继续施工。

(2)起重工作应按照相关要求统一信号、统一指挥;起降速度应均匀。

(3)安装时应采取措施确保支座处螺栓及抗震锚栓准确就位,使支座与支座垫板密贴。采取的措施通常有:复核支座的安装位置,确保准确;钢箱梁吊装时,应根据节段构造设置临时补强措施,加强节段刚性,避免在节段扭曲变形;钢箱梁支座处楔形板通过机加工保证斜度和栓孔的精度。

(4)临时支座顶面应依据梁底纵坡调整角度,使支垫密实稳定。

(5)坡度较大时宜对梁段采取临时固定措施,如斜撑、拉索。

(6)出现钢箱梁对接接口间隙过宽、间隙宽度不一致、对接处板错边量超差等问题时,应通过匹配件或定位件等临时工装进行矫正,达到规范要求。可采取如下预防措施:采用精密切割工艺、机加工工艺确保下料尺寸精度及坡口精度,保证板边缘的质量要求;严格焊接工艺,减少焊接变形;采用连续匹配制作进行预拼装,并采取预拼装时进行余量二次切割,保证间隙均匀。

(7)支架上焊接连接钢箱梁块件时,定位应预留焊接收缩量和反变形量,避免因此造成桥面局部高程超限,保证成桥后的桥面高程及横坡要求。

(8)使用千斤顶顶升、横移、下放钢构件时,应采取保护措施预防千斤顶倾覆、泄压等造成构件倾斜、倾覆。

(9)在支架上移动梁段时,应采用千斤顶、移位器、滑靴、轨道梁或滑道等专用工具,加力支点或反力点应设在轨道梁上。采用支架以外的反力点进行拖拉时,应验算支架强度、变形和抗倾覆稳定性。

(10)连续梁宜整联落梁完成体系转换。

(11)宜通过预拼装、匹配件技术提高钢主梁安装精度。

6)连接

支架上安装构件的连接应符合本指南5.6.5小节的规定。

7）梁的位置与高程

（1）梁段或节段中线与设计轴线的偏位应小于10mm；相邻节段中线差应小于10mm。

（2）在墩台处和跨中处梁段高程偏差应小于±10mm；梁段间或节段间高差应小于5mm。

（3）支座处支承中心偏位应小于10mm。

8）线形控制

（1）线形控制应制定专项技术措施，根据不同的桥型和施工方案采取不同的控制方法和标准。线形控制宜采用无应力状态法。线形控制包括制造线形控制和安装线形控制，应统一制订方案，统一实施，不得相互独立、脱节。

（2）用于线形控制的结构分析设计参数、边界条件和分析结果应经设计单位复核认可；有异议时，应进行核对排除差异，否则不得使用。

（3）制造线形应考虑温度变形、吊装变形的影响。钢结构节段组装、试拼装、预拼装时的支承状态与其工作时的支撑状态不同时，应考虑二者的变形差值。

（4）安装线形主要考虑影响因素有安装方法和步骤、制造偏差、气温、吊装构件的变形、支承或结构变形、施工荷载等，应采取措施消除不利影响，提高安装精度。

（5）安装高程应设预拱度，预拱度包括护栏和桥面铺装等二期恒载产生的挠度和预留1/2活载挠度。

（6）简支梁的预拱度应在全跨范围内按二次抛物线设置；连续梁预拱度应在每孔的全跨范围内按二次抛物线设置。

（7）施工高程应测量定位准确，如临时墩支架变形应通过调整支垫高度进行消除。

（8）高程相对于施工控制基准值误差不大于10mm，横向误差不大于5mm。

5.6.3 整体安装

1）一般规定

本节适用于采用架桥机、起重机、起重船或桥面起重机对整孔钢箱梁或大节段钢箱梁的安装。整体安装有整体提升、整体吊装、整体滑移等方法，整体滑移属顶推法，可参考本指南5.6.4小节相关内容。

2）安装方案

（1）安装方案应进行专项设计，并根据施工阶段、顺序或步骤进行结构分析，主体结构、临时结构、设备、体系转换、吊具等结构和过程应满足安全要求。

(2) 应采取技术措施减小环境温度、风、水流变化对施工安全质量影响。应选取适当的时间段和环境温度进行安装、连接或合龙施工。连接或合龙温度应满足设计要求。

(3) 吊点或支点的最大负载不应大于起重设备的负荷能力。

(4) 吊装的变形应在允许范围之内。

(5) 采用双机抬吊时,各起重设备的负荷能力应接近。

3) 整体安装设备

(1) 钢主梁整体安装设备应根据钢主梁结构形式、跨径大小、施工方案、工程进度、现场条件等因素选择,数量、性能应满足施工需要。

(2) 整体安装施工所用桥面起重机、提升系统应进行专项设计。桥面起重机、架桥机应由有资质的专业厂家制造,并有出厂合格证。提升系统所用泵站、连续千斤顶、钢绞线、工具锚或卷扬机、钢丝绳、滑轮组、吊钩等机具和材料应采用状况良好的合格产品。

(3) 起重船应具备船舶证书,符合船舶管理规定;应根据梁段吊点距离及重心偏离等参数进行安全性验算,起重船在受荷最大时,抗倾覆稳定安全系数应大于1.5。

(4) 用于提升的桥面起重机、提升系统使用前应进行全面安全技术检查,并宜进行1.25倍设计荷载的静载和1.1倍设计荷载的动载起吊试验,经验收合格方可使用;起重船在首次吊装前应进行试吊。

4) 整体安装作业

(1) 整体安装应按照施工方案规定的顺序、步骤进行;一孔或一个大节段梁安装宜在一天内完成,当天无法完成时,宜采取加固措施。

(2) 多吊点安装时,应保证各点运动同步差在允许范围内;应控制安装过程中加速度在 $0.1g$ 以内。

(3) 梁体在起落过程中应保持水平;构件起吊高度应超过支座 50cm,在正上方缓慢下放。需要临时支承时,支座形式、位置和支座间高差应符合设计规定,设计未规定时各支座顶面高差不得超过 4mm。

(4) 应根据结构特点和施工技术方法进行施工监测,监测安装过程结构的移动位移、移动速度、运动同步差及牵引力、关键部位应力应变、结构变形、环境参数等,并控制在允许范围内。

(5) 吊具应定期检查和探伤检测。

5) 梁的位置与高程

(1) 梁段或节段中线与设计轴线的偏位应小于 10mm;相邻节段中线差应小于 10mm。

(2)在墩台处和跨中处梁段高程偏差应小于±10mm;梁段间或节段间高差应小于5mm。

(3)支座处支承中心偏位应小于10mm。

6)线形控制

参照本指南5.6.2小节8)执行。

5.6.4 顶推安装

1)一般规定

本节适用于采用顶推(拖拉)工艺的钢结构主梁安装施工。顶推安装钢主梁工艺流程见图5.6.4。先顶推钢主梁后施工桥面板(组装或现浇)的工艺可参照本指南第5.4节组合梁现场组装的工艺执行。

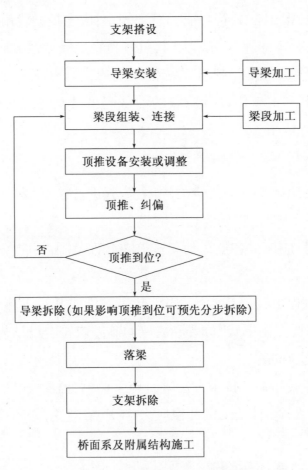

图5.6.4 顶推安装钢主梁工艺流程

2)专项施工方案

钢主梁顶推施工应编制专项施工方案,结合现场情况对顶推施工所需的临时结构(顶推平台、临时墩等)场地进行合理规划,对顶推(拖拉)设施进行布置。制订方案时应对顶推施工过程进行分析计算,保证桥墩、梁体及临时墩受力满足顶推施工要求。方案应计算拖拉及制动牵引力、各支点反力、施工过程中钢主梁应力、稳定性和悬臂挠度,复核支架、顶推支点局部加劲的强度。

如在主体工程墩顶上设置顶推设备时,应将墩顶的竖向力和水平力提供给主体结构设计单位,对桥墩变位及裂缝宽度等进行复核。

顶推施工拼装平台或临时墩设计应根据项目实际情况进行专项设计,并对主要临时结构在不同受力状态下的强度、刚度及稳定性进行验算,提供相应图纸和计算文件。拼装平台或临时墩设计应满足梁段自重及梁段纵、横桥向移动和高程调整的需要,同时需考虑梁体纠偏荷载、水流力、风荷载及其他施工荷载,应具有足够的强度、刚度、稳定性和作业面。

3)顶推拼装场地与台座

顶推拼装场地与台座用于梁的现场制造或现场组装,应符合本指南第5.4节的相关规定,且场地应设置顶推、控制作业区。拼装平台应使顶推梁体尾端的转角接近为零,以保证梁体线形一致。

4)顶推前准备工作

钢主梁顶推前应对已建成的正桥桥墩、引桥墩台进行测量验收,墩台的位置、尺寸、高程、中心线均应符合设计要求。

5)顶推设备、导梁

(1)顶推施工用的顶推设备进场应进行验收,并制定设备操作规程;多点顶推、步履式顶推宜采用各顶独立供油的PLC集中控制,提高千斤顶的同步性。

(2)顶推钢导梁宜采用变截面钢桁梁,宜采用栓接,以便安装和拆除。导梁与钢箱梁连接时,导梁接头范围内的钢箱梁U肋、纵隔板加劲肋暂时不焊接,待钢箱梁顶推到位导梁拆除后再现场焊接。

导梁长度一般为顶推跨径的0.6~0.8倍,其与梁体连接处的刚度应协调,连接强度应满足梁体顶推时的受力要求。当采用单导梁时,应验算其横向稳定性;当使用2个以上导梁时,导梁之间宜设置横向联系,加强横向稳定性。导梁前端的最大挠度应不大于设计规定。

导梁应由专业厂家加工,并在厂内完成预拼。为满足运输和安装要求,导梁宜采用分段设计,节间拼装应平整,其中线允许偏差应不大于5mm,纵、横间底面高程允许偏差应为±5mm。

(3)多点式顶推施工应在每个支撑墩墩顶均布置两台连续千斤顶。

（4）步履式顶推装置需配备三向千斤顶，并根据计算分析确定千斤顶个数、顶升能力及行程距离。单台千斤顶承载能力不小于最大反力的1.2倍，步履式顶推系统同步精度不低于5mm。

同一步履式顶推工程宜采用同一型号顶推设备施工。对于钢桁梁顶推施工，顶推设备应具有跟随节点前移功能。

6）顶推施工

（1）钢主梁的组装应符合本指南第5.4节的规定。

（2）较高支墩（架）在顶推前应进行承载力检验。必要时可沿顺桥方向采取钢丝绳捆绑、设置撑拉杆等措施，以增加其纵向稳定性。

（3）顶推应保证对称同步性，使梁体匀速前移。

（4）顶推施工时应进行施工监控，梁段拼装线形应符合设计或监控要求。现场应设置顶推施工控制中心。

（5）顶推过程中，应及时纠正横向和竖向偏差，应力和变形不得超过设计和监控允许的范围。

（6）梁体顶推到位落梁时，应根据受力情况控制分批落梁次数和落梁顺序。

（7）竖曲线钢主梁顶推时，预制台座底模及过渡段应同处一圆弧曲线内，曲线应符合设计要求。顶推过程中滑道高程应在同一竖向平面内，计算、控制滑道进出口的高程。计算水平顶推力时，应考虑正负纵坡的影响。

（8）弯桥平曲线顶推时，预制台座的模板平面及梁体均应符合设计线形。导梁宜采用直线形，但与主梁连接时，应设置一定偏角，使导梁前端的中心落在设计线形的中线上，梁体沿设计线形前进。落梁时，应控制曲梁的几何偏心扭转。

7）单点和多点顶推

（1）导梁的拼装线形应与主梁保持一致。

（2）安装平台顶和临时墩顶均应布置滑道，并宜在滑道面涂硅脂，减小摩擦系数；应布置侧向限位导向滑轮和横向水平千斤顶，便于横向纠偏。

（3）主梁与顶推设备支撑处应设置橡胶垫块，防止顶推过程中主梁应力集中。

（4）滑道与梁体接触位置应局部临时补强，保证梁体整体稳定性。

（5）牵引钢绞线数量应根据考虑安全系数后的牵引力确定，下料长度应根据牵引长度、支撑墩长度、油缸工作长度、固定端工作长度、张拉端预留长度确定。

（6）顶推施工应先试顶推，全面检验顶推系统性能，满足要求后方可按照设定的顶推力及行程进行顶推作业。

（7）顶推应保证对称同步性，使梁体匀速前移。

（8）导梁到达并支承于某个临时墩，应及时设连续千斤顶参与顶推，尽早实现多点顶推。

（9）顶推过程中必须保证滑道滑板完好平整，排列紧密有序，钢主梁与滑道间不得脱空，滑板损坏时应及时更换。

（10）多点顶推时，顶推过程中应对顶推千斤顶同步性进行集中控制；应对顶推过程中顶推力或行程突变情况做好监测、预控和调整措施，保证梁体滑移速度均匀。

（11）牵引过程中梁中线偏位超过 40mm 时，应对梁体进行纠偏后方可继续同步牵引。

（12）最后一次顶推时应采用小行程点动，以便纠偏及精确就位。

8）步履式顶推

（1）步履式顶推法适用于沿直线或曲线顶推的等截面或变截面钢箱梁、钢桁梁或组合梁拱结构施工。

（2）拼装平台长度不宜小于3个节段长度，同时满足顶推配套设备布置、人员操作及钢主梁接口焊接要求。平台竖向线形以钢主梁线形为准。

（3）多点步履式顶推设备应布置在各个顶推点上，每两套上下游侧的顶推装置中间布置1台液压泵站，主控台应安置在拼装平台上。

（4）主梁与顶推设备支撑处应设置橡胶垫块，防止顶升过程中主梁应力集中。

（5）顶推设备安装完毕后，对所有设备纵向轴线进行测量与标定，确保推进方向与钢主梁轴线平行。

（6）顶推设备调试应保证手动、自动两种模式工作状态下可正常运行。应检查自动模式下系统各千斤顶的动作协调性及同步性是否符合要求。

（7）顶推施工应先预顶调试，全面检验顶推系统性能，满足要求后方可进行顶推作业。

（8）顶推时，顶推过程中应对顶推千斤顶同步性进行集中控制；应对顶推过程中顶推力或行程突变情况做好监测、预控和调整措施，保证梁体滑移速度均匀。导梁到达并支承于某个临时墩时，应及时让顶推设备参与顶推，尽早实现多点顶推。

（9）顶推过程中按"分级调压，集中控制"原则进行控制，对于竖向偏差调整应以支反力控制为主、高程控制为辅的原则进行。

（10）最后一次顶推时应采用小行程点动，以便纠偏及精确就位。

9）拖拉法施工

（1）正式拖拉前，应进行试拖拉，检查牵引动力系统的机械性能和检测启动牵引力。

（2）水平牵引应保证对称同步性，带动梁体匀速前移。

(3)拖拉梁段在下滑道纵坡为平坡或下坡时,应设置可靠的制动卷扬机起牵引制动作用。

(4)梁段中线对设计中线的偏移值应不大于50mm,且前后端不得同时偏向设计中线的一侧。

(5)拖拉过程中应随时观测钢主梁中线横向偏移情况,发生较大偏差时应及时通知墩台作业人员实施纠正。

(6)在曲线上架设钢桁梁时,墩台的强度和顶帽的宽度应满足架梁要求,且拖拉时,单孔梁拖拉中线取桥梁设计中线,多孔梁拖拉中线取设计中线平均值或采用接近的梁跨中线,拖拉完毕再横移到位。

10)顶推安装梁的位置与高程

(1)梁段轴线的偏位应不大于10mm;两跨相邻端横梁中线相对偏位不大于5mm。

(2)墩台处高程偏差不大于5mm,两跨相邻端横梁中线相对高差不大于5mm;梁段顶四角高差小于10mm。

(3)固定支座处支承中心偏位:简支梁不大于10mm,连续梁不大于20mm。

11)线形控制

参照本指南第5.6.2小节8)执行。

5.6.5 工地连接

1)一般规定

(1)本节内容适用于构件的焊接连接、摩擦型高强度大六角头螺栓连接和摩擦型高强度环槽铆钉连接在工地现场的施工,不适用于扭剪型高强度螺栓连接。

(2)工地连接应在梁段就位、固定后进行,梁段定位偏差应在允许范围之内。

(3)工地连接应符合连接工艺评定及作业指导书要求。

(4)对焊接与高强度螺栓混用连接,宜先进行高强度螺栓初拧后焊接,焊缝检验合格后再进行高强度螺栓终拧。

(5)焊接与高强度环槽铆钉混合使用时,宜先进行高强度环槽铆钉连接,再进行焊接。

(6)工地连接作业宜在有护栏的作业平台上进行,进行高空连接作业应符合高空作业安全规程。

2)焊接连接

(1)焊接环境应符合下列规定:

①气体保护焊的焊接作业区最大风速不宜超过2m/s;焊条电弧焊和自保护药芯焊

丝电弧焊的作业区最大风速不宜超过 8m/s;如果超出上述范围,应采取有效措施以保障焊接电弧区域不受影响。

②焊件表面潮湿或暴露于雨、雪、冰中时严禁焊接。

③焊接作业区的相对湿度应小于 80%。

④焊接环境温度不宜低于 5℃,当环境温度低于 0℃但不低于 -10℃时,应采取加热或防护措施,确保接头焊接处各方向不小于 100mm 范围内的母材温度不低于 20℃或规定的最低预热温度,且在焊接过程中不应低于这一温度。

(2)焊接操作应符合下列规定:

①焊工应持证上岗。

②待焊接区的表面和两侧应均匀、光洁,应无毛刺、裂纹和其他对焊缝质量有不利影响的缺陷,不得有影响正常焊接和焊缝质量的氧化皮、铁锈、油污、水分等污染物和杂质。

③焊接材料储存场所应干燥、通风良好,应由专人保管、烘干、发放和回收,并应有详细记录。

④焊条使用前应按使用说明书进行烘干。烘干后的焊条使用时应置于保温桶中,随用随取。严禁使用已受潮或结块的焊剂。

⑤在箱梁内焊接时,除了正常的通风要求外,尚应防止可燃混合气的聚集及大气中富氧。在进入封闭空间前,应进行毒气、可燃气体、有害气体、氧气含量等的测试,确认符合要求。

⑥高处焊接作业时,应搭设操作平台。操作平台应按规定设置防护栏杆。

(3)焊接接头应符合下列要求:

①焊接前应对焊接基面、间隙等进行质量检查,并进行除锈。工地焊接应在除锈后的 12h 内进行。

②焊接坡口尺寸应符合工艺文件要求,坡口组装间隙偏差超过规定但不大于较薄板厚度 2 倍和 20mm 两值中较小值时,可在坡口单侧或双侧堆焊。

③对接接头的错边量不应超过本指南的规定。

④接头间隙中严禁填塞焊条头、板条等杂物。

(4)焊接工艺应符合下列要求:

①焊接施工前必须进行焊接工艺评定试验并制订焊接工艺文件用于指导现场焊接,焊接工艺评定的环境应反映工程施工现场的条件。施焊时应严格执行焊接工艺,焊接工艺评定试验应符合本指南 4.2.6 小节 2)的规定。

②焊接时,采用的焊接工艺和焊接顺序应能使构件的变形和收缩量最小。

③梁段就位、固定并经检查合格后,施焊应按焊接工艺的要求进行。

④定位焊应距设计焊缝端部 30mm 以上,其长度为 50～100mm,间距为 400～600mm,厚板(50mm 以上)和薄板(不大于 8mm)应缩短定位焊间距;定位焊缝的焊脚尺寸不得大于设计焊脚尺寸的 1/2;定位焊缝不得有裂纹、夹渣、焊瘤等缺陷,对于开裂的定位焊,必须先查明原因,然后再清除开裂的焊缝,并在保证构件尺寸正确的条件下补充定位焊;在焊缝交叉处不应进行定位焊。

⑤焊前预热温度和道间温度要求应通过焊接工艺评定确定,预热范围为焊道两侧 100mm 范围以上,距离焊缝 30～50mm 范围内测温;定位焊焊接时预热温度宜高于正式施焊预热温度 20～50℃。

⑥多层焊接时宜连续施焊,且应控制层间温度,每一层焊缝焊完后应及时清理检查,应在清除药皮、熔渣、溢流和其他缺陷后再焊下一层。

⑦埋弧自动焊必须在距设计焊缝端部 80mm 以外的引板上引、熄弧;引板长度应不小于 100mm,坡口、板厚应与母材相同;当不能设置引板时,熄弧处打磨后采用气体保护半自动焊或焊条电弧焊补焊,焊后将焊缝修磨匀顺;埋弧自动焊焊接过程中,应待焊缝稍冷却后再敲去熔渣。

(5)焊缝质量检验应符合(本指南 4.4.3 小节 7)焊缝质量检验的规定。

3)摩擦型高强度大六角头螺栓连接

(1)一般要求:

①高强度螺栓连接副应按批号配套发运和使用,应有出厂质量保证书,不得改变螺栓的出厂状态;每套连接副为一根螺栓、一个螺母、两个垫圈,并应配套使用。高强度螺栓连接副不得重复使用。

②高强度螺栓施工应遵守安全作业规程。应在施工平台或吊篮上进行,具备安全防护设施。

③当环境温度低于 -10℃,或摩擦面潮湿、暴露于雨雪中时,不应进行高强度螺栓施工作业。

④高强度螺栓连接受火焰作用时,应采取隔热降温措施予以保护。

(2)高强度螺栓连接副的运输和场内保存应符合下列要求:

①高强度螺栓连接副在运输过程中,应轻装、轻卸,防止损坏螺纹,防雨、防潮。

②工地存储高强度螺栓连接副时,应放在干燥、通风、防雨、防潮的仓库内,高强度螺栓连接副应按包装箱上注明的批号、规格分类保管;室内架空存放,堆放时应有防止生锈、潮湿及沾染脏物等措施,底层应以木板垫高通风,垫高 30cm 以上;靠近墙时,离墙至少 50cm;堆放不宜超过 5 层。入库和现场使用时要建立库存明细表和发放登记表,加强管理。

③高强度螺栓连接副在安装使用前不应随意开箱。

④高强度螺栓连接副的保管时间不应超过6个月。当保管时间超过6个月后使用时,应重新进行扭矩系数试验,检验合格后,方可使用。

⑤高强度螺栓连接副使用开箱时,应核对螺栓直径、长度;高强度螺栓连接副使用前应进行外观检查,表面油膜正常无污物时方可使用。

⑥高强度螺栓连接副使用过程中不得淋雨,不得接触泥土、油污等脏物。

⑦安装时,领取相应规格、数量、批号的高强度螺栓连接副,当天没有用完的连接副,必须装回干燥、洁净的包装箱内,妥善保管并尽快使用完毕,不得乱放、乱扔。领用高强度螺栓一般不得以短代长或以长代短。

(3)工地摩擦面抗滑移系数应符合下列要求:

①制造单位和安装单位应分别以钢结构制造批为单位进行抗滑移系数试验。制造批可按单位工程划分规定的工程量每2000t为一批,不足2000t的也视为一批。选用两种及两种以上表面处理工艺时,每种处理工艺应单独检验。每批3组试件。

②工地抗滑移系数检验用的试件由制作厂加工,试件与所代表的构件应为同一材质、同一摩擦面处理工艺、同批制作,使用同一性能等级的高强度螺栓连接副,并在相同条件下同批发运。

③抗滑移系数试验应采用双摩擦面的两栓或三栓拼接的拉力试件,试件尺寸如图5.6.5所示。

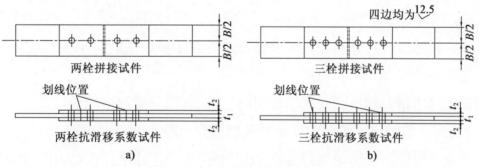

图5.6.5 抗滑移系数试件

测定抗滑移系数的试件为双面拼装试件,试件尺寸如图5.6.5所示。

试件的钢板厚度t_1、t_2应为所代表的钢桥中有代表性部件的钢板厚度,试件的长度尺寸依据试验机夹具确定,试件宽度B应按表5.6.5-1确定。

表5.6.5-1 抗滑移系数试件宽度(单位:mm)

螺栓直径d	板宽B	螺栓直径d	板宽B
16	100	24	110
20	100	27	120
22	110	30	120

试验前应仔细检查试件表面,清理试件板面的油污和孔边、板边的毛刺等,如摩擦面有损伤,做好记录并经请示、批准后方可进行试验。

抗滑移系数 f 按式(5.6.5)计算,取两位有效数字。

$$f = \frac{N}{m \cdot \sum P} \tag{5.6.5}$$

式中:N——由试验机测得的滑动荷载(kN),取 3 位有效数字;

m——摩擦面数,取 $m=2$;

$\sum P$——与试件滑动荷载对应一侧的高强度螺栓预拉力实测值之和(kN),取 3 位有效数字。

④工地摩擦面抗滑移系数复验值应不小于 0.45。当抗滑移系数检验不符合上述规定时,构件摩擦面应重新处理。处理后的构件摩擦面应按规定重新检验。

(4)摩擦型高强度大六角头螺栓连接工艺及质量检验按本指南附录 D 执行。

4)摩擦型高强度环槽铆钉连接

(1)一般要求:

①高强度环槽铆钉连接副由一个高强度环槽铆钉和一个配套的套环组成,配套使用的高强度环槽铆钉连接副应由同一生产厂家制造,且必须有生产厂家提供的产品质量保证书(合格证)。

②当环境温度低于 -10℃,或摩擦面潮湿或暴露于雨雪中时,不应进行高强度环槽铆钉连接副的施工作业。

③高强度环槽铆钉连接副的施工应在具备安全防护设施的施工平台或吊篮上进行,且应遵守安全作业规程。

④高强度环槽铆钉连接副受火焰作用时,应采取隔热降温措施予以保护。

(2)高强度环槽铆钉连接副的运输和场内保存应符合下列要求:

①高强度环槽铆钉连接副的包装箱上应注明批号、规格和数量。在运输过程中,应防雨、防潮,并应轻装、轻卸,防止磕碰损伤连接副。

②工地存储高强度环槽铆钉连接副时,应放在干燥、通风、防雨、防潮的仓库内,其中套环存储环境温度不宜超过 50℃。高强度环槽铆钉连接副应按包装箱上注明的批号、规格分类保管;室内存放时,应有防止生锈、潮湿及沾染脏物等措施。入库和现场使用时要建立库存明细表和发放登记表,加强管理。

③高强度环槽铆钉连接副使用开箱时,应核对铆钉直径、长度;高强度环槽铆钉连接副使用前应进行外观检查,表面油膜或镀层正常无污物的方可使用。

④安装时,领取相应规格、数量、批号的高强度环槽铆钉连接副,不得以短代长或以

长代短。

(3) 工地摩擦面抗滑移系数应符合下列要求：

①制造单位和安装单位应分别以钢结构制造批为单位进行抗滑移系数试验。制造批可按单位工程划分规定的工程量每 2000t 为一批，不足 2000t 的也视为一批。选用两种及两种以上表面处理工艺时，每种处理工艺应单独检验。每批 3 组试件。

②工地抗滑移系数检验用的试件由制作厂加工，试件与所代表的构件应为同一材质、同一摩擦面处理工艺、同批制作，使用同一性能等级的高强度环槽铆钉连接副，并在相同条件下同批发运。

③抗滑移系数试验应采用双摩擦面的两钉或三钉拼接的拉力试件，试件尺寸参照图 5.6.5 和表 5.6.5-1 执行，抗滑移系数参照式(5.6.5)进行计算。

④工地摩擦面抗滑移系数复验值应不小于 0.45。当抗滑移系数检验不符合上述规定时，构件摩擦面应重新处理。处理后的构件摩擦面应按规定重新检验。

(4) 高强度环槽铆钉连接副的连接孔应为正圆柱形，孔壁表面粗糙度(MMR) $Ra \leqslant 25\mu m$，孔边缘无损伤不平，无毛刺、铁屑等。制孔应采用钻孔，不得采用冲孔、气割孔。连接孔径允许偏差见表 5.6.5-2，孔距及允许偏差参照现行《公路桥涵施工技术规范》(JTG/T F50) 的规定执行。

表 5.6.5-2　连接孔径及允许偏差(单位:mm)

公称直径	20	22	24	27	30
孔径	22.0	24.0	26.0	30.0	33.0
允许偏差	+0.5,0	+0.5,0	+0.5,0	+0.70,0	+0.70,0

(5) 摩擦型高强度环槽铆钉连接工艺及质量检验按本指南附录 E 执行。

5.6.6　附属设施

附属设施通常包括支座、排水系统、伸缩缝、护栏、路灯照明系统等设施。附属设施安装应符合下列规定：

(1) 支座应在架梁前完成，也可与架梁同步安装。如果安装完毕后长时间不架梁，应保护支座避免淋雨和碰撞等损坏。支座安装后应水平、位置准确，不可有歪斜、不均匀受力或脱空现象。安装质量应符合现行《公路工程质量检验评定标准　第一册　土建工程》(JTG F80/1) 有关支座的规定。

支座与钢主梁焊接时，应准确核对位置，按照工地焊接工艺要求施焊，并按规定涂装。

(2) 排水管一般在翼缘板下通过，纵向管道连接在两侧桥墩处接入地面，翼缘板下纵向管道通过金属管卡与钢箱梁焊接悬挂。排水管应固定牢固,并应按设计或规范要求设置排水坡度。排水管与钢主梁的连接应按照设计图纸进行连接,并注意做好钢主梁的成品保护和连接处的防腐涂装。

(3)伸缩缝应通过焊接连接与钢主梁形成一个整体,连接方式应符合设计要求。连接质量应符合本指南5.6.5小节的要求。安装质量及精度应符合现行《公路工程质量检验评定标准 第一册 土建工程》(JTG F80/1)关于伸缩缝的规定。伸缩缝焊接前应核对槽口与伸缩缝的配合尺寸及连接件尺寸。安装精度符合要求后方可施焊。

(4)钢桥上的护栏主要有三种形式:现浇混凝土护栏、装配式混凝土护栏、钢护栏。护栏施工质量应符合现行《公路工程质量检验评定标准 第一册 土建工程》(JTG F80/1)关于护栏的规定。

现浇钢筋混凝土护栏施工应采用组合式钢模板,做到线形顺直,浇筑完成后及时切收缩缝。护栏钢筋应位置准确,与钢结构焊接牢固。

装配式混凝土护栏应采用定型模板集中预制,安装宜采用专用吊装工具安装,连接方式和质量应符合设计要求。装配式混凝土护栏线形调整不得降低护栏与钢主梁的连接质量,故连接宜选择可微调位置的方式。

钢护栏应在工厂内完成制造的下料、组拼、焊接、涂装、试拼装,在工地现场与提前焊接在钢主梁梁上的底座进行连接,连接应符合本指南5.6.5小节的要求。

(5)灯柱底座应提前安装。底座设置在混凝土护栏上或混凝土桥面板上时,可在施工混凝土时预埋;底座设置在钢桥面上时,底座宜在梁段加工时焊接至钢主梁上。底座位置和高程应符合规范要求。灯柱安装时用吊车将灯杆吊起,对接在底座上用螺栓连接牢固。灯柱安装应保证灯柱的竖直度。

5.6.7 工地涂装

(1)一般规定:

①钢结构涂装大部分是在工厂内完成的,效率高质量好,但也有一部分不得不在工地完成。工地涂装包括工地连接后的焊接接缝涂装、螺栓连接涂装、施工损伤的修补涂装,有时最后一道面漆涂装也需要在工地涂装。

②工地涂装施工时应搭设移动密闭作业棚,并配置小型防爆吸尘器、通风设备、净化等装置,以满足涂装作业环境条件及环保要求。冬季和雨季施工时,还应配置加热、除湿设备。

③工地涂装宜搭设平台和防护设施,或使用专用的设备,如检修车、移动平台、吊篮等,以保障涂装作业安全。搭设平台和防护设施的安装、使用、拆除应编制专项施工方

案,并进行审批。专用的设备应有合格证,并经进场验收状况良好。

④工地涂装作业属于高空作业的,临时设施、工艺设备、安全防护及操作规程应满足高空作业相关要求。涂装作业在水上施工的,尚应符合水上作业的相关要求。

⑤工地涂装作业应避开大风、暴雨雪、严寒、冰冻等不良天气。

⑥工地涂装作业应严格按照涂装工艺标准执行,不得随意改变流程,降低标准和作业条件。

(2)对焊接接缝的工地涂装,焊接构件应预留焊接区域。预留焊接区域采用热喷涂或无机富锌底漆、水性涂料时,宜喷砂除锈至现行《涂覆涂料前钢材表面处理 表面清洁度的目视评定》(GB/T 8923)规定的 Sa2½级;底漆采用环氧富锌涂料或其他涂层时,宜用手工和动力工具进行打磨处理至《涂覆涂料前钢材表面处理 表面清洁度的目视评定》(GB/T 8923)规定的 St3 级。焊接接缝应采用相邻部位涂装工艺进行涂装。

(3)对栓接工地涂装,栓接板的搭接缝隙小于或等于 0.5mm 时,采用涂料和腻子密封处理;缝隙大于 0.5mm 时,采用航空密封胶密封。

栓接部位外露底涂层、螺栓,涂装前应进行必要的清洁处理。首先对螺栓头部打磨处理,然后刷涂 1~2 道环氧富锌底漆或环氧磷酸锌底漆 50~60μm,再按相邻部位的配套体系涂装中间漆和面漆。

(4)涂装检验应符合下列要求:

①涂层表面应平整、均匀一致,无漏涂、起泡、裂纹、气孔和返锈等现象,允许轻微橘皮和局部轻微流挂,以及由钢板外表面缺陷(标准允许范围内)所引起的视觉不平整。

②施工中随时检查湿膜厚度以保证干膜厚度满足设计要求。干膜厚度采用"85-15"规则判定,即允许有 15% 的读数可低于规定值,但每一单独读数不得低于规定值的 85%。对于结构主体外表面可采用"90-10"规则判定。涂层厚度达不到设计要求时,应增加涂装道数,直至合格为止。漆膜厚度测定点的最大值不能超过设计厚度的 3 倍。

③涂料涂层附着力。当检测的涂层厚度不大于 250μm 时,各道涂层和涂层体系的附着力按划格法进行,不大于 1 级;当检测的涂层厚度大于 250μm 时,附着力试验按拉开法进行,涂层体系附着力不小于 3MPa。

④锌、铝涂层附着力应按照现行《热喷涂 金属和其他无机覆盖层 锌、铝及其合金》(GB/T 9793)规定的方法进行。

当采用切格试验时,如果没有出现涂层从基体上剥离或金属涂层层间分离,则认为合格;当采用拉伸试验时,应不小于 5.9MPa。

(5)安全、环保保障措施应符合下列要求:

①钢主梁工地涂装单位必须建立完善的安全、环境管理体系,设立健全的安全、环境

领导机构,成立专门机构负责安全、环境管理工作,按照相关法律法规、政策、标准开展管理活动。

②应全面排查钢主梁补充涂装相关的工作活动和设施设备,制定全面完善的安全操作规程,规范配备使用劳动保护用品。

③应根据钢主梁补充涂装的危险特性规范编制应急预案,要建立互动机制,定期组织教育培训、演练,对预案进行评审及修订,实现持续改进。

④应重点防范物体打击、机械伤害、触电、高处坠落、灼烫、车辆伤害、火灾、中毒和窒息、坍塌等9类安全事故,应做到有效防范。表5.6.7-1给出了常用的重点安全防范措施,供参考。

⑤应重点防范废气、危险废物两种环境因素,防止水体土壤污染。表5.6.7-2给出了常用的重点环境危害因素防范措施,供参考。

表5.6.7-1 钢主梁工地补充涂装常用重点安全防范措施

序号	防范事故类型	重点防控工序	重点防控设备/工具	防 范 措 施
1	高处坠落	1. 高处涂装; 2. 高处打磨	1. 涂装工具; 2. 打磨工具	1. 保证安全通道、临边防护到位; 2. 高处作业时确保安全帽、安全带、安全网到位
2	机械伤害	打磨	打磨工具	1. 检查并修复设备/工具,确保可靠; 2. 员工做到会操作、会保养、会检查、会排查故障
3	触电	1. 电线铺设; 2. 临时用电	1. 带电设备; 2. 配电设施; 3. 线路	1. 对有触电风险部位,进行警示; 2. 专业电工维护、保养,确保绝缘效果良好,各类保护到位; 3. 临时用电符合现行《施工现场临时用电安全技术规范》(JGJ 46)要求
4	火灾	涂装	1. 临建区; 2. 涂料库	1. 按照要求足量配备消防器材,并定期检查,确保到位和消防通道畅通; 2. 对易发火灾区域制订禁止动火制度,如不能避免动火作业要制订专项动火作业方案; 3. 相关人员要掌握基础防灭火和火灾逃生技能
5	中毒窒息	涂装	1. 涂料库; 2. 受限空间	1. 保证涂料库通风畅通,防止气体集聚; 2. 受限空间作业要制订专项安全方案,通风到位

表5.6.7-2 钢主梁工地补充涂装常用重点环境危害因素防范措施

序号	环境危害因素	重点防控工序	重点防控设备/区域	防范措施
1	危险废物	涂装	桥位	1. 准确识别产生的危险废物,并按照国家相关要求处理; 2. 建立合规的危险废物临时存放库,做到规范存放
2	废气	涂装	桥位	1. 应根据当地环境保护主管部门具体要求规范作业; 2. 满足VOC排放要求
3	土壤污染	涂装	涂料库、桥位	1. 做好涂料库地面防渗漏措施,规范运输、使用涂料; 2. 防止洒落在未采取防渗漏措施的地面、土壤; 3. 一旦发生污染土壤事件发生,应将受污染土壤按照危险废物处理
4	水体污染	涂装	桥位	1. 做好涂料库地面防渗漏措施,规范运输、使用涂料; 2. 采取防护措施,防止落入水体,造成水体污染

5.6.8 钢桥面铺装

(1) 本节适用于采用钢纤维混凝土的钢桥面铺装施工。

钢纤维混凝土常用于常规跨径钢桥面铺装,原理是利用钢纤维混凝土作为基层材料,与桥面钢板、圆柱头焊钉(又称剪力钉)和钢筋网组合,形成钢板-钢筋混凝土组合结构。其上为防水黏结层和面层,面层可以采用钢筋混凝土面层或沥青面层。钢筋混凝土面层一般采用高强度等级混凝土,沥青面层一般采用改性沥青混凝土SMA。

用钢纤维混凝土形成的钢板混凝土组合结构具有强度高、刚度大、耐久性好的优点,但也存在一旦损坏难以维修的缺点,施工时应加强质量控制。

(2) 钢纤维混凝土钢桥面铺装施工应符合下列要求:

①施工所用的圆柱头焊钉、钢筋、钢纤维混凝土、防水材料、路面混凝土、沥青混合料应符合设计或规范要求。每套圆柱头抗剪焊钉包括一个焊钉和一个配套焊接瓷环,符合现行《电弧螺柱焊用圆柱头焊钉》(GB/T 10433)的相关要求,焊接及检验方法参照该标准。通常所用的防水黏结层料有甲基丙烯酸甲酯树脂防水黏结层料、环氧树脂防水黏结

层料、环氧沥青防水黏结层料。

②施工前应对桥面高程进行复测,并根据实测数据进行桥面铺装总厚度的复核。如需调整宜在面层调整,并由设计单位复核。

③在钢桥面上焊接圆柱头抗剪焊钉应采用专用设备进行拉弧施焊,焊接后剪力钉做弯曲试验,用大锤打击焊钉圆柱头,使焊钉弯曲60°,其焊缝和热影响区未发现有肉眼可见的裂纹。

④钢筋和混凝土施工应符合现行《公路桥涵施工技术规范》(JTG/T F50)的要求。应按设计要求铺设桥面钢筋网,并定位准确,固定牢固,防止移位。混凝土施工前应将钢主梁、板顶面清洗干净。钢纤维混凝土宜整幅浇筑,以增强其整体性。钢纤维混凝土浇筑时,用振动棒振捣,振捣的持续时间以混凝土停止下沉、不再冒气泡并泛出水泥浆为准,不宜过振。振捣时辅以人工找平,振捣结束后用铝合金靠尺将表面刮平,整平的表面不得裸露钢纤维。

(3)防水黏结层施工可采用人工刮涂、滚涂或者机械喷涂的方式。防水黏结层涂布应均匀,对涂布缺陷应及时修补。防水黏结层在涂布完毕实干前应加以保护,避免遭到污染、损坏。

(4)桥面铺装面层施工。面层为沥青结构层时,应采用摊铺机施工,摊铺作业要求和质量标准应符合现行《沥青路面施工技术规范》(JTG F40)要求。面层为水泥结构层时,施工要求和质量标准应符合现行《公路水泥混凝土路面施工技术细则》(JTG/T F30)的要求。

5.7 质量检验

5.7.1 一般规定

(1)本节适用于钢结构和组合结构桥梁安装验收过程中的质量检验。

(2)对安装使用的各种原材料、构件进场以及每道工序完成后,都应按相关标准进行检验,保证符合设计和施工技术规范的要求。

(3)质量检验采用的计量器具必须经计量检定、校准合格;质量检验人员应由专职的质量检查员担任,持证上岗,且必须在其考试合格项目认可范围内作业。

(4)质量检查记录、质量证明文件等过程材料应完整齐全、真实有效、具有可追溯性。

(5)焊接连接工程的质量检验应符合下列一般规定:

①安装单位应对其采用的焊钉和钢材进行焊接工艺评定,其结果应符合设计要求和国家现行有关标准。

②焊接工程的检验可按相应的安装工程检验批的划分原则划分为一个或若干个检验批。

(6)高强度螺栓连接副安装质量检验应符合下列一般规定：

①检查用的扭矩扳手必须标定，其扭矩误差不得超过使用扭矩的±3%，且具有峰值保持功能。

②在对高强度螺栓的终拧扭矩进行检测前，应清除螺栓及周边涂层，螺栓表面有锈蚀时，应进行除锈处理。

③检测时，施加的作用力应位于扭矩扳手手柄尾端，用力应均匀、缓慢。除有专用配套的加长柄或套管外，不得在尾部加长柄或套管的情况下，测定高强度螺栓终拧扭矩。

④对于每个螺栓群或节点进行抽验，不合格者不得超过抽验总数的20%，否则应继续抽验，直至累计总数80%的合格率为止，对欠拧者补拧，超过者应更换后重新补拧。

(7)混凝土预制桥面板的质量检验应符合下列一般规定：

①预制施工过程中应采取有效的质量控制和质量保证措施，确保结构外观质量、混凝土强度、耐久性、抗裂性等性能符合设计要求。

②模板、钢筋、预应力、混凝土的施工应满足现行《公路桥涵施工技术规范》(JTG/T F50)的要求，质量检验及验收应符合现行《公路工程质量检验评定标准 第一册 土建工程》(JTG F80/1)的规定。

③混凝土表面质量应符合相应等级要求，预应力管道安装无变形、管内无堵塞，剪力键预留槽不得有外形及外表缺陷。

④原材料试验资料、混凝土配合比设计、质量控制文件、浇筑施工原始记录、混凝土试验数据及试验报告、分项工程自查数据、施工关键阶段质量管理及控制报告等资料应真实、完整、准确。

5.7.2 外观质量

(1)梁底与支座以及支座底与垫石顶不应有缝隙。

(2)钢主梁线形不应弯折、变形。

(3)钢主梁内外表面不应有凹痕、划痕、焊疤、电弧擦伤等缺陷，边缘应无毛刺。

(4)焊缝均应平滑，无裂纹、未熔合、夹渣、未填满弧坑、焊瘤等外观缺陷，预焊件的装焊应符合设计要求。

(5)高强度螺栓连接摩擦面应保持干燥、整洁，不应有飞边、毛刺、焊接飞溅物、焊疤、氧化铁皮、污垢等，除设计要求外摩擦面不应涂漆。

(6)钢主梁防护如有损伤应修复。

5.7.3 实测项目

(1)公路常规跨径组合梁组装施工、钢主梁和组合梁安装施工要求除应符合前述基本要求外,质量检验实测项目还应符合下列要求:

①工字形、箱形、波形钢腹板组合梁组装施工质量检验实测项目应符合表5.7.3-1的规定。

表5.7.3-1 组合梁组装质量检验实测项目

项　　目		允　许　偏　差	检查方法和频率
混凝土抗压强度(MPa)		在合格标准内	预制和现浇均按规范检查
混凝土(含湿接缝或槽口)尺寸(mm)		±8	尺量:长、宽、高各2处
梁高(mm)	梁高 $h \leqslant 2m$	±2	尺量:两梁端和跨中3点
	梁高 $h > 2m$	±4	尺量:两梁端和跨中3点
混凝土与钢构件的中线偏差(mm)		±3	尺量:现浇混凝土桥面板组合时两梁端和跨中3点;预制混凝土板组合时,每板1点
相邻预制桥面板间高差/现浇桥面板平整度(mm)		3	尺量/2m直尺;3处
顶面横坡偏差(%)		≤0.1	水准仪:检查3处
梁端与轴线垂直度(mm)	水平	≤3	角尺、钢板尺;2处
	竖直	≤3	垂球、钢板尺;2处
预拼装预拱度		符合设计要求	水准仪、钢板尺
梁顶面中心线旁弯(mm)		任意20m测长内小于6	紧线器、钢丝线、经纬仪、钢板尺
钢腹板	腹板中心距(mm)	±5	尺量:检查3处
	钢腹板埋深(mm)	±10	尺量:检查3处
	竖直度或斜度(mm)	$h/500$	吊线和钢尺检查:检查3处
焊缝尺寸		符合设计要求	量规
高强度螺栓扭矩(%)		±10	扭矩扳手:检查5%,且不少于2个
支点	支点中心距梁中心线距离偏差(mm)	±1	钢板尺:检查支点断面2处
	相邻支点中心高差(mm)	±1	钢板尺:检查支点断面各2处
	梁两端支点的中心距偏差(mm)	±5	钢盘尺:沿底面中线量测1处

②工字梁、钢箱梁、钢桁梁等钢主梁安装质量检验实测项目应符合表 5.7.3-2 的规定。

表 5.7.3-2 钢主梁安装质量检验实测项目

项 目		允许偏差	检查数量	检验方法
轴线偏位（mm）	钢主梁纵轴线	±10	全数检查	全站仪测量
	两孔相邻横梁中线相对偏差	±5		钢尺测量
梁底高程（mm）	墩台处梁底	±10		水准仪测量
	两孔相邻横梁相对高差	±5		钢尺测量
支座偏位（mm）	支座纵、横向扭转	±1		钢尺测量
	固定支座顺桥向偏差 连续梁或60m以上简支梁	±20		钢尺测量
	固定支座顺桥向偏差 60m及以下简支梁	±10		钢尺测量
	活动支座按设计气温定位前偏差	±3		钢尺测量
支座底板四角相对高差(mm)		±2		钢尺测量
焊缝尺寸		满足设计要求	量规:检查全部,每条焊缝检查3处	
焊缝探伤			超声法:检查全部;射线法:按设计要求,设计未要求时按10%抽查,且不少于3条	
高强度螺栓扭矩(%)		±10	扭矩扳手:检查5%,且不少于2个	

③工字形、箱形和波形钢腹板组合梁安装质量检验实测项目符合表 5.7.3-3 的规定。

表 5.7.3-3 组合梁安装实测项目

项次	实测项目	允许偏差(mm)		检查数量	检验方法
1	纵轴线	±10		两端和中部,3处	经纬仪、钢尺
2	相邻梁中心间距	15			钢尺
3	梁顶高程	±10			水准仪
4	相邻梁段相对高差	≤5			水准仪
5	相邻梁横隔板对接	±10		2处/隔板;全部隔板	钢尺
6	底、腹板对接间隙	±3		底、腹板各2处/接头,全部接头	钢尺
7	底、腹板对接错边	钢结构:1			钢尺
		混凝土:2			

(2)组合梁所用混凝土预制桥面板的质量检验实测项目应符合表 5.7.3-4 的规定。

表 5.7.3-4　混凝土预制桥面板质量检验实测项目

项次	项　目	允　许　偏　差	检验方法和频率
1	混凝土强度(MPa)	符合设计要求	按规范检查
2	板长、板宽(mm)	±3	尺量:每件
3	板厚(脱模后)(mm)	±3	尺量:2个断面
4	板面对角线相对高差(mm)	±5	尺量:每件
5	板底平整度(mm)	2m 范围内小于 2	尺量:每10m板长测1处
6	外露钢筋的偏差(mm)	厚度方向 ±1.5	尺量:每件
7	预埋件位置(mm)	±5	尺量:每处
8	预应力管道中心位置(mm)	±4	尺量:每处
9	保护层厚度(mm)	±3	厚度检测仪检查:每个检查面不少于3点

（3）预制构件质量检验实测项目应符合表 5.7.3-5 的规定。安装过程中，预制构件应在明显位置进行编码标识。

表 5.7.3-5　预制构件质量检验实测项目

项　　目		允　许　偏　差
混凝土抗压强度(MPa)		在合格标准内
构件尺寸(mm)	长度	±3
	宽度	±3
	高度	±3
预埋件(mm)	支座中心与主梁中线	±2
	支座顺桥向偏位	10
	支座高程	符合设计规定;未规定时 ±5
	支座四角高差	2
	螺栓及其他预埋件 位置	5
	螺栓及其他预埋件 外露尺寸	0, +10
吊孔(mm)	位置	5
预留孔洞(mm)	中心线位置	10
	截面内部尺寸	0, +10

（4）现浇混凝土模板支架安装质量检验实测项目应符合表 5.7.3-6 的规定。

表 5.7.3-6　现浇混凝土模板支架安装质量检验实测项目

序号	项　目	允许偏差(mm)	检验方法和频率
1	轴线	±10	经纬仪:纵横向各2点
2	高程	-10,0	水准仪
3	截面尺寸	±5	钢尺:3个断面
4	模板拼缝错台	1	钢尺

续上表

序号	项目		允许偏差(mm)	检验方法和频率
5	顶面两对角线差	短边≤3m	15	钢尺
6		短边>3m	25	钢尺
7	全高竖向倾斜		$L/3000$,且不大于30	经纬仪、垂线配合钢尺
8	侧向弯曲矢高		$L/1000$,且不大于25	侧模全长拉线,钢尺测量
9	支架	纵轴的平面位置	跨径的1/1000或30	经纬仪
		曲线形的高程	$-10, +20$	水准仪

(5) 预应力钢筋的加工和安装质量检验实测项目应符合表5.7.3-7的规定。

表5.7.3-7 预应力钢筋加工与安装质量检验实测项目

序号	检查项目		允许偏差	检查方法和频率
1	预应力管道坐标(mm)	梁(板)长方向	±30	尺量:抽查30%,每根查10个点
		梁(板)宽方向	±10	
		梁(板)高方向	±10	
2	预应力管道间距(mm)	同排	10	尺量:抽查30%,每根查5个点
		上下层	10	
3	预应力锚垫板垂直度(°)		±0.5	抽查80%
4	张拉力值		符合设计要求	查张拉记录
5	张拉伸长量(%)		±6	查张拉记录
6	断丝、滑丝数	钢束	每束1丝,且每断面不超过钢丝总数的1%,且不允许整根拉断	查张拉记录
		钢筋	不允许	
7	孔道压浆		符合设计要求	查压浆记录,必要时用压浆质量检测仪

(6) 工地焊接连接质量检验实测项目应符合下列规定:

①焊缝表面不得有裂纹、焊瘤等缺陷。一级、二级焊缝不得有表面气孔夹渣、弧坑裂纹、电弧擦伤等缺陷。一级焊缝不得有咬边、未焊满、根部收缩等缺陷。

检查数量:每批同类构件抽查10%,且不应少于3件;被抽查构件中每一类型焊缝按条数抽查5%,且不应少于1条;每条检查1处,总抽查数不应少于10处。

检验方法:观察检查或使用放大镜、焊缝量规和钢尺检查,当存在疑义时采用渗透或磁粉探伤检查。

②焊缝无损检验质量应满足设计要求。

检查数量:超声法全数检查;射线法按设计要求进行检查,如设计未要求时,按10%抽查,且不应少于3条。

检验方法:检查超声波探伤、射线探伤记录。

③安装焊缝坡口角度的允许偏差应控制在 ±5°,钝边的允许偏差应控制在 ±1.0mm。

检查数量:按坡口数量抽查 10%,且不少于 3 条。

检验方法:焊缝量规检查。

④焊缝尺寸应满足设计要求。

检查数量:全数检查,每条焊缝检查 3 处。

检验方法:焊缝量规检查。

⑤焊接质量检验还应符合本指南 5.6.5 小节的规定。

(7)圆柱头焊钉的焊缝检验实测项目应符合下列规定:

①焊钉根部焊脚应均匀,焊脚立面的局部未熔合或不足 360°的焊脚应进行修补。

检查数量:按总焊钉数量抽查 1%且不应少于 10 个。

检验方法:观察检查。

②焊缝沿圆柱头焊钉轴线方向的平均高度应不小于 $0.2d$;最小高度应不小于$0.15d$,在钢板侧,焊趾的平均直径和应不小于 $1.25d$(d 为圆柱头焊钉直径)。

③焊钉焊接后应进行弯曲试验检查,随机抽取 30°弯曲检验,弯曲后焊缝和热影响区不应有肉眼可见的裂纹。

检查数量:随机抽取,每件检查圆柱头焊钉总数的 1%。

检验方法:焊钉弯曲 30°后用角尺检查和观察检查。

(8)摩擦型高强度大六角头螺栓连接质量检验实测项目应符合下列规定:

①对初拧(复拧)后的高强度螺栓连接副,用小锤(约 0.3kg)敲击螺母进行普查,以防漏拧。

检查数量:全数检查。

检查方法:用小锤敲击检查或观察。

②高强度螺栓连接摩擦面抗滑移系数和复验结果应符合设计要求。

检查数量:以钢桥制造批为单位进行试验,可按单位工程划分的工程量每 2000t 为一批,不足 2000t 的视为一批,每批 3 组进行试验。

检验方法:检查摩擦面抗滑移系数试验报告和复验报告。

③高强度螺栓连接副扭矩检验宜在螺栓终拧完成 1h 后、24h 内进行终拧扭矩检查,扭矩法检验检查结果与施工终拧值的偏差在 10%以内为合格。

检查数量:按节点数抽查 10%,且不应少于 10 个节点,对每个被抽查节点应按螺栓数抽查 10%,且不应少于 2 个螺栓。

检验方法:扭矩法检验,在螺尾端头和螺母相对位置划线,将螺母退回60°左右,用扭矩扳手测定拧回至原来位置时的扭矩值。

④高强度螺栓连接副的施拧顺序和初拧、复拧扭矩应符合设计要求和现行《钢结构高强度螺栓连接技术规程》(JGJ 82)的规定。

检查数量:全数检查。

检验方法:检查扭矩扳手标定记录和螺栓施工记录。

⑤高强度螺栓应自由穿入螺栓孔。高强度螺栓孔不应采用气割扩孔,扩孔数量应征得设计同意,扩孔后的孔径不应超过1.2螺杆直径。

检查数量:被扩螺栓孔全数检查。

检验方法:观察检查及用卡尺检查。

⑥对主桁节点、工字梁主体及纵横梁连接处等节点,每栓群应以高强度螺栓连接副总数的5%抽检,但不得少于2套,其余每个节点不少于1套进行终拧扭矩检查。

⑦高强度螺栓拧紧后,丝扣应露出不少于2扣。

检查数量:按节点数抽查5%,且不应少于10个。

检验方法:观察检查。

(9)摩擦型高强度环槽铆钉连接质量检验应符合本指南附录E要求。

(10)钢构件的涂装质量检验应符合本指南5.6.7小节的要求。

第6章 BIM 技术应用

6.1 BIM 技术介绍

根据《建筑信息模型应用统一标准》(GB/T 51212—2016)中定义,建筑信息模型(Building Information Modeling,BIM)是指在建设工程及设施全生命周期内,对其物理和功能特性进行数字化表达,并依此设计、施工、运营的过程和结果的总称。

BIM 是一种各方共享、共同受益的技术体系,能够实现单体二维设计到三维协同设计的转换,消除差错漏碰,能够快速算量、精确计划、虚拟施工、精准管养等,形成全过程的数据模型,在设计、制造、施工、运维的全生命周期,实现信息共享和传递,提高工程建设的质量和效率,大幅节约项目成本,提升科学决策和管理水平。

公路钢结构桥梁 BIM 技术主要是利用三维数字模型对项目进行设计、施工、运维的全过程应用,包含了项目所有的几何、物理、功能和性能信息,项目各参与方在项目各个阶段可以基于同一模型,利用和维护这些信息进行协同工作,对项目进行各种类型和专业的计算、分析和模拟。

近年来,BIM 技术在公路钢结构桥梁建设中逐渐被重视,并在港珠澳大桥、沪通长江大桥、深中通道等特大型桥梁项目中广泛应用。BIM 技术应用,已从最初的重点集中于规划设计阶段的三维模型制作、碰撞检查、方案展示,逐步发展到施工过程、进度、质量以及成本方面管理,再到运维阶段的建养一体化管养平台,逐步展示出通过 BIM 技术工程应用来实现信息传递、共享、使用带来的巨大效益。

BIM 技术在公路钢结构桥梁建设中应用的最大价值在于将项目的规划设计、制造施工、工程监理、建设管理、运营管养等产业链与技术链串联起来,实现数字化技术对工程项目建、管、养的革命性穿透和提升。

6.2 应用实施

6.2.1 应用目标

(1)实现公路钢结构桥梁全生命周期内各参与方在同一 BIM 模型的数据共享,为以

"标准化设计、工厂化生产、装配化施工、信息化管理、产业链贯通"为特征的常规跨径公路钢结构桥梁工程建设提供技术保障。

（2）对工程环境、能耗、经济、质量、安全等方面进行分析、检查和模拟,为项目各阶段的方案优化和科学决策提供依据。

（3）实现各专业协同工作、项目的虚拟建造和精细化管理,为项目提质增效、节能环保创造条件。

6.2.2 应用原则

（1）参与方职责范围一致性原则。项目 BIM 技术实施过程中,各参与方对 BIM 模型及 BIM 应用所承担的工作职责及工作范围,应与各参与方合同规定的项目承包范围和承包任务一致。

（2）软件版本及接口一致性原则。项目启动前,由建设单位统一 BIM 协同平台的权限及建模软件的类型及版本,并对交付成果的文件(数据)格式做统一规定。

（3）BIM 模型维护与工程实际同步原则。在实施过程中,BIM 应用应与项目实施进度保持同步。

6.2.3 应用流程

全生命周期的 BIM 应用,在 BIM 标准体系架构下,依托统一的 BIM 编码体系、BIM 建模及交付标准,借助统一的 BIM 信息化协同管理平台,管理项目全生命周期过程产生的信息、数据与文件;在项目竣工验收时,按行业标准规范以及交付标准,将集成勘察设计、制造、施工等建设管理 BIM 信息与数据交付给建设单位,从而最终达到信息传递和全生命周期管理的目标。

建设期的 BIM 应用流程如图 6.2.3 所示。

在设计阶段,通过施工工法、设计经验、设计要求,并输入路线总体以及勘察信息,进行 BIM 设计,建立参数化的模型,对结构模型进行结构校核和计算分析,满足相关设计规范,达到优选的结构形式,并根据结构分析结果调整、完善 BIM 模型,生成二维图纸以及输出工程量信息。

在初步设计阶段或施工图设计阶段,应用 BIM 技术检查施工图设计阶段各专业模型,进行协同设计,以避免空间冲突与碰撞,防止设计错误传递到施工阶段,并整合路线、桥梁、隧道、交通安全设施、景观等专业模型,形成整合的 BIM 模型。

制造期 BIM 技术应用,在全生命周期 BIM 应用实施标准框架下,在保证设计阶段原有结构不变、满足制造精度和工艺管理要求基础上,加入生产过程管理控制的基础属性和扩展信息,为加工制造过程的管理控制提供基础数据并指导生产,同时在制造过程中以 BIM 模型为中心,对制造过程中的物料、焊接、精度、进度以及质量与安全等信息进行集成,实现最终产品质量管理与安全控制信息的可追溯性,包括物料来源、排版套料、零件切割、组装制造工艺以及质量检验结果与安全管理保障措施等信息。BIM 模型所涵盖的所有模块化数据,将集成到 BIM 信息协同管理平台,为下一环节的安装及运维提供满足交付标准要求的 BIM 模型与数据。

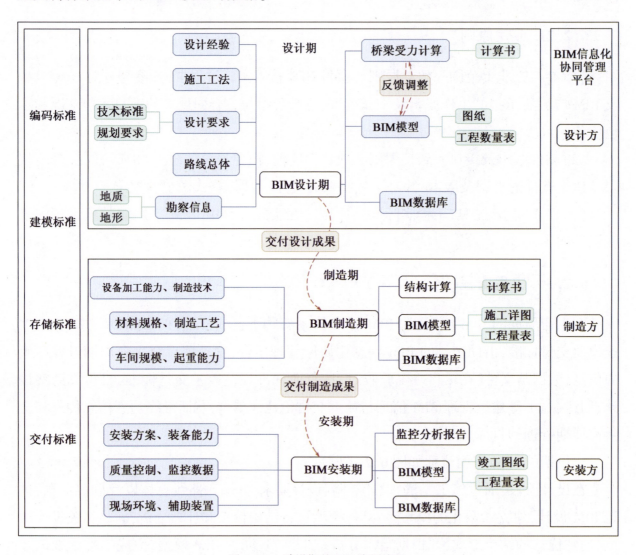

图 6.2.3 建设期的 BIM 应用流程

安装期 BIM 技术应用,主要是整合不同专业,检验各个专业间的安装关系是否满足要求。在考虑周边环境限制对施工安装方案影响基础上,将项目建设地的周边环境与项目 BIM 模型进行融合,验证项目在施工各阶段安装方案的可行性、经济性和合理性。通过进度与 BIM 构件进行关联,可视化推演各专业同步作业,验证专业间的协调性和资源配置的合理性。

6.3 设计期 BIM 应用

6.3.1 设计建模要求

设计建模是 BIM 应用的关键环节,是 BIM 应用技术链的前端,建模的精细化质量和模拟的合理性直接关系后续各阶段的应用质量。设计阶段宜按以下要求建模:

(1)模型的创建应充分考虑模型设计阶段应用和交付加工的需要。

(2)模型宜能够按照设计参数进行变化,构件之间宜按设计规则进行关联,修改时可联动修改。

(3)各专业宜在同一平台进行协同设计,模型按照建模等级,充分利用前级模型进行深化。推荐使用 Tekla 或 Catia,以便后期对钢结构深化加工。

(4)模型创建应采用统一的坐标系和度量单位。

(5)宜通过设计参数,建立有限元分析模型,进行计算分析,并反馈调整 BIM 模型。

(6)为满足项目管理需求,BIM 模型编码原则上应满足唯一性、简洁性和语义性要求,要求 BIM 模型编码、图纸编码和文件编码尽量保持相关性和匹配性。存储应当满足软件通用性要求,编码及存储可参照公路工程信息模型相关标准,对于有特殊要求的公路钢结构桥梁项目,可在此基础上进行拓展和补充。

(7)模型命名参照公路工程信息模型相关标准规定,并可针对钢桥特点,在实际工程中进行补充。

6.3.2 设计阶段应用

设计阶段 BIM 技术的应用分为初步设计阶段和施工图设计阶段,如表 6.3.2 所示。

表 6.3.2 设计阶段 BIM 技术应用点

阶　段	应　用　点
初步设计阶段	设计方案可视化
	设计方案比选
	施工工法模拟
施工图设计阶段	模型出图
	工程量统计

初步设计阶段可应用 BIM 对设计方案或重大技术问题的解决方案进行综合分析,协

调设计接口、稳定主要外部条件,论证技术上的适用性、可靠性和经济上的合理性,主要包括下列内容:

(1)设计方案可视化:利用初步设计模型展现设计方案并进行方案分析,充分展示桥梁与周边环境的空间关系、界限位置等关键因素,进行方案沟通交流。

(2)设计方案比选:建立比选设计方案模型,对各方案的可行性、功能性、经济性、美观性等方面进行分析,选择最优设计方案。

(3)施工工法模拟:利用初步设计模型模拟施工工法并形成模拟视频,清晰表达设计方案的施工工法、辅助措施等信息,论证和比选辅助施工工法。

施工图设计阶段可应用 BIM 对设计方案进行综合模拟及检查,优化方案中的技术措施、工艺、用料等,在初步设计基础上辅助编制可供施工和安装阶段使用的设计文件,主要包括下列内容:

(1)模型出图:基于模型输出二维设计图纸,以剖切三维设计模型为主,二维绘图标识为辅。出图的内容宜包括平、纵、横、构造、大样图等,对于局部复杂空间,宜增加三维透视图和轴测图作为辅助表达。图纸内容应与交付模型一致,深度应符合桥梁工程现行标准规范的相关规定。

(2)工程量统计:利用施工图设计模型输出工程量与项目特征信息,辅助编制、校核工程量清单,提高各阶段确定工程造价的效率与准确性;工程算量可依据本指南第 7 章的成本定额。

6.3.3 设计交付

BIM 交付成果应结合二维工程图、相关文档、三维模型、关联数据为总体交付手段,并满足如下规定:

(1)设计期交付的模型深度可参考公路工程信息模型相关标准中关于模型及构件深度等级的规定。

(2)设计期交付的模型宜进行模型及关联数据审核。

(3)交付的模型应包含版本信息。

(4)交付格式应符合 ifc 格式或工程项目合同中约定的专用格式。

(5)施工图设计阶段交付模型宜为施工深化预留条件。

(6)数据交付应包含本阶段的所有几何信息和非几何属性。

(7)BIM 模型设计完成后,按照项目协同管理平台接收指定格式文件提交至平台,通过解析实现轻量化展示和应用。

6.4 制造期 BIM 应用

6.4.1 模型深化要求

收到设计单位交付的 BIM 模型后,应审核 BIM 模型是否满足项目总体要求,模型中必要的设计信息是否齐全,模型是否已消除各类干涉问题,模型的编码是否执行项目的编码要求,结构化及非结构化数据是否通过编码与模型进行关联。

原则上,制造期模型深化的建模软件应保持与设计期 BIM 模型一致;不能保持一致时,需要考虑实现设计期 BIM 模型无损导入制造期设计软件,并符合存储标准及交付标准的要求。

应根据钢板厚度方向尺寸不同,设置不同等级的颜色,便于视觉区分(例如,20mm 厚度钢板,颜色等级设为 20);附属件应按类设置其专用颜色,且与钢板颜色差别显著。

模型深化应满足以下要求:

(1)模型深化应采用与设计 BIM 统一的坐标系和度量单位。

(2)模型深化前需要与安装单位进行沟通,确认需要在制造模型中考虑的安装控制元素和扩展信息等。

(3)在 BIM 设计模型的基础上,将制造的物资信息、工艺要求、管理层次等相关信息加入模型中,使其满足生产制造和生产管理的要求,同时满足电子化交付模型的相关信息接口要求。

(4)构件级模型单元几何表达精度应达到《建筑工程设计信息模型制图标准》(JGJ/T 448—2018)模型单元表达中 4.1.5 中 G4 等级,等级要求符合公路工程信息模型相关标准的有关规定。

(5)根据制造工艺的要求,对设计 BIM 模型进行节段、单元或块体的划分,以满足现有制造条件和材料轧制规格、运输限制的要求,实现制造的标准化和自动化。

(6)应根据设计文件的线形拱度表格进行制造拱度的调整和修改,使其满足制造加工的线形要求。

(7)应对连接节点及细部构造进行结构深化,建立螺栓、焊钉和焊缝的连接构造关系。

(8)制造过程中各种辅助结构和临时匹配件等的建模,同时考虑安装期安装或监控过程中临时结构的建模以及不同专业间辅助连接结构的建模,根据编码要求进行合理编码。

(9)对制造相关信息进行扩展,使其能通过 BIM 模型或结构化数据传递到生产环节,作为生产的基础数据。

(10)BIM制造模型完毕后应由资深设计工程师、工艺师、质检工程师、生产主管等对BIM制造模型进行设计检查与工艺性检查,检查现有结构划分在现有制造条件下是否能够达到质量要求,检查焊接工艺和涂装工艺是否具有可操作性和可检验性,是否有更合理的结构修改意见。

6.4.2 制造阶段应用

1)施工详图自动生成

施工详图应通过建模软件根据图纸规格和制图要求自动生成对应图纸。BIM制造模型和图纸管理应具有版本管理的功能,变更内容应具有追溯的能力,图纸的修改、升版、变更和删除应具有自动管理能力。

2)物料追踪管理

产品的物资采购信息应与BIM模型的产品一一对应,制造过程中通过BIM模型的信息传递,使物资的使用做到全程追踪,通过系统管理最终产品都能够具有全程物资追溯的能力。

3)钢结构焊缝管理

BIM模型应建立主要焊缝的实体模型,具有焊缝管理全过程所需的基本信息。能够按照焊缝类型导出焊缝相关信息,用于统计焊缝长度和焊材用量等,数据可用于施工队进行工程量结算、采购焊材及耗材等,实现精细化管理和采购应用,并通过生产反馈每条焊缝的施工进度和检验结果,以可视化方式展示焊缝的施工进度和合格率分布分析等。

4)钢结构精度管理

通过BIM模型导出3D模型,制订三维尺寸控制及检验计划,能够将产品尺寸从二维控制升级为三维控制,对产品的局部偏差和空间尺寸偏差进行全面分析,找出制造工艺的共性问题,保证产品安装的空间精度。

5)质量管理

将BIM模型与制造阶段和施工阶段的钢结构产品进行关联,应用于工序交验、质量问题整改、质量资料归档、原材料追溯、质量评估及预警等,实现钢结构产品质量管理。

6)进度管理

结合BIM模型的应用,可以模拟进度计划的推演,将不同标段和专业之间的进度计划与 BIM 模型管理的对象进行关联,以生长的方式模拟制造过程,验证各标段和专业之间的进度计划的合理性和协调性,便于对计划进行整体经济性考虑。

6.4.3 制造交付

1)制造交付标准

(1)BIM 制造模型交付的模型精细度应符合公路工程信息模型相关标准的要求,达到构件级模型深度,并根据工程项目应用需求,可在此等级基础上细化模型。

(2)应符合《建筑信息模型设计交付标准》(GB/T 51301—2018)G4 几何表达精度要求,满足采购、建造安装等精细识别需求的几何表达精度。

(3)模型单元的属性信息应符合公路工程信息模型相关标准的要求。

(4)交付的模型文件采用建模软件的原有格式,没有特殊要求不得转化为中间格式交付。

(5)与模型相关联的半结构化数据文件和非结构化文件,应采用常见格式交付,禁止采用特殊格式交付。

2)制造交付内容

(1)BIM 制造模型交付应包括:模型单元的系统分类、模型单元的关联关系、模型单元几何信息及几何表达精度、模型单元属性的信息深度、属性值的数据来源。

(2)扩展后的属性能够从模型中提取,用于各项管理应用,同时还应具有反馈和集成相关信息的能力,便于竣工时形成电子交付模型,这些属性能够通过模型传递到安装单位或运营管理单位,无须通过管理系统提取和导出。

(3)除在建模软件中能够直接查找到的属性信息外,还应在模型外部通过结构化和半结构化数据进行信息的扩展和补充,通过项目协同管理系统能够实现 BIM 模型与扩展和补充信息的关联。

(4)交付内容种类可分为:BIM 模型类、文档类、扫描图片、视频监控、音频文件、数据库文件、半结构化文件等。

3)BIM 模型成果要求

(1)BIM 制造模型交付物应包括:BIM 制造模型、属性信息表、工程图纸、模型工程量清单。其中,BIM 制造模型作为主要交付文件,其他成果文件可作为辅助文件。

(2)除模型以外的其他交付物文件应优先从模型中生成,不宜或不需使用三维模型输出的部分信息,可采用其他形式生成。

(3)信息交付方应保障数据的准确性、完整性与一致性,所交付的信息模型、文档、图纸应保持一致。

（4）BIM制造模型应包含制造阶段交付所需的全部制造信息。表达方式应包括模型视图、表格、文档、图像、点云、多媒体级网页，各种表达方式间应具有关联访问关系。

（5）工程图纸应基于BIM制造模型加工而成，电子工程图纸文件可索引其他交付物。交付时，应一同交付，并确保索引路径有效。

（6）模型工程量清单应基于BIM制造模型导出，应包含：项目简述、模型工程量清单应用目的和模型单元工程量级编码。

（7）BIM制造模型深化完毕后，按照项目协同管理平台接收的指定格式提交至平台，通过解析实现轻量化展示和应用。

6.5 安装期BIM应用

6.5.1 模型深化要求

在制造BIM模型交付的基础上，进行安装环境和安装设备的BIM模型创建，将各专业BIM模型进行整合，全面分析项目专业间的安装接口是否满足设计要求。

深化设计软件的选择原则，原则上应保持与制造BIM深化软件一致，同时考虑不同专业BIM模型的兼容性，保证各专业BIM模型导入数据的完整性。

模型深化应满足以下要求：

（1）安装期的模型精度标准保持与制造期模型一致，对于新增加的地理环境模型和大型施工装备模型，只需表达准确几何元素，满足应用点要求即可。

（2）对于构件级模型单元几何表达精度应达到《建筑工程设计信息模型制图标准》（JGJ/T 448—2018）模型单元表达中4.1.5中G4等级，等级要求符合公路工程信息模型相关标准的有关规定。新建地理环境和大型施工装备模型单元几何表达精度根据应用要求，可参考G3等级。

（3）产品编码应在制造BIM模型基础上，根据安装分级的要求，对构件进行统一的编码应用，便于在安装环节进行信息交换和共享，同时满足整个建造周期对产品分级管理要求。

（4）根据安装方案要求，对制造BIM模型进行组织层级的调整，满足现有安装条件和施工装备安装能力的要求，便于满足安装的模块化要求。

（5）在制造BIM模型基础上，根据设计文件的线形拱度表格进行安装拱度的调整和修改，使其满足安装架设的线形要求。

（6）安装期BIM模型深化和建模完成后，应组织专家进行模型审核，保证模型的建模深度和细度满足安装方案要求,建模的范围能够充分表达项目的建设环境要求,对安装方案和过程能够起到指导和模拟的作用。

(7)根据安装需要与项目相关的周边地理环境需要进行建模,并与项目整体 BIM 模型进行融合,周边环境模型通常采用倾斜摄影+点云建模的方式建立模型。

(8)施工装备的模型一般要求以标准模型库方式进行管理,对施工中常用的大型装备进行参数化建模,并应保证施工模拟的准确性。

(9)为实现施工模拟,需要将临时设施、辅助设施进行参数化建模,要求模型精度与施工装备建模精度一致。

6.5.2 安装阶段应用

1)施工进度可视化

将施工进度计划节点与 BIM 模型中的管理单元进行关联,实现 BIM 模型按照时间节点自动衍生模拟,将施工资源和设备加入各个时间节点中,通过施工推演的方式模拟制订的施工进度的合理性和经济性,指导施工进度的优化和调整。

2)虚拟施工技术

在方案比选阶段,针对多组施工方案进行虚拟施工技术模拟,将人、材、机、料、法、环进行虚拟建模,对比每个方案的施工质量、成本、安全和经济性等各项指标,通过数据分析确定最优施工方案。

6.5.3 竣工交付

1)竣工交付标准

(1)BIM 安装模型交付的模型精细度应符合公路工程信息模型相关标准要求,达到构件级模型深度。

(2)应符合《建筑信息模型设计交付标准》(GB/T 51301—2018)G4 几何表达精度要求。

(3)模型单元属性信息应符合公路工程信息模型相关标准的要求。

(4)交付的模型文件要求采用建模软件的原有格式,没有特殊要求不得转化为中间格式交付。

(5)与模型相关联的半结构化数据文件和非结构化文件,应采用常见格式交付,禁止采用特殊格式交付。

2)竣工交付的内容

(1)BIM 竣工交付模型包括:模型单元的系统分类、模型单元的关联关系、模型单元几何信息及几何表达精度、模型单元属性的信息深度、属性值的数据来源。

（2）BIM安装模型应能实现相关属性信息集成扩展的能力。扩展属性要求根据实际管理需求定制，宜少不宜多，尽量精简，满足管理目的需求即可。

（3）扩展后的属性能够从模型中提取，用于各项管理应用，同时还应具有相关信息反馈和集成的能力，便于竣工时形成电子交付模型，这些属性能够通过模型传递到运营管理单位，无须通过管理系统提取和导出。

（4）除在建模软件中能够直接查找到的属性信息外，还应在模型外部通过结构化和半结构化数据进行信息的扩展和补充，通过项目协同管理系统实现BIM模型与扩展和补充信息的关联。

（5）交付内容的种类分为：BIM模型类、文档类、扫描图片、视频监控、音频文件、数据库文件、半结构化文件等。

（6）安装BIM模型深化完毕后，按照项目协同管理平台接收的指定格式文件提交至平台，通过解析实现轻量化展示和应用的目的。

第7章 成本核算

7.1 一般规定

7.1.1 成本核算目的

交通运输部2016年印发了《关于推进公路钢结构桥梁建设的指导意见》(简称《指导意见》),决定推进钢箱梁、钢桁梁、组合梁等公路钢结构桥梁建设,提升公路桥梁品质,发挥钢结构桥梁性能优势,助推公路建设转型升级。

为顺利推进钢结构桥梁建设,《指导意见》提出了7条重点措施。其中:第1条是"加强方案比选,鼓励选用钢结构桥梁。从工程可行性研究阶段开始,综合考虑桥梁建设成本、安全耐久、管理养护等方面的因素,加强对混凝土桥梁和钢结构桥梁方案进行比选论证,鼓励择优选用钢结构桥梁"。第6条是"完善相关标准定额。认真总结现有钢结构桥梁技术标准执行情况和建设、管理、养护经验,针对钢结构桥梁推广使用过程中的问题,及时修订完善相关标准规范"。

在钢结构桥梁工程前期设计过程中,需要开展钢结构桥梁造价及成本研究,通过平衡规划设计阶段、施工阶段、运营阶段和拆除阶段的预测成本,确定满足桥梁功能需求与经济约束的最佳方案,达到项目全寿命周期成本最低。

成本核算是公路钢结构桥梁建造的重要环节,开展钢结构桥梁成本核算研究、编制钢结构桥梁预算补充定额,是落实《指导意见》相关措施的重要步骤,也是推进钢结构桥梁发展的重要技术支撑。

7.1.2 成本核算的工作原则

(1)与相关规范协调一致,贯彻部颁定额原理。

钢结构桥梁成本核算应与相关设计规范、技术规范及施工规范相匹配,表格形式、计算方法、参数取定等遵循部颁定额相关规定。

(2)有效利用现有成果,确保核算内容系统、科学、适用。

现行部颁公路定额缺少桥梁钢结构制造定额,在钢结构安装定额方面也存在定额水平与现场实际不符的现象,钢结构桥梁成本核算需要充分利用施工企业内部定额标准及投标报价清单开展工作,同时,加快钢结构桥梁预算补充定额的编制工作。

(3)合理确定,实事求是的原则。

钢结构桥梁成本核算,应执行部颁公路概预算编制办法及配套定额相关规定,编制的预算补充定额应真实反映钢结构桥梁工程现场条件、施工组织及工效消耗情况,造价或成本费用结果应符合市场行情。

(4)简明适用的原则。

成本核算在成果表现形式上要简明、有条理,便于专家审查,在进行造价控制及编制中,应简单适用,与结构设计契合度高,工程量摘取应简单明了。

(5)独立核算的原则。

钢结构桥梁建造及安装具有一定特殊性和专业性,制造应由具有相应资质、技术能力强、设备专业化程度高的承包商完成,由于工艺流程及施工界面清晰,钢结构制造及现场安装具备独立组织、独立管理及独立核算的条件。

7.1.3 成本核算的思路

钢结构桥梁建造成本核算体系包括三个层次内容,即:项目前期造价编制、施工期承包商成本核算、相关定额指标编制。现行部颁公路定额中,钢结构桥梁钢结构加工制作、涂装及现场安装等工序存在定额缺项或不适用现象,给钢结构桥梁前期造价编制及实施中成本核算带来不利影响。本指南结合当前主流钢结构制造及安装企业的装备水平、工艺及施工组织、现场工效等因素,按照部颁公路定额原理,编制了预算补充定额,为钢结构桥梁造价编制或成本核算提供参考依据。

1)前期设计阶段造价编制

项目前期造价内容主要包括编制项目估算、初步设计概算、施工图预算或招标控制价等内容。

造价编制应执行现行部颁公路造价编制办法规定,采用设计方案及工程量、采用政府发布的材料价格信息及相关定额标准,分别计算建筑安装工程费、土地使用及拆迁补偿费、工程建设其他费、预备费及建设期贷款利息等内容。

2)施工阶段成本核算

主要内容有钢结构工厂制造、运输、现场制造拼装及现场安装的投标报价、标后施工预算、分包价格确定、企业内部成本控制目标确定以及过程中变更索赔单价确定等,成本构成包括直接成本、措施费、期间费用及其他相关费用。

此部分内容应根据不同的造价编制目标,采用不同的方法进行编制。企业投标报价应按照招标文件要求编制报价,并进行相关单价分析。标后预算、分包及企业内部成本控制等,应根据企业内部定额、管理费指标、成本指标、实际材料采购价格等内容编制。变更索赔单价的确定,应按照招标技术规范、合同条款规定的方法编制确定。

3) 养护、检测及维修成本核算

主要是确定招标控制价、投标报价或分包合同价格的确定。

此部分内容应根据不同的造价编制目标,采用不同的方法进行编制。养护成本应与计量支付条款说明及运营维护手册充分匹配,费用编制应按照施工组织及现场投入情况,以市场价格编制,小修及维护费用应结合项目路产损坏赔偿标准及相关养护定额、类似项目清单合同价格、运营维护手册规定的施工方案及质量标准综合确定单价。

7.1.4 成本核算主要依据

(1) 现行交通运输行业公路工程概预算编制办法及配套定额;
(2) 工程所在地省级交通运输主管部门发布的补充规定及补充定额等;
(3) 各省级交通运输主管部门发布的公路养护工程预算编制办法、公路养护工程预算定额及补充规定等;
(4) 经批准的设计文件及施工组织方案等;
(5) 招标文件及相关技术规范;
(6) 运营维护手册、施工图设计图纸及工程量;
(7) 工程所在地的人工、材料与设备、施工机械价格等;
(8) 企业内部成本指标或定额;
(9) 国内类似项目日常养护合同费用、专项养护定额及路产赔偿标准等;
(10) 有关合同、协议等;
(11) 其他有关文件。

7.2 建造成本核算

7.2.1 成本构成

钢构件加工成本核算的主要内容包括制造成本、措施费、期间成本、专项费用。制造成本包括直接人工成本、直接材料成本、直接机械使用成本、动力成本;措施费主要包含冬季施工增加费用、雨季施工措施增加费用、夜间施工增加费用、特殊地区施工增加费用、行车干扰施工增加费用、施工辅助费、工地转移费;期间成本包括企业管理费、规费、利润、税金;专项费用包括现场施工场地建设费、保险费、施工环保费、安全文明生产费等,如图 7.2.1 所示。

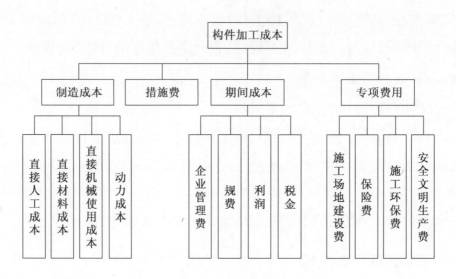

图 7.2.1 构件加工成本核算构成图

钢构件加工成本核算除专项费用外,均按照"价税分离"的计价规则计算,即各项费用均以不含增值税可抵扣进项税额的价格(费率)进行计算,具体价格所适用的增值税税率执行财税部门的相关规定。钢构件的成本核算宜将各项成本的总额通过合理的方法分摊入产品成本。

7.2.2 钢结构制造成本

1) 直接人工成本

直接人工成本是指直接用于产品生产的人工成本,包含应发工资合计和对应的保险提取等成本。

(1) 人工费包括:

①计时工资或计件工资。按计时工资标准和工作时间或对已完成工作按计件单价支付给个人的劳动报酬。

②津贴、补贴。为了补偿职工特殊或额外的劳动消耗和因其他特殊原因支付给劳动者的报酬,以及为保证职工工资水平不受物价影响支付给个人的物价补贴。如流动施工津贴、特殊地区施工津贴、特殊工种津贴、高温(寒、危)作业临时津贴、高空作业津贴、冬季雨季施工作业津贴、赶工作业津贴等。

③特殊情况下支付的工资。根据国家法律、法规和政策规定,因病、工伤、产假、年休假、婚丧假、事假、停工学习、执行国家或社会义务等按计时工资或计件工资标准的一定

比例支付的工资。

④零星作业额外报酬。完成某项不可预见的施工作业而临时增加的工作内容等支付给劳动者的报酬。

（2）人工费的核算以预定的人工工日数×综合工日单价进行计算。

（3）人工费标准根据本地区劳务市场各工种劳务价格水平及企业人工单价等情况综合分析，确定人工单价。人工单价仅作为核算的依据，不作为企业实发工资的依据。

2）直接材料成本

钢构件直接材料成本包括钢材成本、焊材成本、涂装材料成本、连接紧固件成本、圆柱头焊钉成本、辅助材料成本及材料二次检验检测成本。

（1）钢材

钢材价格由钢材出厂价、技术指标及供货条件要求费用、运杂费、钢材损耗、采购及保管费、钢材价格波动风险费组成。钢材的价格应根据市场调查价格、国内一线桥梁钢板生产厂家的当期报价及钢材市场涨跌预测等情况综合分析，确定钢材费用。

钢材的核算价格 = （钢材出厂价 + 运杂费 + 钢材价格波动风险费）×（1 + 钢材损耗）×（1 + 采购及保管费费率）

——运杂费：

①运杂费是指材料自供应地点至制造厂所、施工仓库（施工地点存放材料的地方）的费用，包括装卸费、运费，如果发生还应计囤存费、仓储费及其他费用（如过磅、标签、支撑加固、保险费、路桥通行费等费用）。

②通过铁路、公路、水路运输的材料，按调查的市场运价计算运费。如果一种材料当有两个以上的供应地点或采用两种以上的运输方式运输时，应根据不同运距、运量、运价采取加权平均的方法计算运费。

——采购及保管费：

①材料采购及保管费是指在组织采购、保管过程中，所需的各项费用及制造厂所、工地仓库的材料存储损耗。

②材料采购及保管费以材料的原价加运杂费及场外运输的损耗的合计数为基数，乘以采购及保管费费率计算。

③钢材的采购及保管费费率为0.75%，燃料、爆破材料为3.26%，其余材料为2.06%。

——钢材损耗：

各种结构的钢材损耗见表7.2.2。

表 7.2.2 各种结构的钢材损耗

序 号	项 目 名 称	加工损耗(%)
1	工字组合梁	6~8
2	箱形组合梁	8~10
3	钢箱梁	8~10
4	钢桁梁	12~15
5	波形钢腹板组合梁	8~10

——对于钢材的其他要求：

其他要求包括桥梁钢板双定尺要求、允许板厚偏差要求、轧制工艺要求、Z向机械性能要求、表面质量和表面腐蚀等级要求、探伤等级要求及耐候性要求等。应根据设计图纸要求结合市场调查价格计入材料成本。

(2)焊材

焊材的采购价格参照市场调查价格综合定价。完成每吨钢结构件消耗的焊材定额及焊材的拟定损耗根据钢构件的结构形式、焊接要求由企业自行确定。

焊材的核算价格 = [完成每吨钢结构件消耗的焊材定额 × (1 + 拟定损耗)] × (焊材采购价 + 运杂费) × (1 + 采购及保管费费率)

——焊材的采购及保管费费率：2.06%。

(3)涂装材料

涂装材料是指涂布于钢构件表面在一定的条件下能形成薄膜而起保护、装饰或其他特殊功能(绝缘、防锈、防霉、耐热等)的一类液体或固体材料。

涂装材料的核算价格 = 涂料单位面积单价 × 吨面积

——涂料单位面积单价 = (单位面积每种涂料用量 × 每种涂料单价费用之和) × (1 + 涂料的采购及保管费费率)。

——吨面积 = 钢构件所有外(内、栓接等)表面涂装面积之和 ÷ 钢构件总吨位。

——单位面积每种涂料用量 = (涂层的单位体积 ÷ 涂料体积固含量) × 涂料消耗系数,其中厂内涂装涂料消耗系数为1.9,工地现场涂装涂料消耗系数为2.3。

——涂料的采购及保管费费率：2.06%。

(4)紧固件

紧固件是指将两个或两个以上零件(或构件)紧固连接成为一件整体时所采用的一类机械零件的总称。钢主梁所指的紧固件为构件连接高强度螺栓、普通螺栓。

紧固件的核算价格 = [每吨钢结构摊销的紧固件数量 × (1 + 紧固件的损耗) × 紧固件的价格] × (1 + 采购及保管费费率)

——每吨钢结构摊销的紧固件数量 = 钢构件所有紧固件之和 ÷ 钢构件总吨位。

——紧固件的价格＝紧固件市场调查价格＋运杂费。

——紧固件的损耗:3%。

——紧固件的采购及保管费费率:2.06%。

(5)圆柱头焊钉

圆柱头焊钉是电弧螺柱焊用圆柱头焊钉的简称,主要用于加强钢板与混凝土结合的强度。

圆柱头焊钉的核算价格＝[每吨钢结构摊销的圆柱头焊钉的数量×(1＋圆柱头焊钉的损耗)×圆柱头焊钉的价格]×(1＋采购及保管费费率)

——每吨钢结构摊销的圆柱头焊钉数量＝钢构件所有圆柱头焊钉之和÷钢构件总吨位。

——圆柱头焊钉的价格＝(市场调查的价格＋配套磁环＋运杂费＋保管费)×(1＋拟定损耗)。

——圆柱头焊钉的损耗:3%。

——圆柱头焊钉的采购及保管费费率:2.06%。

(6)辅助材料

主要包括焊剂、氧气、乙炔、二氧化碳、陶瓷衬垫等。

辅助材料的核算价格＝企业完成同类型产品的实际耗用数量×市场调查的价格

(7)材料二次检验检测

主要包括钢材、焊材、涂料、紧固件、圆柱头焊钉、辅助材料等外购件的二次检验。

材料二次检验检测的核算价格＝材料成本价格×1.5%

3)直接机械使用成本

直接机械使用成本是指为完成钢构件加工制造、焊接、防腐涂装、现场施工等投入的机械设备、工艺装备、检验设备、试验设备、仪器仪表等设备的台班数量,按相应的机械台班费用计算的费用。

机械台班费应参照现行《公路工程机械台班费用定额》(JTG/T 3833)、市场调查的机械台班费用、企业自行规定的机械台班费等综合确定机械费用单价。

机械台班费用单价由不变费用和可变费用组成。不变费用包括折旧费、检修费、维护费、安拆辅助费等;可变费用包括机上人员人工费、动力燃料费、车船税。可变费用中的人员人工费单价参照直接人工费单价确定方法,动力燃料费按照市场调查价格计算。

——工艺装备费。包含为满足施工需要而添置的加工制造设备、试验设备、检验检测设备、工装胎架、深化设计、工艺试验等费用。

新添置的加工制造设备、试验设备、检验检测设备按市场调查价格结合设备费用摊销规定计入制造成本。

——工装胎架费 = 所需实际耗用量 × [材料费 × (1 + 拟定损耗) + 工装胎架制造费 + 安拆费 + 检测费 - 材料回收费]。

深化设计、工艺试验按每吨 300~500 元计入制造费成本。

机械费的核算以预定的机械使用台班数 × 综合机械使用单价进行计算。

4) 动力成本

动力成本费用是指企业在钢构件的制造、焊接和涂装过程中各种设备消耗的水、电、气等能源成本。根据电表等计量仪器所显示的计量数为准,按一定的计价标准计算确定消耗的动力费用。

动力成本费用的核算价格 = 按实际耗用数量 × 动力单价

5) 措施费

生产制造措施费包括冬季施工增加费、雨季施工增加费、夜间施工增加费、特殊地区施工增加费、行车干扰施工增加费、辅助施工增加费、工地转移费。各项费用的费率取计标准参照现行《公路工程建设项目概算预算编制办法》(JTG 3830)措施费费率标准。

6) 企业管理费成本

企业管理费用是指构件制造单位行政管理部门为组织和管理生产经营活动而发生的各种费用。具体费用包括管理人员工资及福利费,生产用制造厂房折旧、管理用固定资产折旧费用,无形资产摊销,财务费用,业务招待费,差旅费,办公费,聘请中介机构费,咨询费,诉讼费和研发费及上述项目以外的其他必要的费用支出,其他必要的费用支出包括技术转让费、技术开发费、竣(交)工文件编制费、招投标费、绿化费、广告费、公证费、定额测定费、法律顾问费、审计费、咨询费以及施工标准化、规范化、精细化管理等费用。

7) 规费

规费是指按法律、法规、规章、规程规定施工企业必须缴纳的费用。各项费用以各类工程人工费之和为基数,按国家或工程所在地法律、法规、规章、规程规定的标准计算。

8) 利润

利润是指企业完成所承包的工程获得的盈利,按直接人工费、直接机械使用费、动力费、措施费之和的 7.42% 计算。

9) 税金

税金是指国家税法规定的应计入工程造价的增值税销项税额。

税金 =（直接费 + 措施费 + 企业管理费 + 规费 + 利润）× 增值税税率

——增值税税率：根据企业的性质不同，选择符合国家税法规定的增值税税率。

10）专项费用

专项费用包括现场施工场地建设费、保险费、施工环保费、安全文明生产费。

(1) 施工场地建设费

现场施工场地的租赁、征迁等均由土建下部结构施工单位承担，钢构件制造企业仅承担地面以上施工场地的建设，施工场地建设费根据项目具体核算及投入情况合理摊销至每吨钢结构产品中，主要包括：

①按照工地建设标准化要求进行承包人驻地、施工场地（构件临时存放区、拼装区、成品存放区、其他临时施工区域）等所需的办公、生活居住房屋（包括职工家属房屋及探亲房屋），公用房屋（如广播室、文体活动室、医疗室等）和生产用房屋（如仓库、加工厂、加工棚、发电站、变电站、空压机站、停机棚、值班室等）等费用。

②包括厂区平整（山岭重丘区的土石方工程除外）、场地硬化、排水、绿化、标志、污水处理设施、围墙隔离设施等费用。

③包括为完成钢构件现场施工所需的工艺装备费，起重设备、运输设备等机械设备的采购、租赁、安装、维修、拆除等费用。

④包括以上范围内的各种临时工作便道（包括汽车、人力车道）、人行便道，工地临时用水、用电的水管支线和电线支线，临时构筑物（如水井、水塔等），其他小型临时设施等的搭设或租赁、维修、拆除、清理的费用；但不包括红线范围内贯通便道进出场的临时道路、保通便道。

⑤办公场所及施工场所发生的属于固定资产的试验设备和仪器等折旧、维修或租赁费用。

⑥施工扬尘污染防治措施费：指裸露的施工场地覆盖防尘网、施工便道和施工场地洒水或喷洒抑尘剂、运输车辆的苫盖和冲洗、环境敏感区设置围挡、防尘标识设施、环境监控和检测等所需要的费用。

⑦文明施工、职工健康生活的费用。

(2) 保险费

工程保险费指在合同执行期内，施工企业按合同条款要求办理保险的费用，包括建筑工程一切险和第三方责任险。

①建筑工程一切险是为永久工程、临时工程和设备及运至施工工地用于永久工程的材料和设备所投的保险。建筑工程一切险计算成本时，按不低于核算价（不含建筑工程一切险及第三者责任险的保险费）的 2.5‰ 进行计算。

②第三者责任险是对因实施合同工程而造成的财产(本工程除外)损失或损害,或人员(业主和承包人雇员除外)的死亡或伤残所负责进行的保险。第三者责任险的最低投保金额:2000万元;事故次数不限(不计免赔额);保险费率:投标人自行调查,不低于2.5‰。

(3)施工环保费

施工环保费率:市政公用工程、冶炼工程、机电安装工程、化工石油工程、港口与航道工程、公路工程、通信工程为1.0%。

施工环保费核算成本时,按不低于核算价(不含建筑工程一切险及第三者责任险的保险费)的1.0%进行计算。

(4)安全文明生产费

安全生产费包括完善、改造和维护安全设施设备费用,配备、维护、保养应急救援器材、设备费用,开展重大危险源和事故隐患评估和整改费用,安全生产检查、评价、咨询费用,配备和更新现场作业人员安全防护用品支出费用,安全生产宣传、教育、培训费用,安全设施及特种设备检测检验费用,施工安全风险评估、应急演练等有关工作及其他与安全生产直接相关的费用。

安全生产费按核算总价乘以安全生产费费率计算,费率按不少于1.5%计取。

7.2.3 钢结构吊装支架摊销

(1)主要工作范围及工序内容:

钢结构桥梁吊装支架安拆工作主要是按照施工方案中的支架方案施工。主要包括:

①负责支架材料到场后的卸车;

②支架下料加工、组拼焊接、施工平台、爬梯搭设,附属构件施工;

③负责支架的吊装就位;

④完工后支架拆除及解体。

(2)成本内容:支架钢管、钢板、型钢材料费,施工人工费,焊材、气体等辅助材料费,汽车式起重机、焊机机械设备台班费,其他材料费,小型机具使用费以及相关施工措施费、企业管理费、利润及税金等。

(3)成本确定方法:支架钢材按照周转材料处理,支架按3次摊销,施工人工费按照定额人工费并参考市场情况确定,机械设备按机械设备台班定额计,切割、焊接等辅材按实际测算确定,小型机具使用费、其他材料费、措施费按实际发生计。

7.2.4 钢结构拖拉、步履式顶推支架摊销

(1)主要工作范围及工序内容:

钢结构桥梁拖拉、步履式顶推安装支架安装及拆除工作按照施工方案中的拼装、拖拉、顶推支架方案组织施工。主要包括：

①负责支架材料到场后的卸车；

②支架下料加工、组拼焊接、施工平台、爬梯搭设，附属构件施工；

③负责支架的吊装就位；

④完工后支架拆除及解体。

（2）成本内容：支架钢管、钢板、型钢材料费，施工人工费，焊材、气体等辅助材料费，汽车式起重机、焊机机械设备台班费，其他材料费，小型机具使用费以及相关施工措施费、企业管理费、利润及税金等。

（3）成本确定方法：支架按照周转材料处理，支架按3次摊销，施工人工费按照定额人工费并参考市场情况确定，机械设备按机械设备台班定额计，切割、焊接等辅材按实际测算确定，小型机具使用费、其他材料费、措施费按实际发生计。

7.2.5　钢结构起重机吊装

（1）主要工作范围及工序内容：

主要工作是按照施工方案配备相应的吊装设备组织吊装作业。

工作范围：完成钢箱梁、箱形组合梁（不含桥面板）、工字组合梁、钢桁梁梁段及附属构件的吊装工作。工序内容主要如下：

①配备吊具、索具、指挥人员、辅助人员等；

②负责吊装过程中的挂绳、卸绳、落位；

③负责吊装过程中起重机的转场工作；

④负责吊装设备的进出场。

（2）成本内容：施工作业人工费，起重机、转运平板拖车组机械设备台班费，小型机具使用费，钢丝绳、钢板材料费，其他材料费以及相关施工措施费、企业管理费、利润及税金等。

（3）成本确定方法：人工费、材料费按照定额人工费、材料费并参考市场实际情况确定，机械设备台班费参考机械设备台班定额并结合市场实际情况确定，小型机具使用费、其他材料费、措施费按实际发生计。

7.2.6　钢结构起重船吊装

（1）主要工作范围及工序内容：

主要工作是按照施工方案配备相应的吊装设备组织吊装作业。

工作范围:完成钢箱梁、工字组合梁、箱形组合梁、钢桁梁节段及附属构件的吊装。工序内容主要如下:

①设备进场;

②配备吊具、吊索、指挥人员、辅助人员;

③挂绳、卸绳、落位;

④负责吊装过程中起重船的转场工作;

⑤设备退场。

(2)成本内容:吊装的人工费、起重船机械设备台班费、小型机具使用费、吊装作业钢丝绳材料费、其他材料费以及相关施工措施费、企业管理费、利润及税金等。

(3)成本确定方法:人工费、材料费按照定额人工费、材料费并参考市场实际情况确定,起重船机械设备台班费参考机械设备台班定额并结合市场实际情况确定,小型机具使用费、其他材料费、措施费按实际发生计。

7.2.7 钢结构架桥机安装

(1)主要工作范围及工序内容:

主要工作是按照施工方案配备相应的架桥设备组织安装作业。

工作范围:完成箱形组合梁(含桥面板)及其横向联系及附属结构桥位处架桥施工。主要工序如下:

①架桥机进场、检测;

②负责架桥机纵横移轨道的铺设;

③负责配备吊具、起重人员、设备维修人员、指挥人员、辅助人员等;

④喂梁,架梁、落梁;

⑤架桥机过孔进行后续梁段架设;

⑥架梁完毕拆除退场。

(2)成本内容:安装施工人工费,架桥机机械设备台班费,钢丝绳、枕木材料费,小型机具使用费,其他材料费以及相关施工措施费、企业管理费、利润及税金等。

(3)成本确定方法:人工费、材料费按照定额人工费、材料费并参考市场实际情况确定,架桥机机械设备台班费参考机械设备台班定额并结合市场实际情况确定,小型机具使用费、其他材料费、措施费等按实际发生计。

7.2.8 钢结构步履式顶推安装

(1)主要工作范围及工序内容:

主要工作是按照施工方案配备相应的吊装拼接与顶推设备组织步履式顶推安装作业。

工作范围：完成钢箱梁、箱形组合梁（不含桥面板）吊装、导梁安装、步履式顶推安装施工，即钢结构桥梁的吊装拼接、顶推滑移就位、拆除导梁、落梁。主要工序如下：

①配备施工中需要的吊装、步履式顶推智能液压设备和相关操作人员；

②步履式设备的现场拆卸、安装与调试；

③梁段、钢导梁吊装拼接就位；

④现场顶推作业；

⑤顶推过程线形控制；

⑥顶推到位后拆除导梁、落梁；

⑦顶推设备拆除。

（2）成本内容：施工人工费，步履式顶推设备、起重机机械设备台班费，钢丝绳、枕木等材料费，钢导梁费用，小型机具使用费，其他材料费以及相关施工措施费、企业管理费、利润及税金等。

（3）成本确定方法：人工费、材料费按照定额人工费、材料费并参考市场实际情况确定，钢导梁费用参考市场钢结构桥梁制作安装费用确定，步履式顶推设备、起重机机械设备台班费参考机械设备台班定额并结合市场实际情况确定，小型机具使用费、其他材料费、措施费按实际发生计。

7.2.9 钢结构拖拉法安装

（1）主要工作范围及工序内容：

主要工作是按照施工方案配备梁段吊装及相应的拖拉设备组织拖拉安装作业。

工作内容：完成钢箱梁、箱形组合梁（不含桥面板）、钢桁梁、工字组合梁吊装及拖拉施工，即钢结构桥梁吊装就位、拖拉滑移就位、落梁。主要工序如下：

①穿心式千斤顶及配套的泵站和电控系统、钢绞线、四氟板、不锈钢板、纠偏设备、落梁所需的千斤顶及配套的泵站和电控系统进场；

②顶推设备的检验、检测出具相关检验检测的报告或证书；

③顶推设备到达施工现场之后，装卸车安装及调试；

④梁段吊装拼接就位；

⑤进行现场顶推作业；

⑥顶推过程线形控制；

⑦顶推到位后拆除穿心式千斤顶采用液压同步千斤顶落梁到位。

（2）成本内容：施工人工费、材料费（除主材外的不锈钢板、四氟乙烯板、钢绞线、钢丝绳、枕木等），拖拉设备、液压同步千斤顶、起重机机械设备台班费，小型机具使用费其他材料费以及相关施工措施费、企业管理费、利润及税金等。

（3）成本确定方法：人工费、材料费按照定额人工费、材料费并参考市场实际情况确定，钢导梁费用参考市场钢结构桥梁制作安装费用确定，机械设备台班费参考机械设备台班定额并结合市场实际情况确定，小型机具使用费、其他材料费、措施费按实际发生计。

7.2.10 附属设施成本

（1）主要工作范围及工序内容：

主要包括钢护栏制造安装、伸缩缝安装、支座安装等，主要包括：

①钢护栏安装的工作内容护栏和构件制造、运输到现场后的卸车、倒运、安装、打磨。

②伸缩缝安装工作内容：

a. 模数式伸缩缝：安装前的检查及准备工作；吊装伸缩缝就位；现场对接；伸缩缝高程调整；对伸缩缝临时固定；伸缩缝与预埋钢筋的焊接；预留槽内并浇筑钢纤维混凝土、振捣、养生；解除伸缩缝锁定装置；嵌入密封橡胶条。

b. 其他伸缩缝：裁剪钢板、镀锌铁皮，加工，安装锚栓；钢筋除锈、制作、绑扎、焊接；熬化、涂刷沥青，填塞沥青及麻絮；安放橡胶条；安装氯丁橡胶板上螺栓螺母。

③支座安装的工作内容：预埋钢板、钢筋的制作、预埋、电焊；支座电焊；支座安装。

（2）附属工程成本内容：机械设备进出场费用（台班费）、施工人工费、小型机具使用费、附属工程采购费、辅助材料费。

（3）成本确定方法：人工费按照定额人工费并参考市场实际情况确定，机械设备台班费参考机械设备台班定额并结合市场实际情况确定，主材、辅助材料费根据市场情况采用。

7.3 预算补充定额

总 说 明

（1）公路常规跨径钢结构桥梁预算补充定额（以下简称"本补充定额"）是按照中华人民共和国交通运输行业推荐性标准《公路工程预算定额》（JTG/T 3832—2018）的编制规则，依托国内已完成或在建常规跨径钢结构桥梁项目的施工图设计文件和施工组织文件,以现场实际施工工法及其工效水平下的资源消耗为基础,基于国内主流施工企业当前的施工装备水平、施工组织和管理水平等编制。

（2）本补充定额定位于交通运输部现行公路预算定额的补充定额,与中华人民共和国交通运输行业标准《公路工程建设项目概算预算编制办法》(JTG 3830—2018)配套使用,供公路常规跨径钢结构桥梁项目造价编制及项目建设管理使用。

（3）本补充定额是以人工、材料、机械台班、船舶艘班消耗量为表现形式的工程预算定额。编制造价时,人工费、材料费应按照《公路工程建设项目概算预算编制办法》(JTG 3830—2018)的规定计算,船舶及机械使用费应按照《公路工程机械台班费用定额》(JTG/T 3833—2018)的规定计算。

（4）本补充定额包括:钢板预处理、钢结构加工、钢结构涂装、钢结构运输、工地连接、钢结构现场安装、附属工程共七节。

（5）本补充定额的人工、船舶及机械工作时间的每工日、艘班、台班均按8h计算。

（6）本补充定额的工作内容,均包括定额项目的全部施工过程,除扼要说明施工的主要操作工序外,均包括准备和结束、场内操作范围内的水平与垂直运输、材料工地小搬运、辅助和零星用工、工具及机械小修、场地清理等工程内容。

（7）本补充定额的材料、成品、半成品均已包括场内运输及操作损耗,编制造价时,不得另行增加。材料的场外运输损耗及仓库保管损耗,应在材料价格内考虑,本补充定额说明、备注中已明确说明未包含的加工、运输或超运的费用,可在材料价格内考虑或另行计算。

（8）本补充定额周转性的型钢、钢板、钢模板、钢管支撑、吊具、脚手架和脚手板等的数量,已考虑了材料的正常周转次数并计入定额,其中桥梁钢结构安装支架部分,确因施工安排达不到规定的周转次数时,可根据具体情况进行换算并按规定计算回收,其余工程一般不予抽换。

（9）本补充定额的施工机械设备的种类、规格,是结合常规跨径钢结构桥梁工程现场实际情况确定的,如施工中实际采用机械的种类、规格与定额规定不同时,一律不得换算。

（10）本补充定额中只列出了工程所需主要材料用量和主要船舶机械艘(台)班使用量,对于次要、零星材料和小型施工机具均未一一列出,分别列入其他材料费及小型机具使用费内。

（11）本补充定额中注明"××以内"或"××以下"者,均包括"××"数本身;而注明"××以外"或"××以上"者,则不包括"××"数本身。定额内数量带"（　　）"者,则表示基价中未包括其价值。

（12）本补充定额的基价是人工费、材料费、船舶使用费和机械使用费的合计价值,其人工工日单价、材料单价、机械及船机使用费按现行行业规定和本补充定额附录表取定。

（13）本补充定额中的"工料机代号"系编制造价时造价软件对人工、材料、船舶、机械名称识别的符号,不能随意变动。

（14）其余未尽说明的有关事项,按交通运输部现行公路预算定额的规定计取。

7.3.1 钢板预处理

说 明

1. 本节定额分为工字组合梁、箱形组合梁、钢箱梁、钢桁梁、波形钢腹板组合梁原材料的钢板预处理定额。

2. 钢板预处理定额主要是以钢板预处理生产流水线进行编制预算定额。

3. 工程量计算规则:钢板预处理工程量为钢板单位质量,以10t为单位计算。车间底漆按漆膜厚度20μm计算。

1-1 钢板预处理

工程内容 工字组合梁、钢箱梁、钢桁梁、波形钢腹板组合梁:上料、辊板、校平矫正、预加热、抛丸除锈、吹扫除尘、喷涂车间底漆、烘干、卸料。

箱形组合梁:上料、校平矫正、预加热、抛丸除锈、吹扫除尘、喷涂车间底漆、烘干、卸料。

单位:10t

序号	项 目	单位	代号	工字组合梁	箱形组合梁	钢箱梁	钢桁梁	波形钢腹板组合梁
				1	2	3	4	5
1	人工	工日	1001001	3.97	4.60	4.64	4.29	4.62
2	钢丸	t	2003042	0.08	0.09	0.09	0.08	0.09
3	无机硅酸锌车间底漆	kg	5010001	11.28	13.08	13.2	12.18	13.14
4	无机锌稀释剂	kg	5010002	5.25	6.09	6.14	5.67	6.12
5	其他材料费	元	7801001	58.5	60.26	61.43	62.89	63.77
6	钢板预处理线 HRPW-4500	台班	8016001	0.07	0.08	0.08	0.07	0.08
7	钢板滚板机 EZW43C-12×3600	台班	8016002	0.07	0.08	0.08	0.07	0.08
8	喷砂除锈机	台班	8023017	0.12	0.14	0.14	0.13	0.14
9	液压无气喷涂机 1200m²/h	台班	8023018	0.1	0.11	0.11	0.1	0.11
10	电动双梁桥式起重机 32t/5t×22.5m	台班	8016026	0.07	0.08	0.09	0.08	0.08
11	50t以内门式起重机(跨径30m)	台班	8009068	0.06	0.06	0.07	0.06	0.07
12	小型机械设备使用费	元	8099001	46	47.38	48.30	49.45	50.14
13	基价	元	9999001	1712.69	1973.14	1991.31	1849.18	1987.45

7.3.2 钢结构加工

说 明

1. 本节定额由板单元加工、节段（块体）制作、单元件厂内倒运、节段（块体）厂内倒运、现场拼焊五部分组成。

2. 钢结构加工定额采用工厂内流水作业加工编制定额。定额中各工序间转运、检测、定位、车间内运输等所需的工、料、机消耗量已经计入"其他材料"和"小型机具使用费"中。

3. 工程量计算规则：钢结构加工定额工程量为设计质量的净重，以10t为单位计算。定额中已经包含了钢板、焊材、焊剂等施工损耗。

2－1 板单元加工

工程内容 工字组合梁、箱形组合梁：1）技术准备、工艺准备、工艺试验；2）数控精切下料、矫正与调直、精确划线、机械加工、制孔、板单元焊接与修整。

钢箱梁、钢桁梁：1）技术准备、工艺准备、工艺试验；2）数控精切下料、矫正与调直、U肋加工、精确划线、机械加工、制孔、板单元焊接与修整。

波形钢腹板组合梁：1）技术准备、工艺准备、工艺试验；2）数控精切下料、矫正与调直、波形腹板折弯与矫正、精确划线、机械加工、制孔、板单元焊接与修整。

单位：10t

序号	项 目	单位	代号	工字组合梁	箱形组合梁	钢箱梁	钢桁梁	波形钢腹板组合梁
				1	2	3	4	5
1	人工	工日	1001001	53.63	64.36	69.72	80.45	72.40
2	结构钢材（各种规格型号）	t	2002001	(10.881)	(11.083)	(11.083)	(11.586)	(11.083)
3	氧气	瓶	3004001	22.22	22.67	22.89	23.33	23
4	二氧化碳	kg	3004002	9.26	9.44	9.54	9.72	9.58
5	乙炔	瓶	3004003	5.24	5.34	5.4	5.50	5.42
6	丙烷	kg	3004004	9.18	9.36	9.45	9.64	9.5
7	药芯焊丝	kg	3004005	28.15	28.71	28.99	29.56	29.13
8	实心焊丝	kg	3004006	15.98	16.30	16.46	16.78	16.54
9	埋弧焊丝	kg	3004007	28.34	28.91	29.20	29.76	29.34
10	焊剂	kg	3004008	21.65	22.09	22.30	22.74	22.41
11	其他材料费	元	7801001	150	153.00	154.50	157.5	155.25
12	数控火焰切割机 BODA-6000S×190	台班	8016003	0.178	0.182	0.184	0.187	0.185
13	多头直条切割机 GZ-400	台班	8016004	0.33	0.337	0.34	0.347	0.342
14	数控火焰切割机 HGR-2H8Z6000\22000	台班	8016005	0.111	0.113	0.114	0.116	0.115

续上表

序号	项目	单位	代号	工字组合梁	箱形组合梁	钢箱梁	钢桁梁	波形钢腹板组合梁
				1	2	3	4	5
15	数控坐标式切割机 BODA-6000S-II-H	台班	8016006	0.079	0.08	0.081	0.082	0.081
16	数控火焰切割机 AC-600	台班	8016007	0.062	0.063	0.064	0.065	0.064
17	激光划线机 GJ-25060	台班	8016008	0.156	0.159	0.161	0.164	0.162
18	液压摆式剪板机 QC12Y32X2500	台班	8016009	0.108	0.11	0.111	0.113	0.112
19	牛头刨 650/B665	台班	8016010	0.134	0.137	0.138	0.141	0.139
20	液压牛头刨床 1000/BY60101B	台班	8016011	0.050	0.051	0.051	0.052	0.051
21	电动平车 25t/KPD-25-1	台班	8016012	0.106	0.108	0.109	0.111	0.109
22	斜面铣床 ZX420/42000	台班	8016013	0.087	0.089	0.090	0.091	0.090
23	龙门铣床 1000×6000/X2010CX60-2G	台班	8016014	0.083	0.085	0.086	0.087	0.086
24	数控坡口成型机 SP\B-601600	台班	8016015	0.017	0.018	0.018	0.018	0.018
25	单侧铣边机 XBJ-15	台班	8016016	0.029	0.029	0.03	0.03	0.03
26	刨边机 120×16000/B81160A	台班	8016017	0.056	0.058	0.058	0.059	0.058
27	数控折弯机 2-PPEB800/80	台班	8016018	0.163	0.166	0.168	0.171	0.168
28	数控折弯机 2-PPEB1000/9020000kN×18m	台班	8016054	—	0.012	0.018	0.009	—
29	半自动切割机 GTQ-5000	台班	8016019	0.137	0.139	0.141	0.143	0.141
30	螺旋式空压机 SE250W-8	台班	8016020	0.082	0.084	0.084	0.086	0.085
31	5000t 压力机 YL-5000	台班	8016021	—	—	0.182	—	0.365
32	卷板机 19×2000/Z541SM	台班	8016022	0.050	0.051	0.051	0.052	0.052
33	摇臂钻床 φ80/Z3080	台班	8016023	0.272	0.278	0.280	0.817	0.282
34	平面数控钻床 PD-20X20	台班	8016024	0.055	0.056	0.057	0.166	0.057
35	双面专用数控钻床 BD1635\2	台班	8016025	0.015	0.015	0.016	0.016	0.016
36	电动双梁桥式起重机 32t/5t×22.5m	台班	8016026	0.838	0.854	0.863	0.879	0.867
37	焊接应力消除设备 HY2050	台班	8016027	0.084	0.086	0.087	0.088	0.087
38	12m 数控钻 HDM-33/120G	台班	8016028	0.036	0.037	0.037	0.038	0.038
39	18m 数控钻 HDM-33/180G	台班	8016029	0.026	0.027	0.027	0.028	0.027
40	U 肋板单元组装定位机床 ULZ-03	台班	8016035	—	—	0.033	—	—
41	横隔板焊接机器人 Arcman-mp	台班	8016036	—	0.02	0.112	0.114	0.112
42	门式多头自动焊机 Mig4002C-2420	台班	8016037	0.035	0.036	0.036	0.037	0.036
43	板肋组装机(非标定制)	台班	8016038	0.039	0.04	0.041	0.041	0.041
44	CO_2 气体保护焊机(电流 250A 以内 CO_2 保护焊机)	台班	8015039	0.267	0.272	0.275	0.28	0.276

续上表

序号	项目	单位	代号	工字组合梁	箱形组合梁	钢箱梁	钢桁梁	波形钢腹板组合梁
				1	2	3	4	5
45	自动埋弧焊机 MZ-1500	台班	8015045	0.777	0.792	0.8	0.815	0.804
46	逆变焊机 ZX5-630	台班	8016032	1.625	1.657	1.674	1.706	1.682
47	焊条烘箱	台班	8015059	1.334	1.36	1.374	1.4	1.38
48	超声波探伤机 PXUT-360	台班	8016041	0.072	0.079	0.103	0.101	0.086
49	X射线探伤机 SMART-300HP	台班	8016042	0.035	0.038	0.049	0.048	0.041
50	磁粉探伤仪 CDG-600	台班	8016043	0.095	0.104	0.136	0.133	0.114
51	小型机械设备使用费	元	8099001	243.06	247.92	250.35	255.21	251.56
52	工装胎架摊销	元	7802002	300	300	300	300	300
53	基价	元	9999001	11696.54	13054.87	14352.92	15555.69	14814.72

注：本定额未含结构钢材消耗量，编制造价时需要另行计算。

2-2 节段(块体)制作

工程内容 1)组装、定位、拼装、焊接、焊后清理与矫正、焊缝返修及打磨、试拼装；2)构件摆放就位精确调整、其他辅助结构焊接、修整、成品检验、包装、存放。

单位：10t

序号	项目	单位	代号	工字组合梁	箱形组合梁	钢箱梁	钢桁梁	波形钢腹板组合梁
				1	2	3	4	5
1	人工	工日	1001001	59.28	65.21	84.77	82.99	71.13
2	圆柱头焊钉(各种规格型号)	套	3004011	(280)	(266)	(624)	(136)	(232)
3	氧气	瓶	3004001	15.17	16.68	21.69	21.23	18.2
4	二氧化碳	kg	3004002	132.71	145.98	189.77	185.79	159.25
5	乙炔	瓶	3004003	0.86	0.95	1.24	1.21	1.04
6	丙烷	kg	3004004	5.01	5.51	7.17	7.02	6.01
7	药芯焊丝	kg	3004005	30.33	33.37	43.38	42.47	36.40
8	实心焊丝	kg	3004006	18.63	20.49	26.63	26.08	22.35
9	埋弧焊丝	kg	3004007	12.9	14.19	18.44	18.06	15.48
10	焊剂	kg	3004008	42.78	47.06	61.17	59.89	51.33
11	陶瓷衬垫	m	3004009	5.49	6.04	7.85	7.69	6.59
12	其他材料费	元	7801001	75.83	83.42	108.44	106.17	91.00
13	H型钢翼缘矫正机 YJ-60B	台班	8016039	0.06	—	—	—	—
14	工型矫正机 HYJ-40Q370	台班	8016040	0.103	0.114	0.148	0.144	0.124
15	拉弧焊机 SLH-25C	台班	8016034	0.988	1.008	1.018	1.037	1.022
16	栓钉焊机 ELOTOP3002	台班	8016033	0.98	1.0	1.01	1.029	1.015
17	60t电动双梁桥式起重机	台班	8009005	0.883	0.972	1.263	1.237	1.060
18	手持式打磨机	台班	8015077	1.619	1.781	2.315	2.266	1.943
19	半自动切割机	台班	8016019	0.083	0.091	0.118	0.116	0.099

续上表

序号	项目	单位	代号	工字组合梁	箱形组合梁	钢箱梁	钢桁梁	波形钢腹板组合梁
				1	2	3	4	5
20	1200A 以内自动埋弧焊机	台班	8015044	2.364	2.6	3.38	3.309	2.837
21	6m³ 以内电动空气压缩机	台班	8017043	0.491	0.54	0.702	0.687	0.589
22	CO_2 气体保护焊机(电流250A 以内 CO_2 保护焊机)	台班	8015039	5.008	5.508	7.161	7.011	6.009
23	自动埋弧焊机 MZ-1500	台班	8015045	1.205	1.325	1.723	1.687	1.446
24	焊条烘箱	台班	8015059	1.578	1.735	2.256	2.209	1.893
25	超声波探伤机 PXUT-360	台班	8016041	0.072	0.079	0.103	0.101	0.086
26	X 射线探伤机 SMART-300HP	台班	8016042	0.035	0.038	0.049	0.048	0.041
27	磁粉探伤仪 CDG-600	台班	8016043	0.095	0.104	0.136	0.133	0.114
28	小型机械设备使用费	元	8099001	182	200.2	260.26	254.80	218.40
29	工装胎架摊销	元	7802002	400	400	400	400	400
30	基价	元	9999001	13568.37	14761.54	18889.45	18526.94	16019.73

注：本定额未含圆柱头焊钉消耗量，需要根据设计数量另行计算。

2-3 单元件厂内倒运

工程内容 运输就位等待装料、挂钩起吊、装车、运走、卸货、安放、空回。

单位：10t

序号	项目	单位	代号	工字组合梁	箱形组合梁	钢箱梁	钢桁梁	波形钢腹板组合梁
				1	2	3	4	5
1	人工	工日	1001001	3.29	3.39	3.56	3.46	3.41
2	锯材木中板	kg	4004001	5.22	5.37	5.63	5.48	5.40
3	其他材料费	元	7801001	18	18.54	19.44	18.9	18.63
4	12t 以内载货汽车	台班	8007008	0.025	0.026	0.028	0.027	0.026
5	30t 以内自卸汽车	台班	8007020	0.037	0.038	0.04	0.039	0.038
6	12t 以内电瓶车	台班	8007059	0.057	0.058	0.061	0.059	0.059
7	汽车式起重机(25t 以内 QY25)	台班	8009030	0.044	0.046	0.048	0.046	0.046
8	电动双梁桥式起重机 32t/5t × 22.5m	台班	8016026	0.089	0.092	0.096	0.094	0.092
9	30t 以内跨径 30m 门式起重机	台班	8009066	0.126	0.130	0.136	0.132	0.13
10	内燃机叉车(5t 以内)	台班	8009123	0.042	0.044	0.046	0.045	0.044
11	小型机具使用费	元	8009123	55	56.65	59.4	57.75	56.93
12	基价	元	9999001	801	825.03	865.08	841.05	829.04

2-4 节段(块体)厂内倒运

工程内容 运输就位等待装料、挂钩起吊、装车、运走、卸货、安放、空回。

单位:10t

序号	项目	单位	代号	工字组合梁	箱形组合梁	钢箱梁	钢桁梁	波形钢腹板组合梁
				1	2	3	4	5
1	人工	工日	1001001	4.23	4.36	4.57	4.45	4.38
2	锯材木中板	kg	4004001	10.87	11.2	11.74	11.41	11.25
3	其他材料费	元	7801001	50	51.5	54	52.5	51.75
4	平板拖车(60t 以内)	台班	8007028	0.022	0.022	0.023	0.023	0.022
5	30t 以内自卸汽车	台班	8007020	0.059	0.061	0.064	0.062	0.061
6	12t 以内电瓶车	台班	8007059	0.047	0.049	0.051	0.049	0.049
7	汽车式起重机(25t 以内 QY25)	台班	8009030	0.052	0.053	0.056	0.054	0.053
8	30t 以内跨径30m门式起重机	台班	8009066	0.063	0.065	0.068	0.066	0.065
9	60t 电动双梁桥式起重机	台班	8010005	0.029	0.03	0.032	0.031	0.03
10	内燃机叉车(5t 以内)	台班	8009123	0.071	0.073	0.076	0.074	0.073
11	小型机具使用费	元	8099001	100	103	108	105	103.5
12	基价	元	9999001	975.33	1004.59	1053.36	1024.10	1009.47

2-5 现场拼焊

工程内容 起吊至胎架精确定位、划线、节段接长或接宽、焊接、探伤、打磨、校正、检测、标识、包装、存放。

单位:10t

序号	项目	单位	代号	工字组合梁	箱形组合梁	钢箱梁	钢桁梁	波形钢腹板组合梁
				1	2	3	4	5
1	人工	工日	1001001	32.93	33.59	34.58	36.23	34.25
2	氧气	瓶	3004001	5.33	5.44	5.60	5.87	5.55
3	二氧化碳	kg	3004002	8	8.16	8.4	8.8	8.32
4	乙炔	瓶	3004003	1.18	1.21	1.24	1.30	1.23
5	丙烷	kg	3004004	7.93	8.09	8.33	8.72	8.25
6	药芯焊丝	kg	3004005	6.72	6.85	7.06	7.39	6.99
7	实心焊丝	kg	3004006	35.79	36.51	37.58	39.37	37.22
8	埋弧焊丝	kg	3004007	15.31	15.61	16.07	16.84	15.92
9	焊剂	kg	3004008	14.15	14.44	14.86	15.57	14.72
10	陶瓷衬垫	m	3004009	7.6	7.75	7.98	8.36	7.91
11	马板	kg	3004010	17.78	18.13	18.67	19.56	18.49
12	其他材料费	元	7801001	135	137.7	253.80	214.65	195.75
13	30t 以内跨径30m门式起重机	台班	8009066	0.088	0.09	0.093	0.097	0.092

续上表

序号	项目	单位	代号	工字组合梁	箱形组合梁	钢箱梁	钢桁梁	波形钢腹板组合梁
				1	2	3	4	5
14	100t 以内跨径 30m 门式起重机	台班	8009071	0.047	0.048	0.049	0.052	0.049
15	汽车式起重机（25t 以内 QY25）	台班	8009030	0.029	0.03	0.031	0.032	0.031
16	汽车式起重机（100t 以内）	台班	8009036	0.017	0.018	0.018	0.019	0.018
17	履带式起重机（100t 以内）	台班	8009012	0.035	0.036	0.037	0.039	0.037
18	履带式起重机（300t 以内）	台班	8009017	0.013	0.013	0.014	0.014	0.013
19	内燃机叉车（5t 以内）	台班	8009123	0.136	0.138	0.143	0.149	0.141
20	内燃机叉车（10t 以内）	台班	8009125	0.05	0.051	0.053	0.055	0.052
21	液压千斤顶（200t 以内）	台班	8009151	1.212	1.236	1.273	1.333	1.261
22	磁力钻	台班	8016044	0.451	0.460	0.474	0.496	0.469
23	手持式打磨机	台班	8015077	0.273	0.279	0.287	0.301	0.284
24	半自动切割机	台班	8016019	0.016	0.017	0.017	0.018	0.017
25	1200A 以内自动埋弧焊机	台班	8015044	1.772	1.807	1.860	1.949	1.843
26	$6m^3$ 以内电动空气压缩机	台班	8017043	0.072	0.073	0.076	0.079	0.075
27	CO_2 气体保护焊机（电流 250A 以内 CO_2 保护焊机）	台班	8015039	2.559	2.611	2.687	2.815	2.662
28	焊条烘箱	台班	8015059	0.768	0.783	0.807	0.845	0.799
29	超声波探伤 PXUT-360	台班	8016041	0.13	0.133	0.137	0.143	0.135
30	X 射线探伤机 SMART-300HP	台班	8016042	0.061	0.062	0.064	0.067	0.063
31	磁粉探伤仪 CDG-600	台班	8016043	0.093	0.095	0.098	0.102	0.097
32	小型机械设备使用费	元	8099001	230	234.60	241.50	253	239.2
33	工装胎架摊销	元	7802002	700	700	700	700	700
34	基价	元	9999001	7574.89	7712.39	8030.69	8328.53	7905.24

7.3.3 钢结构涂装

说　明

1.本节定额由喷砂除锈,车间涂装,桥位现场涂料喷涂,电弧喷铝、电弧喷锌四部分组成。

2.喷砂除锈定额是钢构件涂装前的表面处理工作,定额包含表面清理、装砂、喷砂、砂子回收、现场清理费用。

3.定额工程量为钢结构实际涂装面积,包含因焊缝部分损坏的修补工程量。

4.不含桥位现场进行喷砂除锈、涂装的现场环保措施费、喷涂厂房、设备费用。如发生另行计算。

5. 本定额不包含涂装材料、稀释剂的消耗量,涂装材料及稀释剂的理论消耗量应根据设计要求的涂层体系按如下公式计算:

涂料工厂涂装损耗率:90%;涂料工地涂装损耗率:130%。

涂料消耗量 = 面积 × 干膜厚度 / (体积固体含量 × 10) × (1 + 涂料施工损耗率) × 涂料单价。

稀释剂的消耗量 = (10% ~ 15%) × 涂料消耗量。

6. 工程量计算规则:钢结构喷砂除锈,车间涂装,桥位现场涂料喷涂,电弧喷铝、电弧喷锌的计价工程量为图纸面积,以 100m² 为单位计算。

3 - 1 喷砂除锈

工程内容 1)表面处理、去污、清洁;2)喷砂除锈;3)吸砂、除尘;4)现场清理。

单位:100m²

序号	项目	单位	代号	工字组合梁	箱形组合梁	钢箱梁	钢桁梁	波形钢腹板组合梁
				1	2	3	4	5
1	人工	工日	1001001	10.36	10.51	10.59	10.67	10.75
2	钢砂	kg	2003041	70.23	71.29	71.81	72.34	72.87
3	其他材料费	元	7801001	74.88	76.00	76.56	77.13	77.69
4	20m³/min 以内空气压缩机	台班	8017045	0.259	0.263	0.265	0.267	0.269
5	40m³/min 以内空气压缩机	台班	8017046	0.096	0.097	0.098	0.099	0.099
6	喷砂除锈机	台班	8023017	0.5	0.508	0.511	0.515	0.519
7	真空吸砂机	台班	8016046	0.341	0.346	0.349	0.351	0.354
8	除尘系统	台班	8016051	0.349	0.354	0.357	0.36	0.362
9	小型机具使用费	元	8099001	85	86.28	86.91	87.55	88.19
10	基价	元	9999001	2365.25	2400.73	2418.47	2436.21	2453.95

3 - 2 车间涂装

工程内容 1)涂料配制;2)底漆、中间漆、面漆等的喷涂、检查修补、除湿除漆雾。

单位:100m²/道

序号	项目	单位	代号	底漆	中间漆	面漆
1	人工	工日	1001001	1.882	1.73	1.98
2	其他材料费	元	7801001	10	9.2	10.5
3	空压机(20m³/min)	台班	8017045	0.043	0.039	0.045
4	高压无气喷涂设备	台班	8016048	0.163	0.15	0.171
5	除湿机	台班	8016049	0.023	0.021	0.024
6	除漆雾设备	台班	8016050	0.022	0.021	0.024
7	除尘系统	台班	8016051	0.032	0.029	0.033
8	涂装检测费	元	7802003	20	20	20
9	小型机具使用费	元	8099001	10	10	10
10	基价	元	9999001	359.79	333.40	376.28

注:本定额不含涂装材料、稀释剂的消耗量。

3-3 桥位现场涂料喷涂

工程内容 表面清理、去污、除锈、涂料配制，钢桥面底漆、焊缝部位打磨及修补，最后一道面漆等的喷涂、检测修补。

单位：100m²/道

序号	项目	单位	代号	工字组合梁	箱形组合梁、钢箱梁、钢桁梁、波形钢腹板组合梁	
				最后一道面漆	桥面底漆涂装	最后一道面漆
1	人工	工日	1001001	10.31	22.16	9.58
2	钢砂	kg	200304	—	45	—
3	其他材料费	元	7801001	346	438	330
4	施工平台摊销费	元	7802001	450	—	420
5	空压机(20m³/min)	台班	8017045	0.249	0.227	0.166
6	真空喷砂回收机	台班	8016052	—	7.909	—
7	高压无气喷涂设备	台班	8016048	0.249	0.227	0.166
8	涂装检测费	元	7802003	50	50	50
9	小型机具使用费	元	8099001	38	38	36
10	基价	元	9999001	2199.09	4778.89	2000.22

注：本定额不含涂装材料、稀释剂的消耗量。

3-4 电弧喷铝、电弧喷锌

工程内容 表面清理、去油、去污、电弧喷铝、电弧喷锌、检测修补。

单位：100m²/道

序号	项目	单位	代号	电弧喷铝	电弧喷锌
1	人工	工日	1001001	23.13	29.17
2	锌丝	kg	2008001	—	222.00
3	铝丝	kg	2008002	126	—
4	其他材料费	元	7801001	130	135
5	空压机(20m³/min)	台班	8017045	1.734	1.761
6	电弧喷涂机	台班	8016053	2.44	2.335
7	除湿机	台班	8016049	0.827	0.756
8	除尘设备 HZ-Ⅱ-175	台班	8016051	1.012	0.967
9	涂装检测费	元	7802003	50	50
10	小型机具使用费	元	8099001	380	370
11	基价	元	9999001	8325.50	11411.47

7.3.4 钢结构运输

考虑到桥梁钢结构的特殊性，钢结构从加工厂到桥位处的运输按照社会运输方式考虑，主要工程内容包括钢结构件的装卸、绑扎、运输防护、运走、存放、空回等。

桥梁钢结构厂外运输费用要结合钢结构设计加工尺寸、社会运输能力、当地道路状况等因素，参考各省造价管理部门发布的运输费用标准信息，综合取定。

建议计费标准如下:

运输距离100km以内	运输距离500km以内	运输距离500km以上
1.2~1.5元/(t·km)	0.75~0.9元/(t·km)	0.6~0.75元/(t·km)

注:以上价格为含税价,未考虑因钢构件外形尺寸、装载率及质量超限等因素产生的费用,未考虑超限运输增加费用。

7.3.5 工地连接

说 明

1. 本节定额主要是钢主梁吊装就位后的栓接、焊接连接施工。定额中不包含临时支架、施工平台、临时检查车的费用摊销,如需要另行计算。

2. 钢主梁的工地连接均不包含钢主梁的吊装、定位、调整等工作;仅为钢结构件之间的连接,不包含混凝土部分的连接费用。

3. 工程量计算规则:工地连接定额计价工程量为设计质量的净重,以10t为单位计算。定额中已经包含了焊材、焊剂等施工损耗。

5-1 工地连接

工程内容 工字组合梁:操作平台搭设、码板安拆、钢主梁栓焊连接、螺栓连接、临时连接件拆除、修整、打磨、检测。

箱形组合梁、钢箱梁:操作平台搭设、码板安拆、钢主梁栓焊连接、U肋板肋连接、临时连接件拆除、修整、打磨、检测。

钢桁梁:操作平台搭设、钢主梁栓焊连接、U肋板肋连接、临时连接件拆除、修整、打磨、检测。

波形钢腹板组合梁:操作平台搭设、钢主梁栓焊连接、临时连接件拆除、修整、打磨、检测。

单位:10t

序号	项 目	单位	代号	工字组合梁	箱形组合梁	钢箱梁	钢桁梁	波形钢腹板组合梁
				1	2	3	4	5
1	人工	工日	1001001	42.34	46.58	47.85	47.42	55.47
2	高强度螺栓(各种规格型号)	套	2004002	(584)	(352)	(440)	(472)	(384)
3	实心焊丝	kg	3004006	47.37	61.58	63	53.05	62.05
4	埋弧焊丝	kg	3004007	25.51	33.16	33.93	28.57	33.42
5	焊剂	kg	3004008	11.79	15.33	15.69	13.21	15.45
6	药芯焊丝 CHT-711	kg	3004005	5.28	6.86	7.02	5.91	6.92
7	陶瓷衬垫	m	3004009	10.86	14.12	14.44	12.16	14.23
8	氧气	瓶	3004001	16	20.8	21.28	17.92	20.96
9	二氧化碳	kg	3004002	6.67	8.67	8.87	7.47	8.73
10	乙炔	瓶	3004003	3.77	4.9	5.02	4.22	4.94
11	丙烷	kg	3004004	6.61	8.6	8.79	7.4	8.66
12	其他材料费	元	7801001	150	195	199.5	168	196.5
13	1200A以内自动埋弧焊机	台班	8015044	1.903	2.093	2.132	2.132	2.493
14	250A以内CO_2保护焊机	台班	8015039	3.947	4.342	4.421	4.421	5.171

续上表

序号	项 目	单位	代号	工字组合梁	箱形组合梁	钢箱梁	钢桁梁	波形钢腹板组合梁
				1	2	3	4	5
15	扭矩扳手	台班	8016045	0.783	0.861	0.877	0.877	1.026
16	手持式打磨机	台班	8015093	1.025	1.127	1.148	1.148	1.342
17	焊条烘箱	台班	8015059	1.28	1.408	1.434	1.434	1.677
18	超声波探伤机 PXUT-360	台班	8016041	0.19	0.209	0.213	0.213	0.249
19	X射线探伤机 SMART-300HP	台班	8016042	0.11	0.12	0.123	0.123	0.143
20	磁粉探伤仪 CDG-600	台班	8016043	0.16	0.176	0.179	0.179	0.209
21	小型机具使用费	元	8099001	250	275	280	280	327.5
22	施工操作平台摊销	元	7802001	500	500	500	500	500
23	基价	元	9999001	8995.78	10188.69	10420.77	10015.27	11629.47

注:本定额未计高强度螺栓消耗量,需要根据设计数量另行计算。

7.3.6 钢结构现场安装

说　明

1. 本节定额由钢主梁吊装支架摊销、钢主梁拖拉及步履式顶推支架摊销、起重机吊装钢主梁、起重船吊装钢主梁、架桥机吊装钢主梁、步履式顶推安装钢主梁、拖拉法安装钢主梁七部分组成。

2. 支架按三桥次摊销,钢导梁按一桥次摊销。

3. 工程量计算规则:

(1)吊装支架安拆、拖拉、步履式顶推支架安拆计价工程量为需要安装的钢结构图纸质量,以 10t 为计算单位。

(2)工字组合梁、箱形组合梁、钢箱梁、钢桁梁计价工程量为图纸质量,以 10t 为计算单位。

6-1 钢主梁吊装支架摊销

工程内容 1)支架材料到场后的卸车、现场倒运;2)支架下料加工、组拼焊接、施工平台、爬梯搭设;3)支架的吊装就位与基础预埋件连接;4)安装完成后拆除及解体。

单位:10t

序号	项 目	单位	代号	支架安拆
1	人工	工日	1001001	7.5
2	钢板	t	2003005	0.06
3	钢管	t	2003008	0.16
4	型钢	t	2003004	0.13
5	钢丝绳	t	2001019	0.02
6	枕木	m³	4003003	0.05

续上表

序号	项 目	单位	代号	支架安拆
7	氧气	瓶	3004001	4
8	二氧化碳	kg	3004002	20
9	丙烷	kg	3004004	11
10	实心焊丝 ER50-6	kg	3004006	12.1
11	其他材料费	元	7801001	150
12	CO_2 保护焊机	台班	8015039	0.675
13	25t 以内汽车式起重机	台班	8009030	0.72
14	小型机具使用费	元	8099001	100
15	基价	元	9999001	3988.32

注：1. 本定额不包括支架基础费用，如发生按实计算。
2. 支架基准高度为8m，支架高度每增减2m，定额消耗量增减10%。

6-2 钢主梁拖拉及步履式顶推支架摊销

工程内容 1）支架材料到场后的卸车、现场倒运；2）支架下料加工、组拼焊接、施工平台、爬梯搭设；3）支架的吊装就位与基础预埋件连接；4）拆除及解体。

单位：10t

序号	项 目	单位	代号	支架安拆
1	人工	工日	1001001	8.8
2	钢板	t	2003005	0.3
3	钢管	t	2003008	0.47
4	型钢	t	2003004	0.06
5	钢丝绳	t	2001019	0.02
6	枕木	m³	4003003	0.07
7	氧气	瓶	3004001	27.2
8	二氧化碳	kg	3004002	40
9	丙烷	kg	3004004	22
10	实心焊丝 ER50-6	kg	3004006	40
11	其他材料费	元	7801001	250
12	CO_2 保护焊机	台班	8015039	1.8
13	25t 以内汽车式起重机	台班	8009030	0.96
14	小型机具使用费	元	8099001	200
15	基价	元	9999001	7537.57

注：1. 本定额适用于3跨以上连续梁，跨径为30~70m。
2. 本定额为拖拉、步履式顶推拼装及顶推支架安拆费用，不包括支架基础费用，如发生按实计算。
3. 支架基准高度为16m，高度每增减2m，定额消耗量增减10%。

6-3 起重机吊装钢主梁

工程内容 1）吊装机具、索具准备；2）吊车进场站位，安装配重、吊装机具、索具试吊；3）梁段吊装就位；4）摘除吊装机具、索具，卸配重吊车转场。

单位：10t

序号	项 目	单位	代号	起重机吊装钢主梁
1	人工	工日	1001001	5
2	钢板	t	2003005	0.2
3	钢丝绳	t	2001019	0.04

续上表

序号	项 目	单位	代号	起重机吊装钢主梁
4	其他材料费	元	7801001	100
5	350t 以内汽车式起重机	台班	8009044	0.12
6	50t 以内平板拖车组	台班	8007027	0.2
7	小型机具使用费	元	8099001	150
8	基价	元	9999001	4451.03

6-4 起重船吊装钢主梁

工程内容 1)吊装机具、索具准备;2)浮吊进场(浮吊自航进场或公路运输至桥位附近水域后组装);3)吊装机具、索具安装并试吊,吊装就位;4)摘除吊装机具、索具,浮吊转场进行下个梁段安装。

单位:10t

序号	项 目	单位	代号	起重船吊装钢主梁
1	人工	工日	1001001	5
2	钢丝绳	t	2001019	0.04
3	其他材料费	元	7801001	180
4	500t 以内固定扒杆起重船	台班	8019052	0.24
5	小型机具费	元	8099001	120
6	基价	元	9999001	8185.30

6-5 架桥机吊装钢主梁

工程内容 1)吊装机具、索具准备,架桥机进场;2)路基上进行调试、检测;3)空载前移,架桥机安装就位;4)喂梁,架梁、落梁;5)架桥机过孔进行后续梁段架设;6)架梁完毕拆除退场。

单位:10t

序号	项 目	单位	代号	架桥机吊装钢主梁
1	人工	工日	1001001	2
2	钢板	t	2003005	0.04
3	钢丝绳	t	2001019	0.04
4	枕木	m³	4003003	0.07
5	其他材料费	元	7801001	100
6	320t 以内架桥机	台班	8010004	0.25
7	小型机具使用费	元	8099001	100
8	基价	元	9999001	3747.59

注:1. 本定额适用于架桥机安装箱形组合梁(含混凝土桥面板),跨径为30~50m,梁段质量为200~300t。
2. 本定额适用于路基进行梁段运输,不包括提梁,如发生按实计算。
3. 本定额不包括架桥机安拆,需要根据相关定额另行计算。

6-6 步履式顶推安装钢主梁

工程内容 1)顶推设备安装:步履式顶推设备运输至桥位,安装步履式顶推设备并完成调试;2)钢主梁吊装,导梁安装:汽车式起重机在拼装平台完成钢主梁与导梁吊装;3)顶推施工:采用步履式顶推千斤顶顶推施工;4)顶推过程纠偏、线形调整;5)导梁拆除、落梁:利用汽车式起重机拆除导梁、步履式千斤顶落梁就位;6)顶推设备拆除。

单位:10t

序号	项 目	单位	代号	步履式顶推安装钢主梁
1	人工	工日	1001001	15
2	钢导梁	t	2004001	0.34

续上表

序号	项 目	单位	代号	步履式顶推安装钢主梁
3	钢板	t	2003005	0.15
4	钢丝绳	t	2001019	0.06
5	枕木	m³	4003003	0.05
6	其他材料费	元	7801001	120
7	400t 以内步履式千斤顶	台班	8010002	26.4
8	200t 以内汽车式起重机	台班	8009043	0.16
9	50t 以内汽车式起重机	台班	8009033	0.24
10	小型机具费	元	8099001	80
11	基价	元	9999001	14436.16

注：本定额适用于3跨连续梁，跨径为30～70m，顶推设备6台套以内。

6-7 拖拉法安装钢主梁

工程内容　1)顶推设备安装：安装连续顶推千斤顶并完成调试；2)液压千斤顶安装：安装多台液压千斤顶；3)钢主梁、导梁安装：汽车式起重机在拼装平台完成钢主梁与导梁吊装；4)拖拉施工：采用连续千斤顶顶推施工；5)拖拉过程纠偏、线形调整；6)拖拉到位；7)导梁拆除、连续顶推千斤顶拆除；8)落梁：利用多台液压千斤顶落梁就位。

单位：10t

序号	项 目	单位	代号	拖拉法安装钢主梁
1	人工	工日	1001001	12
2	不锈钢板	kg	2005002	1.28
3	四氟乙烯板	块	5001002	1.95
4	钢导梁	t	2004001	0.34
5	钢板	t	2003005	0.15
6	钢丝绳	t	2001019	0.06
7	钢绞线	t	2001008	0.04
8	枕木	m³	4003003	0.05
9	其他材料费	元	7801001	200
10	同步落梁千斤顶(单点500t)	台班	8010003	0.13
11	连续梁桥顶推设备顶推力400t以内	台班	8005071	45
12	200t 以内汽车式起重机	台班	8009043	0.16
13	50t 以内汽车式起重机	台班	8009033	0.24
14	小型机具费	元	8099001	100
15	基价	元	9999001	10837.22

注：本定额适用于3跨以上连续梁，跨径为30～70m。

7.3.7 附属工程

说　明

1. 本节定额由钢主梁支座安装、伸缩缝安装及钢护栏安装定额组成。

2.钢主梁支座安装、伸缩缝安装定额直接采用现行部颁公路工程预算定额,本节不再计列。

3.工程量计算规则:钢护栏安装计价工程量图纸质量,以10t为计算单位。

7-1 钢护栏安装

工程内容 护栏和构件运输到现场后的卸车、倒运、安装、打磨。

单位:10t

序号	项 目	单位	代号	钢护栏安装
1	人工费	工日	1001001	50
2	氧气	瓶	3004001	24.5
3	二氧化碳	kg	3004002	22.5
4	丙烷	kg	3004004	10.6
5	实心焊丝 ER50-6	kg	3004006	27
6	钢丝绳	t	2001019	0.02
7	枕木	m³	4003003	0.05
8	其他材料费	元	7801001	200
9	16t以内汽车式起重机	台班	8009028	0.47
10	3t以内内燃叉车	台班	8009121	0.85
11	CO_2保护焊机	台班	8015039	2.2
12	小型机具使用费	元	8099001	150
13	基价	元	9999001	7806.09

注:本定额不含钢护栏加工制作及运输费用,需要根据设计数量另行计算。

7.4 新增机械台班费用定额及定额基价补充材料单位质量、单价表

说 明

1.本定额中的机械设备均为钢结构桥梁加工及现场安装过程中的专用设备,共计55个子目。

2.定额中的各类机械设备每台班均按照8h计算。

3.本定额由折旧费、检修费、维护费、安拆辅助费、人工费、燃动费、其他费用组成。

4.定额中折旧费、检修费、维护费、安拆辅助费为不变费用。编制机械台班单价时,除青海、西藏、新疆等边远地区均应直接采用。至于边远地区因机械使用年限差异及维修工资、配件材料等价格差异较大需调整不变费用时,可根据具体情况,由各省级交通运输主管部门制定调整系数并执行。

5.定额中人工费、燃动费、其他费用为可变费用。编制机械台班单价时,人工单价及动力燃料单价应按照《公路工程建设项目概算预算编制办法》(JTG 3830—2018)的规定计算。其他费用,如需缴纳时,应根据各省、自治区、直辖市及国务院有关部门规定的标准,按机械的年工作台班计入台班费用中。

6. 各类机械设备的工作台班为 220 台班/年。

7. 机械设备转移费不包括在本定额中。

8. 本定额基价的可变费用中的人工费、动力燃料费按下表预算价格计算。

项目	工资（工日）	汽油（kg）	柴油（kg）	重油（kg）	煤（t）	电（kW·h）	水（m³）	木柴（kg）
预算价格(元)	106.28	8.29	7.44	3.59	561.95	0.85	2.72	0.71

9. 本定额是按照钢结构桥梁加工制造及安装过程中专用机械设备的规格编制，规格与之相同或者相似的均应直接采用。

7.4.1 新增机械台班费用定额

序号	代号	机械名称	规格型号	不变费用 折旧费	检修费	维护费	安拆辅助费	小计
				元				
1	8016001	钢板预处理生产线	HR-PWQ-3300	909.09	227.27	363.64		1500.00
2	8016002	钢板矫正机	W4332×3200／七滚	1590.91	397.73	636.36		2625.00
3	8016003	数控火焰切割机	BODA-6000S×190	136.66	34.16	54.66		225.48
4	8016004	多头直条切割机	GZ-400	44.68	11.17	17.87		73.72
5	8016005	数控火焰切割机	HGR-2H8Z6000\22000	80.42	20.10	32.17		132.69
6	8016006	数控坐标式切割机	BODA-6000S-II-H	91.18	22.80	36.47		150.46
7	8016007	数控火焰切割机	AC-600	140.44	35.11	56.17		231.72
8	8016008	激光划线机	GJ-25060	30.86	7.71	12.34		50.92
9	8016009	液压摆式剪板机	QC12Y32X2500	150.74	37.68	60.30		248.72
10	8016011	液压牛头刨床	1000/BY60100B	30.50	7.62	12.20		50.32
11	8016010	牛头刨	650/B665	5.15	1.29	2.06		8.50
12	8016012	电动平车	25t/KPD-25-1	56.82	8.52	13.64		78.98
13	8016013	斜面铣床	ZX420/42000	159.29	39.82	63.71		262.82
14	8016014	龙门铣床	1000×6000/X2010 CX 60-2G	155.25	46.58	74.52		276.35
15	8016015	数控坡口成型机	SP\B-601600	454.55	113.64	181.82		750.00
16	8016016	单侧铣边机	XBJ-15	540.88	135.22	216.35		892.46
17	8016017	刨边机	120×16000/B81160A	457.35	114.36	182.98		754.80
18	8016018	数控折弯机	2-PPEB800/80	166.52	41.63	66.61		274.76
19	8016019	半自动切割机	GTQ-5000	15.15	3.79	6.06		25.00
20	8016020	螺旋式空压机	SE250W-8	198.20	49.55	79.28		327.02
21	8016021	5000t 压力机	YL-500	422.73	105.68	169.09		697.50
22	8016035	U 肋板单元组装定位机床	ULZ-03	818.18	204.55	327.27		1350.00

续上表

序号	代号	机械名称	规格型号	不变费用				
				折旧费	检修费	维护费	安拆辅助费	小计
				元				
23	8016036	横隔板焊接机器人	Arcman-mp	1454.55	363.64	581.82		2400.00
24	8016037	门式多头自动焊机	Mig4002C-242	727.27	181.82	290.91		1200.00
25	8016038	板肋组装机（非标定制）		340.91	85.23	136.36		562.50
26	8016022	卷板机	19×2000/Z541SM	47.28	11.82	18.91		78.01
27	8016039	H型钢翼缘矫正机	YJ-60B	179.96	44.99	71.98		296.93
28	8016040	工型矫正机	HYJ-40Q370	122.38	30.59	48.95		201.92
29	8016023	摇臂钻床	φ80/Z3080	71.59	17.90	28.64		118.13
30	8016024	平面数控钻床	PD-20X20	94.41	23.60	37.76		155.77
31	8016025	双面专用数控钻床	BD1635\2	2045.45	511.36	818.18		3375.00
32	8016026	电动双梁桥式起重机	32t/5t×22.5m	166.58	41.65	66.63		274.86
33	8016028	12m数控钻	HDM-33/120G	1000.00	250.00	400.00		1650.00
34	8016029	18m数控钻	HDM-33/180G	1113.64	278.41	445.45		1837.50
35	8016027	焊接应力消除设备	HY2050	133.49	16.69	26.70		176.87
36	8016032	逆变焊机	ZX5-630	3.48	0.87	1.39		5.74
37	8016033	栓钉焊机	ELOTOP3002	27.27	6.82	10.91		45.00
38	8016034	拉弧焊机	SLH-25C	13.64	3.41	5.45		22.50
39	8016041	超声波探伤机	PXUT-360	32.95	6.59	10.55		50.09
40	8016042	X射线探伤机	SMART-300HP	180.65	36.13	57.81		274.59
41	8016043	磁粉探伤仪	CDG-600	86.48	17.30	27.67		131.44
42	8016045	扭矩扳手		68.18	3.41	5.45		77.05
43	8016046	真空吸砂机		204.55	51.14	81.82		337.50
44	8016053	电弧喷涂机		22.73	5.68	9.09		37.50
45	8016049	除湿机		181.82	45.45	72.73		300.00
46	8016051	除尘系统	HZ-Ⅱ-175	174.83	43.71	69.93		288.46
47	8016054	数控折弯机	2-PPEB1000/9020000 kN×18m	1590.91	397.73	636.36		2625.00
48	8016050	除漆雾设备		454.55	113.64	181.82		750.00
49	8016044	磁力钻	V60	13.64	3.41	5.45		22.50
50	8010005	电动双梁桥式起重机	60t	704.55	176.14	281.82		1162.50
51	8016052	真空喷砂回收机		30.17	2.26	3.62		36.05
52	8016048	高压雾气喷涂设备		45.05	3.38	5.41		53.83
53	8010002	步履式千斤顶	400t	136.98	22.13	76.65		235.76
54	8010003	同步落梁千斤顶	单点500t	312.56	73.62	140.31		526.49
55	8010004	架桥机	320t	5796.72	956.40	1912.80		8665.92

第7章 成本核算

序号	代号	机械名称	规格型号	可变费用						定额基价
				人工	汽油	柴油	电	其他费用	小计	
				工日	kg	kg	kW·h		元	元
1	8016001	钢板预处理生产线	HR-PWQ-3300	2			1194.00		1227.36	2727.36
2	8016002	钢板矫正机	W4332×3200/七滚	2			450.00		595.06	3220.06
3	8016003	数控火焰切割机	BODA-6000S×190	2			630.00		748.06	973.54
4	8016004	多头直条切割机	GZ-400	2			480.00		620.56	694.28
5	8016005	数控火焰切割机	HGR-2H8Z6000\22000	2			480.00		620.56	753.25
6	8016006	数控坐标式切割机	BODA-6000S-II-H	2			405.00		556.81	707.27
7	8016007	数控火焰切割机	AC-600	2			270.00		442.06	673.78
8	8016008	激光划线机	GJ-25060	1			390.00		437.78	488.70
9	8016009	液压摆式剪板机	QC12Y32X2500	1			150.00		233.78	482.50
10	8016011	液压牛头刨床	1000/BY60100B	1			277.50		342.16	392.48
11	8016010	牛头刨	650/B665	1			78.00		172.58	181.08
12	8016012	电动平车	25t/KPD-25-1	2			90.00		289.06	368.04
13	8016013	斜面铣床	ZX420/42000	2			97.50		295.44	558.26
14	8016014	龙门铣床	1000×6000/X2010CX60-2G	2			240.00		416.56	692.91
15	8016015	数控坡口成型机	SP\B-601600	2			517.50		652.44	1402.44
16	8016016	单侧铣边机	XBJ-15	2			348.75		509.00	1401.46
17	8016017	刨边机	120×16000/B81160A	2			150.00		340.06	1094.86
18	8016018	数控折弯机	2-PPEB800/80	2			255.00		429.31	704.07
19	8016019	半自动切割机	GTQ-5000	2			67.50		269.94	294.93
20	8016020	螺旋式空压机	SE250W-8	2			52.50		257.19	584.21
21	8016021	5000t压力机	YL-500	2			810.00		901.06	1598.56
22	8016035	U肋板单元组装定位机床	ULZ-03	2			513.00		648.61	1998.61
23	8016036	横隔板焊接机器人	Arcman-mp	2			355.00		514.31	2914.31
24	8016037	门式多头自动焊机	Mig4002C-242	2			750.00		850.06	2050.06
25	8016038	板肋组装机(非标定制)		2			577.50		703.44	1265.94
26	8016022	卷板机	19×2000/Z541SM	2			870.00		952.06	1030.07
27	8016039	H型钢翼缘矫正机	YJ-60B	2			742.50		843.69	1140.61
28	8016040	工型矫正机	HYJ-40Q370	2			652.50		767.19	969.11
29	8016023	摇臂钻床	φ80/Z3080	1			210.00		284.78	402.91
30	8016024	平面数控钻床	PD-20X20	1			975.00		935.03	1090.80
31	8016025	双面专用数控钻床	BD1635\2	1			1087.50		1030.66	4405.66
32	8016026	电动双梁桥式起重机	32t/5t×22.5m	2			480.00		620.56	895.42
33	8016028	12m数控钻	HDM-33/120G	2			866.25		948.87	2598.87
34	8016029	18m数控钻	HDM-33/180G	2			900.00		977.56	2815.06

续上表

序号	代号	机械名称	规格型号	可变费用						定额基价
				人工	汽油	柴油	电	其他费用	小计	
				工日	kg		kW·h		元	
35	8016027	焊接应力消除设备	HY2050	2			75.00		276.31	453.18
36	8016032	逆变焊机	ZX5-630	2			69.00		271.21	276.95
37	8016033	栓钉焊机	ELOTOP3002	2			105.00		301.81	346.81
38	8016034	拉弧焊机	SLH-25C	2			45.00		250.81	273.31
39	8016041	超声波探伤机	PXUT-360	3					318.84	368.93
40	8016042	X射线探伤机	SMART-300HP	3					318.84	593.43
41	8016043	磁粉探伤仪	CDG-600	2					212.56	344.00
42	8016045	扭矩扳手		2			35.00		242.31	319.36
43	8016046	真空吸砂机		2			115.00		310.31	647.81
44	8016053	电弧喷涂机		2			200.00		382.56	420.06
45	8016049	除湿机		2			175.00		361.31	661.31
46	8016051	除尘系统	HZ-Ⅱ-175	2			155.00		344.31	632.77
47	8016054	数控折弯机	2-PPEB 1000/9020000 kN ×18m	2			620.00		739.56	3364.56
48	8016050	除漆雾设备		1			300.00		361.28	1111.28
49	8016044	磁力钻	V60	1			4.50		110.11	132.61
50	8010005	电动双梁桥式起重机	60t	1			520.00		548.28	1710.78
51	8016052	真空喷砂回收机		1			35.00		136.03	172.08
52	8016048	高压雾气喷涂设备		1			28.00		130.08	183.91
53	8010002	步履式千斤顶	400t				15.00		12.75	248.51
54	8010003	同步落梁千斤顶	单点500t				526.49		447.52	974.01
55	8010004	架桥机	320t	18.8			888.00		2747.55	11413.47

7.4.2 定额基价补充材料单位质量、单价表

序号	名称	代号	规格	单位	单位质量（kg）	厂内运输及操作损耗（%）	基价（元）	备注
1	锌丝	2008001		kg		6	15.00	
2	铝丝	2008002		kg		6	10.00	
3	氧气	3004001		瓶		6	15.00	
4	二氧化碳	3004002		kg		6	2.00	
5	乙炔	3004003		瓶		6	76.00	
6	丙烷	3004004		kg		6	9.08	
7	药芯焊丝 E500T-1	3004005		kg		5	12.50	
8	实心焊丝 ER50-6	3004006		kg		5	9.50	

续上表

序号	名　称	代号	规格	单位	单位质量（kg）	厂内运输及操作损耗(%)	基价（元）	备注
9	埋弧焊丝	3004007		kg		5	9.80	
10	焊剂	3004008		kg		5	6.50	
11	陶瓷衬垫	3004009		m		5	11.05	
12	马板	3004010		kg		5	4.50	
13	锯材木中板	4004001		kg		5	2.30	
14	无机硅酸锌车间底漆	5010001		kg		6	21.55	
15	无机锌稀释剂	5010002		kg		6	16.00	

附录 A 工字组合梁设计流程

A.1 设计计算前准备工作

A.1.1 设计计算边界条件

根据设计要求,选定材料,确定材料特性、荷载取值、荷载组合、约束设定等设计计算边界条件。

A.1.2 组合梁截面拟定

(1)根据桥宽、净空要求、运输条件、加工能力、施工条件以及经济条件等因素,选定钢主梁片数。

(2)根据钢主梁片数以及跨径,初步拟定钢主梁高度。

(3)根据《公路钢结构桥梁设计规范》(JTG D64—2015),初步拟定钢主梁上、下翼缘板以及腹板厚度,原则上尽量满足不设置纵向加劲肋的最小厚度要求。

(4)根据钢主梁梁高拟定横向联结系的形式。

(5)根据建设条件确定混凝土桥面板是采用预制还是现浇形式。

(6)拟定混凝土桥面板横截面尺寸时,可根据相邻两片钢主梁的间距以及混凝土桥面板悬臂长度,确定是否设置横向预应力,并确定是否在钢主梁上翼缘位置处设置承托构造。

A.1.3 施工方案

根据建设条件(包括施工机具、吊装能力、运输条件、现场架设条件等因素),选定施工方案,并细化出满足设计计算要求的施工流程。

A.1.4 钢主梁节段划分

(1)根据加工厂至施工现场沿线的道路运输条件,确定钢主梁最大节段长度。

(2)根据钢主梁受力情况划分节段,纵向拼接缝不宜设置在跨中以及连续梁墩顶等弯矩较大的位置。

(3)为方便加工,钢主梁节段长度种类不宜过多。

(4)为方便加工,横向联结系沿顺桥向的间距尽量取一致。

A.1.5 预制混凝土桥面板节段划分

(1)对于双主梁体系,预制混凝土桥面板横桥向不需分块;对于多主梁体系,可根据桥宽在钢主梁上翼缘处设置湿接缝,将预制混凝土桥面板沿横桥向分为2~3块。

(2)为方便预制加工,混凝土桥面板沿顺桥向分段时应尽量均匀,连续梁墩顶不宜设置湿接缝。

A.2 钢主梁计算

A.2.1 强度验算

1)抗弯承载能力验算

根据《公路钢结构桥梁设计规范》(JTG D64—2015)第11.2.1条验算钢主梁的抗弯承载能力,如计算值与规范规定的钢材强度设计值相差较大,可通过调整钢主梁高度达到设计要求;如计算值与规范规定的钢材强度设计值相差较小,可通过调整上、下翼缘厚度达到设计要求。

考虑经济性因素,钢主梁上、下翼缘可沿顺桥向变厚度设置,不同厚度节段长度的划分除考虑钢主梁实际受力情况外,还应结合钢主梁节段划分情况统一考虑。

2)抗剪承载能力验算

根据《公路钢结构桥梁设计规范》(JTG D64—2015)第11.2.2条规定,组合梁抗剪承载能力验算时按剪力全部由钢主梁腹板承担考虑,可通过调整腹板高度达到设计要求。

根据《公路钢混组合桥梁设计与施工规范》(JTG/T D64-01—2015)第7.2.2条规定,组合梁承受弯矩和剪力共同作用时,还应考虑两者耦合的影响。

A.2.2 变形计算

根据《公路钢结构桥梁设计规范》(JTG D64—2015)第4.2.3条验算主梁挠度,并通过调整钢主梁高度达到设计要求。

通常钢主梁强度验算通过了,变形验算不一定通过,因此确定钢主梁截面高度时需要同时考虑强度和变形两个因素。

A.2.3 稳定验算

1）整体稳定验算

（1）根据《公路钢结构桥梁设计规范》（JTG D64—2015）第5.3.2条规定，对主梁整体稳定性进行计算验算。

（2）在钢主梁尺寸拟定时，如满足《公路钢结构桥梁设计规范》（JTG D64—2015）第5.3.2条第1款的规定，便可不进行整体稳定验算。

（3）整体稳定性验算应分成桥阶段和施工阶段等不同工况进行验算。

2）局部稳定验算

根据《公路钢结构桥梁设计规范》（JTG D64—2015）第5.3.3条规定，对钢主梁腹板最小厚度、腹板横向加劲肋间距、腹板横向加劲肋惯性矩、腹板纵向加劲肋（如有）惯性矩等局部稳定要素进行验算。

3）支撑加劲肋验算

根据《公路钢结构桥梁设计规范》（JTG D64—2015）第5.3.4条规定，对钢主梁支撑加劲肋进行验算。

A.2.4 疲劳验算

根据《公路钢结构桥梁设计规范》（JTG D64—2015）第5.5节规定，对钢主梁进行疲劳计算验算。

A.2.5 连接件计算

1）钢主梁连接计算

（1）钢主梁纵向拼接缝如采用高强度螺栓连接，应根据《公路钢结构桥梁设计规范》（JTG D64—2015）第6.3节进行连接计算，并根据该节规定的构造要求布置高强度螺栓。

（2）横向联结系与钢主梁间如采用高强度螺栓连接，应根据《公路钢结构桥梁设计规范》（JTG D64—2015）第6.3节进行连接计算，并根据该节规定的构造要求布置高强度螺栓。

（3）主梁钢结构中所有参与受力的非全熔透焊缝，均应根据《公路钢结构桥梁设计规范》（JTG D64—2015）第6.2节进行连接计算，并根据该节规定确定焊缝尺寸参数。

2）钢主梁与混凝土桥面板抗剪连接件计算

根据《公路钢混组合桥梁设计与施工规范》（JTG/T D64-01—2015）第7.2.3条对钢

主梁与混凝土桥面板抗剪连接件数量进行计算验算,并根据该规范第9.2节进行构造布置。

A.3 混凝土桥面板计算

A.3.1 混凝土桥面板纵向计算

1)混凝土桥面板纵向受压计算

根据《公路钢筋混凝土及预应力混凝土桥涵设计规范》(JTG 3362—2018)对混凝土桥面板进行纵向受压计算验算。

2)混凝土桥面板纵向抗剪验算

根据《公路钢混组合桥梁设计与施工规范》(JTG/T D64-01—2015)第6.3节对混凝土桥面板纵向抗剪进行验算,可通过在钢主梁上翼缘处设置承托或调整混凝土桥面板横向配筋达到设计要求。

3)混凝土桥面板纵向抗裂验算

连续梁结构负弯矩区容易发生混凝土拉应力超过设计值的情况,可考虑在负弯矩区施加预应力,或验算混凝土桥面板裂缝宽度。应根据《公路钢筋混凝土及预应力混凝土桥涵设计规范》(JTG 3362—2018)第6.4.3条对混凝土桥面板进行纵向裂缝宽度计算验算,并通过调整配筋达到设计要求。

A.3.2 混凝土桥面板横向计算

1)混凝土桥面板横向抗弯承载力验算

根据《公路钢筋混凝土及预应力混凝土桥涵设计规范》(JTG 3362—2018)对混凝土桥面板进行横向抗弯承载力计算验算,并通过调整混凝土桥面板厚度或横向配筋达到设计要求。

2)混凝土桥面板横向抗裂验算

根据《公路钢筋混凝土及预应力混凝土桥涵设计规范》(JTG 3362—2018)第6.4.3条对混凝土桥面板进行横向裂缝宽度计算验算,并通过调整配筋达到设计要求。

A.3.3 混凝土桥面板与护栏连接处抗撞击验算

根据《公路交通安全设施设计规范》(JTG D81—2017)的规定,验算混凝土桥面板与护栏连接处在汽车撞击作用下,混凝土桥面板的抗弯承载力以及裂缝宽度。

A.3.4 混凝土桥面板吊点设计

根据单块混凝土桥面板的外形尺寸及自重,合理设置吊点位置,并选择合适的吊环材料。

附录 B 工字组合梁算例

B.1 桥梁设计概况

该工字组合梁算例,桥梁桥面全宽26.0m,两边护栏各宽0.5m;桥跨组合为3×40m。桥型布置图如图B.1-1所示。

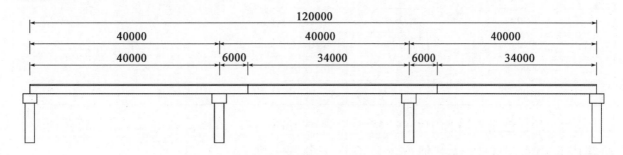

图 B.1-1 桥型布置图(尺寸单位:mm)

工字组合梁由钢筋混凝土桥面板与钢梁组合而成。主梁高度为2.0m,标准横断面图如图B.1-2所示。

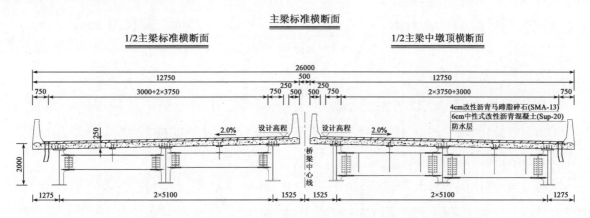

图 B.1-2 标准横断面图(尺寸单位:mm)

主梁悬臂及主梁尺寸为1.275m+2×5.10m+1.275m,其中悬臂长度为1.275m,单幅桥采用3片钢主梁,单片钢主梁高1.7m,相邻两片钢主梁中心距5.1m。

沿全桥长度方向共设置13个节段,节段长度沿路线前进方向依次为6.19m+5×9.99m+7.49m+5×9.99m+6.19m,节段间预留10mm宽缝隙。

各节段主梁构造尺寸详见表 B.1。

表 B.1 主梁构造尺寸(单位:mm)

节段编号	节段长度	上翼缘宽度	上翼缘厚度	腹板高度	腹板厚度	下翼缘宽度	下翼缘厚度
1	6190		28	1640			32
2	9990		28	1640/1627			32/45
3	9990		28	1627/1640			45/32
4	9990		28/36	1640/1604			32/60
5	9990		36/28	1604/1640			60/32
6	9990		28	1640			32
7	7490	600	28	1640	16	700	32
8	9990		28	1640			32
9	9990		28/36	1640/1604			32/60
10	9990		36/28	1604/1640			60/32
11	9990		28	1640/1627			32/45
12	9990		28	1627/1640			45/32
13	6190		28	1640			32

以全桥中心线为对称中心,向主梁两侧每 5m 设置一道横向联结系,其中墩台顶及每跨跨中采用实腹式构造,其他位置采用 H 形断面小横梁。

实腹式横向联结系采用工字形断面横梁,横梁与主梁间采用高强度螺栓连接。桥台或过渡墩支座顶端横梁高 1500mm,上、下翼缘尺寸分别为 1060mm×28mm 和 300mm×20mm,腹板厚 16mm,上翼缘板上设置剪力钉,用以连接梁端桥面板现浇段;跨中及中间墩支座顶端横梁高 1100mm,上、下翼缘尺寸均为 450mm×25mm,腹板厚 16mm。

其他位置采用的 H 形断面小横梁,梁高 700mm,上、下翼缘尺寸均为 300mm×24mm,腹板厚 13mm。

在相邻两片主梁中间设置一道小纵梁,小纵梁固定在横向联结系顶端。小纵梁采用 HW300×300×10×15 热轧 H 型钢,小纵梁采用螺栓固定于横向联结系顶面,沿顺桥向各节段采用高强度螺栓连接。

混凝土桥面横向宽 12.75m,全桥范围内 0.25m 等厚度,分为预制部分和现浇部分,见图 B.1-3。预制混凝土板采用 C55 混凝土,桥面板现浇部分混凝土采用 C55 自密实混凝土。预制桥面板横向受力钢筋直径为 20mm;负弯矩区纵向受力钢筋直径采用 25mm,其他区域纵向受力钢筋直径为 16mm;后浇带及湿接缝中顺桥向通长钢筋直径为 16mm。预制桥面板在剪力钉所在的位置挖空形成预留槽。

混凝土桥面板与钢梁之间通过布置于钢梁上翼缘板及小纵梁上的剪力钉连接,采用集束式钉群布置,主梁对应单个槽口内剪力钉个数为 5(顺桥向)×4(横桥向);小纵梁对应单个槽口内剪力钉个数为5(顺桥向)×2(横桥向);相邻剪力钉顺桥向间距为125mm,横桥向间距为125mm。剪力钉采用圆柱头焊钉,直径22mm,高200mm,材质为ML15,如图 B.1-4 所示。

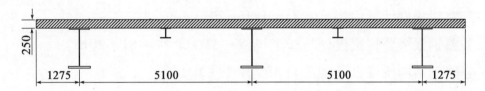

图 B.1-3 桥面板横断面图(尺寸单位:mm)

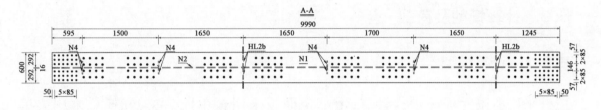

图 B.1-4 剪力钉布置示意图(尺寸单位:mm)

施工流程如下:施工基础及墩台、工厂制作钢梁、预制桥面板;安装钢梁1;安装钢梁2,完成钢梁1与钢梁2的连接;安装钢梁3,完成钢梁3与钢梁2的连接;吊装混凝土预制桥面板,绑扎湿接缝处钢筋;现浇湿接缝;完成二期铺装及附属安装;成桥试验,通车。施工方案示意见图 B.1-5。

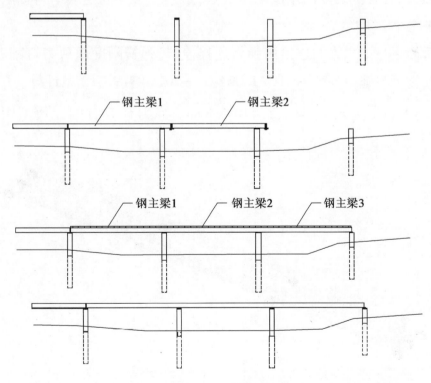

图 B.1-5 施工方案示意图

B.2 设计规范与标准

(1)《公路工程技术标准》(JTG B01—2014);
(2)《公路桥涵设计通用规范》(JTG D60—2015);
(3)《公路钢混组合桥梁设计与施工规范》(JTG/T D64-01—2015);
(4)《公路钢结构桥梁设计规范》(JTG D64—2015);
(5)《公路钢筋混凝土及预应力混凝土桥涵设计规范》(JTG 3362—2018)。

B.3 计算模型及荷载

B.3.1 计算模型

主桥采用有限元程序进行计算,上部桥面板采用板单元,主梁和横梁采用梁单元模拟。

参照《公路钢混组合桥梁设计与施工规范》(JTG/T D64-01—2015)第7.1.2条,当混凝土板按普通钢筋混凝土构件设计时,应采用开裂分析方法,中间支座两侧各0.15L范围内,组合梁截面纵向刚度取开裂截面刚度EI_{cr};开裂刚度计算时,桥面板仅考虑纵向钢筋作用,其余区段组合梁截面刚度取未开裂刚度EI_{un};空间建模时桥面板横向刚度全桥均按未开裂考虑。

混凝土桥面板与钢主梁的连接用弹簧连接模拟,弹簧刚度由剪力钉刚度参照《公路钢混组合桥梁设计与施工规范》(JTG/T D64-01—2015)第9.3.2条计算。单个剪力钉抗剪刚度为:$k_{ss} = 13.0 d_{ss} \sqrt{E_c f_{ck}} = 3.2 \times 10^5 \text{N/mm}$。静力计算有限元模型图如图B.3.1所示。

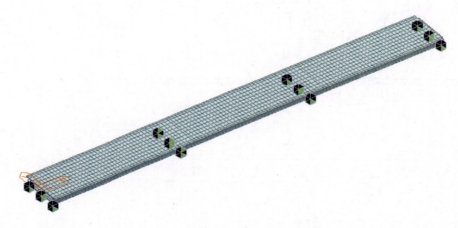

图 B.3.1 静力计算考虑开裂有限元模型图

B.3.2 主要计算参数

(1)恒载。

①一期恒载:包括主梁、横梁、桥面板等结构重量,混凝土重度取 $26kN/m^3$,钢材重度取 $78kN/m^3$;

②二期恒载:桥面铺装 $2.4kN/m^2$,防撞护栏 $3.5kN/(m·道)$。

(2)汽车荷载:公路—Ⅰ级。

(3)温度变化按照规范要求取值:

①线膨胀系数:钢结构 0.000012/℃,混凝土结构 0.000010/℃;

②系统温差:整体升温39℃,整体降温 -32℃;

③竖向温度梯度见表 B.3.2。

表 B.3.2 竖向温度梯度

正温差(℃)		负温差(℃)	
T_1	T_2	T_1	T_2
14	5.5	-7	-2.75

(4)地基及基础不均匀沉降:中墩 10mm;过渡墩 10mm。

(5)风荷载:与汽车荷载组合时,桥面风速 $v_z = 25m/s$。

(6)支座摩阻系数:0.03。

(7)收缩徐变:混凝土桥面板的收缩、徐变效应按《公路钢筋混凝土及预应力混凝土桥涵设计规范》(JTG 3362—2018)的相关规定进行计算,相对环境湿度取70%。预制桥面板存放时间不小于 6 个月。

(8)结构重要性系数:1.1。

B.3.3 施工阶段划分

按照拟定的施工方案划分施工阶段,分步计算,共划分 7 个施工阶段,分别对施工过程中各阶段的钢主梁、桥面板应力进行计算。本方案施工阶段划分见表 B.3.3。

表 B.3.3 施工阶段划分一览表

施工阶段号	阶段描述	说明
1	架设主梁1	
2	架设主梁2	
3	架设主梁3	
4	铺设混凝土桥面板	

续上表

施工阶段号	阶 段 描 述	说 明
5	桥面板与钢主梁共同作用	
6	二期	
7	成桥	3650d

B.3.4 荷载组合及验算内容

根据《公路桥涵设计通用规范》(JTG D60—2015)的相关规定进行荷载组合。

本算例将介绍上部结构施工阶段、运营阶段验算,包括结构强度、稳定性、刚度、疲劳验算。

结构验算主要依据《公路钢结构桥梁设计规范》(JTG D64—2015),参考《公路钢混组合梁设计与施工规范》(JTG/T D64-01—2015)、《钢-混凝土组合桥梁设计规范》(GB 50917—2013);混凝土桥面板承载能力和裂缝验算主要依据《公路钢筋混凝土及预应力混凝土桥涵设计规范》(JTG 3362—2018)。

B.4 组合梁结构验算

B.4.1 组合梁翼缘有效宽度

组合梁混凝土桥面板采用板单元模拟,无须另外考虑有效宽度;主梁利用梁单元进行纵向整体分析时,需确定组合梁翼缘的有效分布宽度。

1) 上翼缘板

上翼缘板有效宽度计算,按照《公路钢结构桥梁设计规范》(JTG D64—2015)附录F进行计算;组合梁跨中有效宽度 b_{eff} 按下式计算,且不应大于混凝土板实际宽度。

$$b_{\text{eff}} = b_0 + \sum b_{\text{ef},i} \quad (\text{B.4.1-1})$$

$$b_{\text{ef},i} = \frac{L_{\text{e},i}}{6} \leqslant b_i \quad (\text{B.4.1-2})$$

支点处有效宽度最小,此处 $L_e = 16\text{m}$;对于槽形主梁,$b_{\text{eff}} = 0.375 + \min(16/6, 1.15) \times 2 = 2.675\text{m}$,上翼缘混凝土板有效宽度大于钢主梁腹板中心线之间的间距2.55m,故混凝土桥面板全截面有效。

2) 下翼缘板

根据《公路钢结构桥梁设计规范》(JTG D64—2015)第5.1.8、5.1.9条,钢主梁应同时考虑剪力滞和局部稳定影响。连续梁翼缘中间支座左右各0.2L范围内,下翼缘受压,同时考虑剪力滞和局部稳定影响,有效宽度 $b_{\text{e},k}$ 按规范式(5.1.9-3)计算;其余部分,仅考虑剪力滞影响,有效宽度 $b_{\mathrm{e},i}^{\mathrm{s}}$ 按规范第 5.1.8 条计算。

考虑剪力滞的翼缘有效宽度计算:

边跨正弯矩区等效跨径 $l=0.8L=32\mathrm{m}$, $b_i/l=0.01$, b_i/l 小于 0.05,故 $b_{\mathrm{e},i}^{\mathrm{s}}=b_i=0.35\mathrm{m}$;中跨正弯矩区等效跨径 $l=0.6L=24\mathrm{m}$, $b_i/l=0.01$, b_i/l 均小于 0.05,故 $b_{\mathrm{e},i}^{\mathrm{s}}=b_i=0.35\mathrm{m}$。综上,正弯矩区考虑剪力滞的翼缘有效宽度不折减。

支座负弯矩区等效跨径 $l=0.2(L_1+L_2)=16\mathrm{m}$, $b_i=0.35\mathrm{m}$, $b_i/l=0.022$, $b_{\mathrm{e},i}^{\mathrm{s}}=0.347\mathrm{m}$,折减系数 $\rho_{\mathrm{ks}}=0.991$。

B.4.2 承载能力极限状态计算

根据《公路钢结构桥梁设计规范》(JTG D64—2015)第 11.2.1、11.2.2 条规定进行计算。验算荷载组合,按《公路桥涵设计通用规范》(JTG D60—2015)要求进行,并考虑结构重要性系数 1.1。

组合梁抗弯承载力应采用线弹性方法计算,并应符合以下规定:

$$\sigma = \sum_{i=1}^{\mathrm{II}} \frac{M_{\mathrm{d},i}}{W_{\mathrm{eff},i}} \tag{B.4.2-1}$$

$$\gamma_0 \sigma \leqslant f \tag{B.4.2-2}$$

组合梁截面的剪力应全部由钢主梁腹板承担,不考虑混凝土板的抗剪作用,抗剪验算应符合以下规定:

$$\gamma_0 V_{\mathrm{d}} \leqslant V_{\mathrm{u}} \tag{B.4.2-3}$$

1)组合梁抗弯承载力计算

(1)持久状况承载能力极限状态钢主梁正应力(已考虑结构重要性系数)包络图如图 B.4.2-1 和图 B.4.2-2 所示。

图 B.4.2-1 基本组合作用下钢主梁上翼缘正应力包络图(254.1MPa,−248.2MPa)

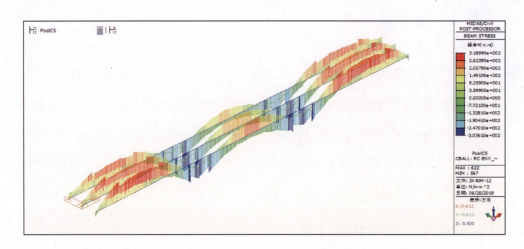

图 B.4.2-2　基本组合作用下钢主梁下翼缘正应力包络图(318MPa,-303.6MPa)

计算结果表明:承载能力极限状态组合下,钢主梁上翼缘最大拉应力为254.1MPa,小于钢材设计强度320MPa(Q420,厚16~40mm);钢主梁上翼缘最大压应力为248.2MPa,小于钢材设计强度320MPa(Q420,厚16~40mm);钢主梁下翼缘最大拉应力为318MPa,小于钢材设计强度320MPa(Q420,厚16~40mm);钢主梁下翼缘最大压应力为303.6MPa,小于钢材设计强度320MPa(Q420,厚16~40mm),钢主梁抗弯承载力满足要求。

(2)承载能力极限状态下,若将桥面板视为轴心受力构件,仅考虑桥面板的轴力作用,桥面板在基本组合作用下的轴力包络图如图 B.4.2-3 所示,桥面板最大压应力如图 B.4.2-4 所示。可见,最大轴拉力(已考虑结构重要性系数)为2901.8kN/m,最大轴压力为2376.7kN/m,最大轴向压应力为19.4MPa。

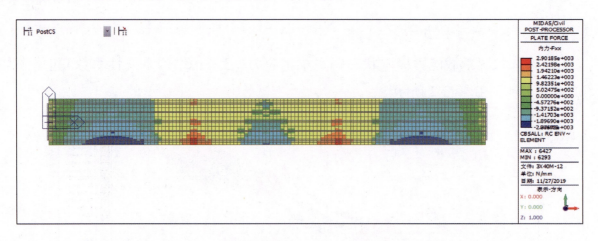

图 B.4.2-3　基本组合作用桥面板轴力包络图(2901.8kN/m,-2376.7kN/m)

由《公路钢筋混凝土及预应力混凝土桥涵设计规范》(JTG 3362—2018)第5.4.1条,轴拉力最大处 $\gamma_0 N_d < N_{ud} = f_{sd} A_s = 7885$kN/m,满足规范要求。

由《公钢结构桥梁设计规范》(JTG D64—2015)第11.2.1条,混凝土桥面板最大压应力19.4MPa $< f_{cd} = 24.4$MPa,满足规范要求。

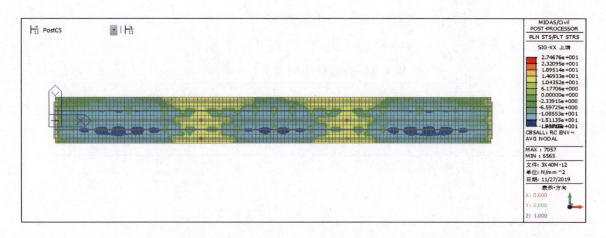

图 B.4.2-4　基本组合作用桥面板最大压应力(19.4MPa)

2)组合梁抗剪承载力计算

持久状况承载能力极限状态钢主梁剪力设计值(已考虑结构重要性系数)包络图如图 B.4.2-5 所示。

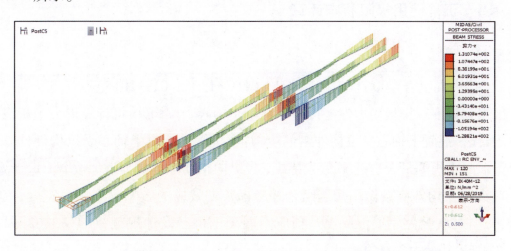

图 B.4.2-5　钢主梁剪应力包络图(最大 131MPa)

计算结果表明:由《公路钢结构桥梁设计规范》(JTG D64—2015)第 11.2.2 条,组合梁截面剪力应全部由钢主梁腹板承担,不考虑混凝土板的抗剪作用。钢主梁腹板最大剪应力 $\gamma_0 \sigma = 131.1\text{MPa} < f_{vd} = 195\text{MPa}$,故主梁抗剪承载力满足持久状况承载能力要求。

3)腹板组合应力验算

由《公路钢混组合梁设计与施工规范》(JTG/T D64-01—2015)第 7.2.2 条,组合梁承受弯矩和剪力共同作用时,应考虑两者耦合的影响。

$$\sqrt{\sigma^2 + 3\tau^2} \leqslant 1.1 f_d \qquad (\text{B}.4.2\text{-}4)$$

式中,σ、τ 分别为钢主梁腹板同一点上同时产生的正应力、剪应力(MPa)。对比《公路钢结构桥梁设计规范》(JTG D64—2015)第 5.3.1 条第 4 款规定,承载能力极限状态验算时,式(B.4.2-4)中的 σ、τ 应考虑结构重要性系数。

其中,计算所需应力从整体模型中提取,如表 B.4.2 所示。

表 B.4.2 关键截面的应力(单位:MPa)

项 目	边墩墩顶	边跨跨中	中墩墩顶	中跨跨中
σ_x	13.63	203.18	-247.27	72.14
τ	-77.36	36.27	-105.45	21.82

代入规范公式:

$$\sqrt{\sigma^2+3\tau^2}=\begin{cases}155.07\\212.67\\307.42\\81.44\end{cases}\text{MPa}\leq 1.1f_d=368.5\text{MPa},\text{故腹板组合应力验算满足要求。}$$

综上,各均满足承载能力极限状态满足规范要求。

B.4.3 正常使用极限状态计算

1)裂缝宽度验算

由《公路钢混组合梁设计与施工规范》(JTG/T D64-01—2015)第 7.5 节条文说明,负弯矩区组合梁混凝土板受力性能接近于混凝土轴心受拉构件,可计算混凝土板纵向钢筋平均应力,代替混凝土轴心受拉构件钢筋应力值,按钢筋混凝土轴心受拉构件计算负弯矩区组合梁混凝土板的最大裂缝宽度。混凝土板纵向钢筋平均应力近似按 N_s/A_s 计算。

钢筋混凝土构件应按作用频遇组合并考虑长期效应的影响验算裂缝宽度,汽车荷载不计冲击。根据《公路钢筋混凝土及预应力混凝土桥涵设计规范》(JTG 3362—2018)第 6.4.3 条规定,其最大裂缝宽度为:

$$W_{cr}=C_1C_2C_3\frac{\sigma_{ss}}{E_s}\left(\frac{c+d}{0.36+0.17\rho_{te}}\right)$$

频遇组合桥面板轴拉力包络图如图 B.4.3-1 所示。

验算结果如下:

$C_1=1, C_2=1.4, C_3=1.2, \sigma_{ss}=121.88\text{MPa}, c=30\text{mm}, d=28.28\text{mm}, \rho_{te}=0.040$。计算得到中梁中间墩顶截面纵桥向最大裂缝宽度为 0.167mm < 0.2mm,满足规范要求。

$C_1=1, C_2=1.4, C_3=1.2, \sigma_{ss}=136.70\text{MPa}, c=30\text{mm}, d=28.28\text{mm}, \rho_{te}=0.041$。计算得到边梁中间墩顶截面纵桥向最大裂缝宽度为 0.187mm < 0.2mm,满足规范要求。

2)挠度验算

根据《公路钢结构桥梁设计规范》(JTG D64—2015)第 4.2.3 条规定,公路钢桥应采用不计冲击力的汽车车道荷载频遇值(频遇值系数取为1.0),并按结构力学的方法计算竖向挠度。

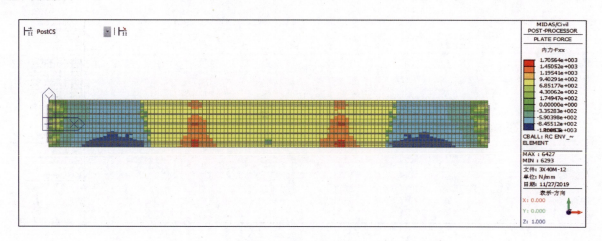

图 B.4.3-1　桥面板轴力包络图(最大拉力 1876.2kN/m)

根据《公路钢结构桥梁设计规范》(JTG D64—2015)第 11.3.2 条规定,计算组合梁的变形时,应考虑剪力钉的滑移效益,并考虑混凝土开裂影响。

本算例采用混凝土板开裂模型计算,混凝土板与钢主梁之间采用弹性连接,连接刚度为剪力钉抗剪刚度,已考虑滑移效应,可不再重复考虑滑移效应的折减刚度 B。

车道荷载频遇值挠度最大值和最小值分别见图 B.4.3-2 和图 B.4.3-3。

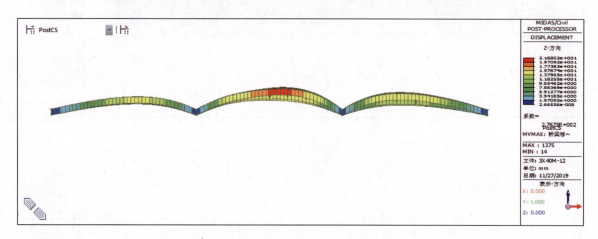

图 B.4.3-2　车道荷载频遇值挠度最大值图(边跨 13.8mm,中跨 21.7mm)

由图 B.4.3-2 和图 B.4.3-3 可知,由汽车车道频遇值引起的总挠度最大值为: $13.8+53.7=67.5\text{mm}<40000/500=80\text{mm}$,故刚度满足规范要求。

B.4.4　短暂状况构件应力计算

根据《公路钢筋混凝土及预应力混凝土桥涵设计规范》(JTG 3362—2018)规定,桥梁构件按短暂状况设计时,应计算其在制作、运输及安装等施工阶段由自重、施工荷载等引起的正截面应力,并不应超过规范第7.2节规定的限值。施工荷载除有特别规定外均采用标准值,当有组合时不考虑荷载组合系数。

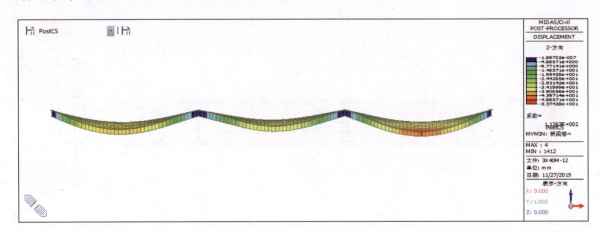

图 B.4.3-3　车道荷载频遇值挠度最小值图(边跨53.7mm,中跨34.2mm)

短暂状况构件应力计算结果如图 B.4.4-1～图 B.4.4-6 所示。

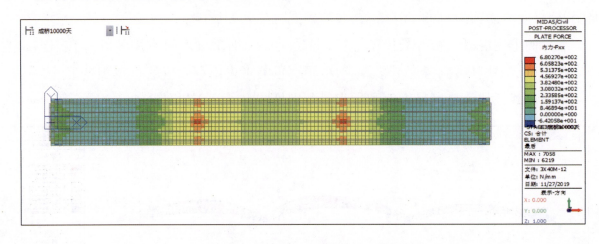

图 B.4.4-1　施工阶段混凝土桥面板钢筋轴向拉力最大值图(680.3kN/m)

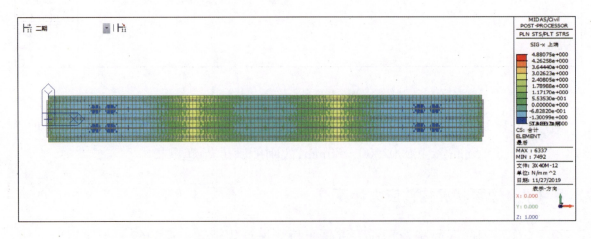

图 B.4.4-2　施工阶段混凝土桥面板混凝土最大压应力图(1.9MPa)

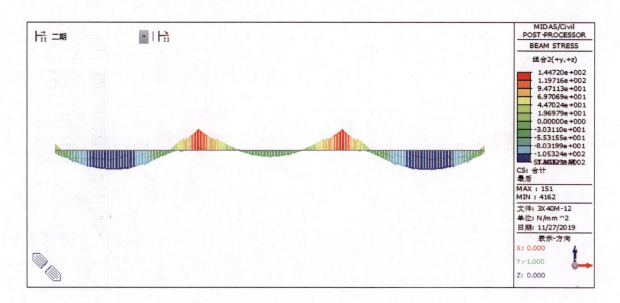

图 B.4.4-3 施工阶段钢主梁上翼缘最大拉应力图（137MPa）

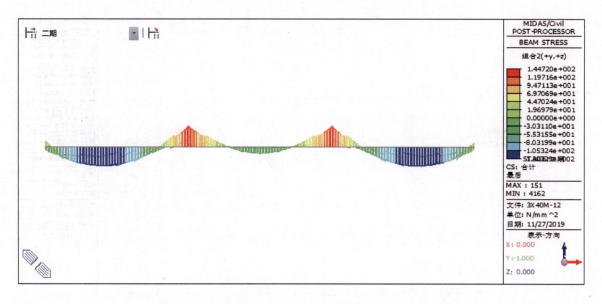

图 B.4.4-4 施工阶段钢主梁上翼缘最大压应力图（164.5MPa）

计算结果表明：根据《公路钢筋混凝土及预应力混凝土桥涵设计规范》(JTG 3362—2018)第7.2.4条，主梁施工阶段混凝土桥面板累计最大压应力为1.9MPa，小于C50混凝土容许压应力 $0.8f_{ck} = 0.8 \times 32.4 = 25.9$ MPa，满足规范关于短暂状况最大压应力要求；施工阶段受拉钢筋最大拉应力为80.5MPa，小于钢筋容许应力 $0.75f_{sk} = 0.75 \times 500 = 375$ MPa，满足规范关于短暂状况受拉钢筋最大拉应力要求。

根据《钢-混凝土组合桥梁设计规范》(GB 50917—2013)第4.4.3条，钢主梁最大压应力为164.5MPa，最大拉应力为137MPa，小于 $0.8f_d = 0.8 \times 320 = 256$ MPa，满足规范要求。

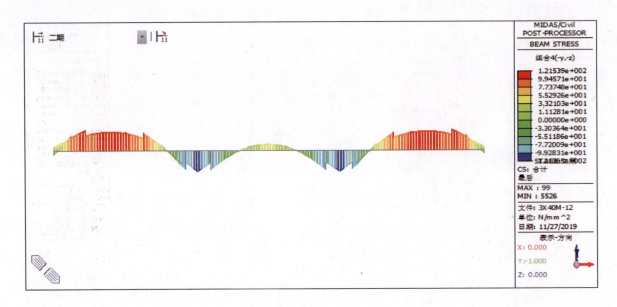

图 B.4.4-5 施工阶段钢主梁下翼缘最大拉应力图(131.3MPa)

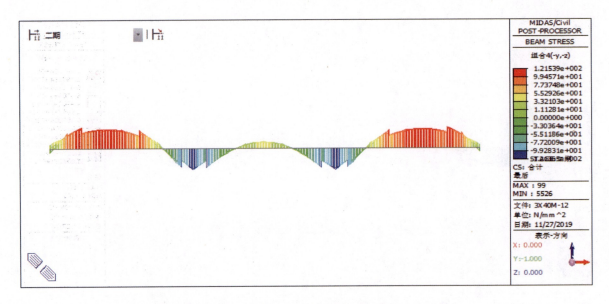

图 B.4.4-6 施工阶段钢主梁下翼缘最大压应力图(137.5MPa)

B.4.5 钢主梁稳定性验算

1)整体稳定性验算

(1)施工期间稳定性

根据《公路钢混组合梁设计与施工规范》(JTG/T D64-01—2015)第7.3.1条规定,施工期间,组合梁应具有足够的侧向刚度和侧向约束,以保证钢主梁不发生失稳。

根据《公路钢结构桥梁设计规范》(JTG D64—2015)第5.3.2条第1款规定,当采用顶推法施工时,施工阶段受压翼缘为下翼缘,下翼缘自由长度和宽度比值 $L_1/B_1 = 5000/$

700 = 7.14 < 12.0；当采用支架法施工时，受压翼缘为上翼缘，自由长度和宽度比值 L_1/B_1 = 5000/600 = 8.33 < 12.0。两者均满足规范要求，因此可以不计算施工阶段的整体稳定性。

(2) 桥面板与钢主梁形成整体后稳定性验算

根据《公路钢结构桥梁设计规范》(JTG D64—2015) 第 5.3.2 条第 1 款规定，具有混凝土桥面板密铺在梁的上翼缘并且牢固相连的，可以不计算梁的整体稳定性，因此本桥钢主梁在成桥状态可不计算整体稳定性。

2) 局部稳定性验算

参照《公路钢结构桥梁设计规范》(JTG D64—2015) 相关内容，对槽形钢主梁上翼缘、腹板、下翼缘的局部稳定性相关的构造要求进行验算。

(1) 钢主梁顶板

对于板件，通常通过限制宽厚比以满足局部稳定性要求。根据《公路钢结构桥梁设计规范》(JTG D64—2015) 第 7.2.1 条规定，焊接板受压翼缘的伸出肢宽不应大于其厚度的 $12\sqrt{345/f_y}$ 倍，受拉翼缘的伸出肢宽不应大于其宽度的 $16\sqrt{345/f_y}$ 倍。上述规定是针对工字梁提出的，而组合梁上翼缘与桥面板结合后，由于桥面板的约束，其上翼缘不存在稳定问题。故理论上，组合梁上翼缘的宽厚比满足施工阶段的局部稳定要求即可，组合梁上翼缘的宽厚比可适当放宽。

本算例中，上翼缘宽度为 600mm，伸出肢最大宽厚比为 $9.73 < 12\sqrt{345/420} = 10.9$，满足规范要求。

(2) 腹板

①腹板厚度验算：

腹板仅设置横向加劲肋，但不设纵向加劲肋，按照《公路钢结构桥梁设计规范》(JTG D64—2015) 第 5.3.3 条要求，腹板厚度 $t_w = 16 > \dfrac{\eta h_w}{140} = \dfrac{0.85 \times 1640}{140} = 9.96$mm，腹板厚度满足最小厚度要求。

②横向加劲肋尺寸验算：

横向加劲肋采用板式加劲肋。根据《公路钢结构桥梁设计规范》(JTG D64—2015) 式(5.3.3-4)，验算腹板横向加劲肋尺寸。对于双侧设置加劲肋的边梁，横向加劲肋横截面惯性矩：$I_t = 5.32 \times 10^7 \geq 3h_w t_w^3 = 1.97 \times 10^7$，腹板加劲肋尺寸满足规范要求。

③加劲肋间距验算：

按照《公路钢结构桥梁设计规范》(JTG D64—2015) 式(5.3.3-1) 计算。支座处及支座附近变截面处最为不利，横向加劲肋间距需满足：$a = 1650$mm $< 1.5h_w = 1.5 \times 1640 = 2460$mm。

当不设纵向加劲肋，横向加劲肋间距 a/h_w 时，还需满足：$\left(\dfrac{h_w}{100t_w}\right)^4 \times \left[\left(\dfrac{\sigma}{345}\right)^2 + (58)^2\right] = 0.88 < 1$。

满足规范要求。

④支撑加劲肋验算结果见表 B.4.5。

表 B.4.5 支撑加劲肋验算表

	项目	符号	数值	单位
基本参数	支座反力设计值	R_v	5000	kN
	支撑加劲肋宽度		150	mm
	支撑加劲肋厚度		25	mm
	支撑加劲肋面积之和	A_s	22500	mm²
	腹板厚度	t_w	16	mm
基本参数	腹板局部承压有效计算宽度	B_{eb}	950	mm
	上支座宽度	B	750	mm
	下翼板厚度	t_f	60	mm
	支座垫板厚度	t_b	40	mm
	腹板有效宽度	B_{ev}	1144	mm
	支撑加劲肋对数	n_s	3	对
	支撑加劲肋间距	b_s	380	mm
验算结果	$\gamma_0 \cdot R_v / (A_s + B_{eb}t_w) \leqslant f_{cd}$		145.9≤390	满足
	$\gamma_0 \cdot 2R_v / (A_s + B_{ev}t_w) \leqslant f_d$		269.6≤320	满足

3）下翼缘

受压翼缘板的加劲肋应满足宽厚比限制，详见《公路钢结构桥梁设计规范》(JTG D64—2015) 第 5.1.5 条规定。本算例中，下翼缘受压加劲肋尺寸为 240mm × 22mm。加劲肋宽厚比为 220/22 = 10 < 12 $\sqrt{345/420}$ = 10.9，满足要求。

下翼缘板受到纵向加劲肋、横向加劲肋和横隔板的约束，其局部稳定性已在 B.4.1 小节中予以考虑。

B.4.6 钢主梁疲劳验算

根据《公路钢结构桥梁设计规范》(JTG D64—2015) 第 5.5 节：承受汽车荷载的结构构件与连接，应按疲劳细节类别进行疲劳极限状态验算。按照疲劳荷载模型Ⅰ采用等效的车道荷载,集中荷载为$0.7P_k$,均布荷载为$0.3q_k$,P_k和q_k按《公路桥涵设计通用规范》(JTG D60—2015)的相关规定取值,并考虑多车道的影响。主梁拼接位置如图B.4.6所示。

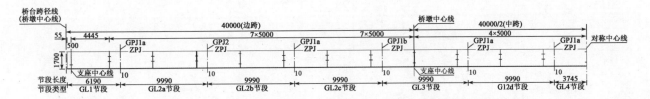

图 B.4.6 主梁拼接位置(尺寸单位:mm)

采用《公路钢结构桥梁设计规范》(JTG D64—2015)第5.5.4条进行验算,结果见表B.4.6。

表 B.4.6 疲劳验算参数表

计算参数	边跨拼接点				中跨拼接点	
	PJ1a	PJ2	PJ1a	PJ1b	PJ1a	PJ1b
σ_{max}(MPa)	18.10	-18.20	22.5	13.10	12.90	21.00
σ_{min}(MPa)	-21.30	-27.70	-26.6	-12.70	-14.70	-24.80
τ_{max}(MPa)	4.50	9.10	11.7	16.60	3.00	7.80
τ_{min}(MPa)	-12.50	-7.70	-5.8	0.50	-14.90	-9.00
$\Delta\sigma$(MPa)	39.40	9.50	49.10	25.80	27.60	45.80
$\Delta\tau$(MPa)	17.00	16.80	17.50	16.10	17.90	16.80
验算面到伸缩缝距离 D(m)	6.19	16.18	13.83	3.84	6.15	16.14
放大系数 $\Delta\phi$	0.00	0.00	0.00	0.11	0.00	0.00
$1+\Delta\phi$	1.00	1.00	1.00	1.11	1.00	1.00

钢主梁上缘正应力幅为49.1MPa,下缘正应力幅为45.8MPa,腹板最大剪应力幅为17.9MPa。

采用疲劳荷载模型Ⅰ时应按下式计算:

$$\gamma_{Ff}\Delta\sigma_p \leq k_s\Delta\sigma_D/\gamma_{Mf}$$

$$\gamma_{Ff}\Delta\tau_p \leq \tau_L/\gamma_{Mf}$$

$$\Delta\sigma_p = (1+\Delta\phi)(\sigma_{pmax} - \sigma_{pmin})$$

$$\Delta\tau_p = (1+\Delta\phi)(\tau_{pmax} - \tau_{pmin})$$

取 $\gamma_{Mf}=1.35$,$\gamma_{Ff}=1.0$,$k_s=1.0$,$\Delta\phi=0$。

正应力:

$$\gamma_{Ef}\Delta\sigma_p = \gamma_{Ef}(1+\Delta\phi)\Delta\sigma = \begin{cases}39.40\\9.50\\49.10\\28.59\\27.60\\45.8\end{cases}\text{MPa} < k_s\Delta\sigma_D/\gamma_{Mf} = 60.21\text{MPa}$$

剪应力：

$$\gamma_{Ef}\Delta\tau_p = \gamma_{Ef}(1+\Delta\phi)\Delta\tau = \begin{cases}17.00\\16.80\\17.50\\17.84\\17.90\\16.80\end{cases}\text{MPa} < \tau_L/\gamma_{Mf} = 67.56\text{MPa}$$

钢主梁截面抗弯和抗剪疲劳验算满足规范要求。

B.5 抗剪连接件验算

本算例桥梁设计采用圆柱头焊钉作为抗剪连接件。连接件采用集簇式剪力钉群，焊钉规格采用 $\phi22\times200\text{mm}$，顺桥向间距150mm、横桥向间距120mm，纵桥向剪力钉簇间间距800mm。

按照《公路钢结构桥梁设计规范》(JTG D64—2015)第11.4节的规定，进行承载能力极限状态和正常使用极限状态连接件抗剪验算。

1）承载能力极限状态验算

按基本组合计算，考虑1.1的分项系数，单个剪力钉承受最大剪力设计值为24.86kN。根据《公路钢结构桥梁设计规范》(JTG D64—2015)第11.4.4条规定，圆柱头焊钉连接件的抗剪承载力应按下式计算：

$$V_{su} = \min\{0.43A_{su}\sqrt{E_c f_{cd}},\ 0.7A_{su}f_{su}\}$$

单个焊钉抗剪承载力 $V_{su} = 106\text{kN} > 24.86\text{kN}$，故承载能力极限状态下连接件抗剪满足规范要求。

2）正常使用极限状态验算

按频遇组合计算，单个剪力钉承受最大剪力设计值为 $29.47\text{kN} < 0.75\times V_{su} = 79.5\text{kN}$，故正常使用极限状态下连接件抗剪满足规范要求。

B.6 结论

验算结果汇总见表 B.6。

表 B.6 验 算 结 果 汇 总

验算内容		参 考 规 范	验算结果
承载能力极限状态计算	抗弯承载力验算	JTG D64—2015	通过
	抗剪承载力验算	JTG D64—2015	通过
	腹板组合应力验算	JTG D64—2015 JTG/T D64-01—2015	通过
正常使用极限 状态计算	桥面板裂缝宽度验算	JTG/T D64-01—2015 JTG 3362—2018	通过
	挠度验算	JTG D64—2015	通过
短暂状况构件应力计算		JTG 3362—2018 GB 50917—2013	通过
稳定性验算	整体稳定性验算	JTG D64—2015 JTG/T D64-01—2015	通过
	局部稳定性验算	JTG D64—2015	通过
钢主梁疲劳验算		JTG D64—2015	通过
抗剪连接件验算		JTG D64—2015	通过

附录 C 箱形组合梁算例

C.1 桥梁设计概况

本箱形组合梁算例,桥梁桥面全宽 12.75m,两边护栏各宽 0.75m;桥跨组合为 3 × 50m。桥型布置图如图 C.1-1 所示。

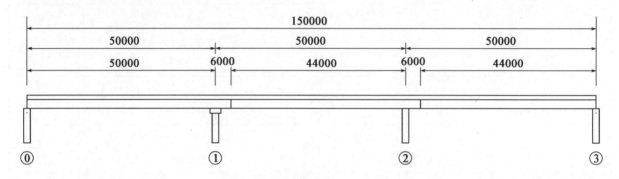

图 C.1-1 桥型布置图(尺寸单位:mm)

箱形组合梁由混凝土桥面板与钢主梁组合而成。箱梁高度为 1.95m,标准横断面图如图 C.1-2 所示。

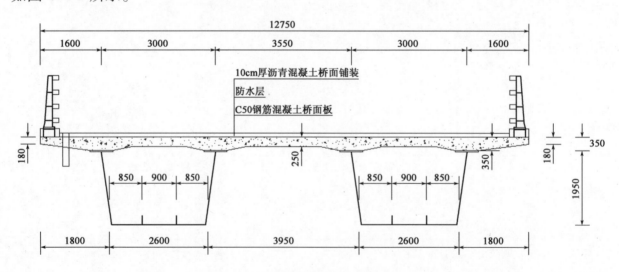

图 C.1-2 标准横断面图(尺寸单位:mm)

主梁悬臂及主梁尺寸为 1.6m + 3m + 3.55m + 3m + 1.6m,其中悬臂长度为 1.6m,单个箱室宽度为 2.6m。

上部结构主梁为双室斜腹板箱形截面。钢主梁顶板宽0.6m,厚度采用30mm、42mm、50mm三种；腹板厚度采用16mm、20mm两种；底板宽2.5m,厚度采用30mm、48mm两种,见图C.1-3。钢主梁高度1.95m。底板设置2道板式加劲肋,加劲肋尺寸为220mm×22mm。

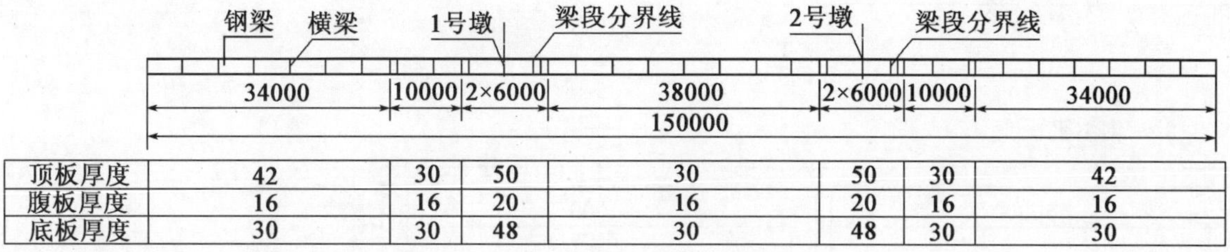

图C.1-3 钢主梁板厚分布(尺寸单位:mm)

箱室之间设间距为5m的横梁,横梁采用HN300×150×6.5×9热轧H型钢。钢结构采用Q420D。

在全长范围内,设置变厚度桥面板,混凝土等级为C50混凝土；横桥向桥面板跨中厚度为25cm,在箱梁上翼缘板处桥面板厚度增加到35cm,挑臂根部桥面板厚度为18cm。混凝土桥面板纵向为普通钢筋混凝土体系,桥面板配筋采用$\phi25@100$双层布置。桥面板横断面如图C.1-4所示。

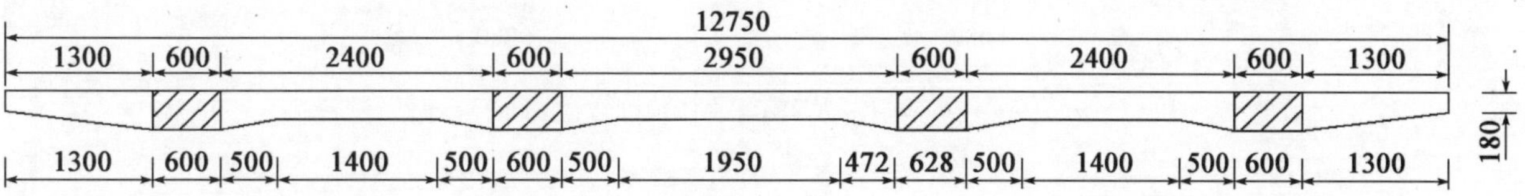

图C.1-4 桥面板横断面图(尺寸单位:mm)

本桥连接件采用集簇式剪力钉群,焊钉规格采用$\phi22\times200$mm,顺桥向间距150mm、横桥向间距120mm,纵桥向剪力钉簇间间距800mm,如图C.1-5所示。

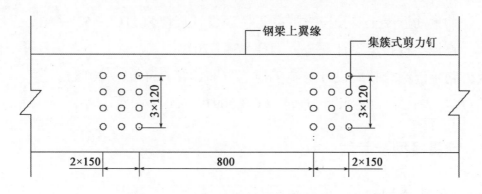

图C.1-5 剪力钉布置示意图(尺寸单位:mm)

施工流程如下：施工基础及桥墩、工厂制作钢主梁、预制桥面板等；安装钢主梁1；安装钢主梁2,完成钢主梁1与钢主梁2的连接；安装钢主梁3,完成钢主梁3与钢主梁2的连接;吊装混凝土预制桥面板,绑扎湿接缝处钢筋;现浇湿接缝;完成二期铺装及附属安装;成桥试验,通车。施工方案示意见图 C.1-6。

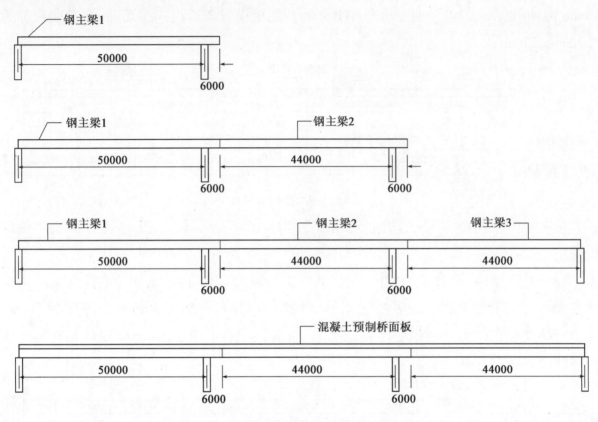

图 C.1-6　施工方案示意图(尺寸单位:mm)

C.2　设计规范与标准

(1)《公路工程技术标准》(JTG B01—2014);

(2)《公路桥涵设计通用规范》(JTG D60—2015);

(3)《公路钢筋混凝土及预应力混凝土桥涵设计规范》(JTG 3362—2018);

(4)《公路钢结构桥梁设计规范》(JTG D64—2015);

(5)《公路钢混组合桥梁设计与施工规范》(JTG/T D64-01—2015);

(6)《钢-混凝土组合桥梁设计规范》(GB 50917—2013)。

C.3　计算模型及荷载

C.3.1　计算模型

主桥采用有限元程序进行计算,上部桥面板采用板单元,主梁和横梁采用梁单元模拟。

参照《公路钢混组合桥梁设计与施工规范》(JTG/T D64-01—2015)第7.1.2条,当混凝土板按普通钢筋混凝土构件设计时,应采用开裂分析方法,中间支座两侧各0.15L范围内,组合梁截面纵向刚度取开裂截面刚度EI_{cr},开裂刚度计算时,桥面板仅考虑纵向钢筋作用,其余区段组合梁截面刚度取未开裂刚度EI_{un};空间建模时桥面板横向刚度全桥均按未开裂考虑。

混凝土桥面板与钢主梁的连接用弹簧连接模拟,弹簧刚度由剪力钉刚度参照《公路钢混组合桥梁设计与施工规范》(JTG/T D64-01—2015)第9.3.2条计算。单个剪力钉抗剪刚度为:$k_{ss}=13.0d_{ss}\sqrt{E_c f_{ck}}=3.2\times10^5 \text{N/mm}$。静力计算有限元模型如图C.3.1所示。

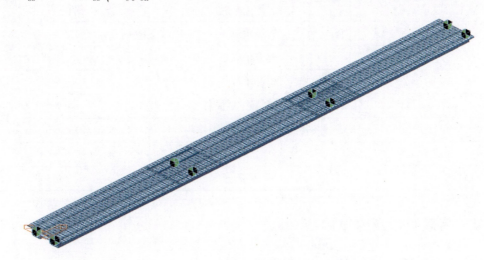

图C.3.1 静力计算考虑开裂有限元模型图

C.3.2 主要计算参数

(1)恒载。

①一期恒载:包括主梁、横梁、桥面板等结构重量,混凝土重度取26kN/m^3,钢材重度取78kN/m^3;

②二期恒载:桥面铺装2.4kN/m^2,防撞护栏3.5kN/(m·道)。

(2)汽车荷载:公路—Ⅰ级。

(3)温度变化按照规范要求取值:

①体系升温23℃;

②体系降温-26℃;

③竖向日照正温差:$T_1=14℃$,$T_2=5.5℃$,$A=100\text{mm}$;

④竖向日照反温差:$T_1=-7℃$,$T_2=-2.75℃$,$A=100\text{mm}$。

(4)地基及基础不均匀沉降:中墩10mm;过渡墩10mm。

(5)收缩徐变:混凝土桥面板的收缩、徐变效应按《公路钢筋混凝土及预应力混凝土桥涵设计规范》(JTG 3362—2018)的相关规定进行计算,相对环境湿度取70%。预制桥面板存放时间不小于6个月。

(6)结构重要性系数:1.1。

C.3.3 施工阶段划分

按照拟定的施工方案划分施工阶段,分步计算,共划分7个施工阶段,分别对施工过程中各阶段的钢主梁、桥面板应力进行计算。本方案施工阶段划分见表C.3.3。

表 C.3.3 施工阶段划分一览表

施工阶段号	阶段描述	说 明
1	架设主梁1	
2	架设主梁2	
3	架设主梁3	
4	铺设混凝土桥面板	
5	桥面板与钢主梁共同作用	
6	二期	
7	成桥	3650d

C.3.4 荷载组合及验算内容

根据《公路桥涵设计通用规范》(JTG D60—2015)的相关规定进行荷载组合。

本算例将介绍上部结构施工阶段、运营阶段验算,包括结构强度、稳定性、刚度、疲劳验算。

结构验算主要依据《公路钢结构桥梁设计规范》(JTG D64—2015),参考《公路钢混组合梁设计与施工规范》(JTG/T D64-01—2015)、《钢-混凝土组合桥梁设计规范》(GB 50917—2013);混凝土桥面板承载能力和裂缝验算主要依据《公路钢筋混凝土及预应力混凝土桥涵设计规范》(JTG 3362—2018)。

C.4 组合梁结构验算

C.4.1 组合梁翼缘有效宽度

组合梁混凝土桥面板采用板单元模拟,无须另外考虑有效宽度;主梁利用梁单元进行纵向整体分析时,需确定组合梁翼缘的有效分布宽度。

1)上翼缘板

上翼缘板有效宽度计算,按照《公路钢结构桥梁设计规范》(JTG D64—2015)附录F

进行计算:F.0.1 组合梁跨中有效宽度 b_{eff} 按下式计算,且不应大于混凝土板实际宽度。

$$b_{eff} = b_0 + \sum b_{ef,i} \tag{C.4.1-1}$$

$$b_{ef,i} = \frac{L_{e,i}}{6} \leq b_i \tag{C.4.1-2}$$

支点处有效宽度最小,此处 $L_e = 20m$;对于槽形主梁,$b_{eff} = 0.5 + \min(20/6, 1.25) \times 2 = 3m$,上翼缘混凝土板有效宽度与钢主梁腹板中心线之间的间距相等,故混凝土桥面板全截面有效。

2)下翼缘板

根据《公路钢结构桥梁设计规范》(JTG D64—2015)第 5.1.8、5.1.9 条,钢主梁应同时考虑剪力滞和局部稳定影响。箱形梁翼缘中间支座左右各 $0.2L$ 范围内,下翼缘受压,同时考虑剪力滞和局部稳定影响,有效宽度 $b_{e,k}$ 按规范式(5.1.9-3)计算;其余部分,仅考虑剪力滞影响,有效宽度 $b_{e,i}^s$ 按规范第 5.1.8 条计算。

考虑剪力滞的翼缘有效宽度计算:

边跨正弯矩区等效跨径 $l = 0.8L = 40m$,$b_i/l = 0.03$,b_i/l 小于 0.05,故 $b_{e,i}^s = b_i = 1.25m$;中跨正弯矩区等效跨径 $l = 0.6L = 30m$,$b_i/l = 0.04$,b_i/l 均小于 0.05,故 $b_{e,i}^s = b_i = 1.25m$。综上,正弯矩区考虑剪力滞的翼缘有效宽度不折减。

支座负弯矩区等效跨径 $l = 0.2(L_1 + L_2) = 20m$,$b_i = 1.25m$,$b_i/l = 0.0625$,$b_{e,i}^s = 1.02m$,折减系数 $\rho_{ks} = 0.818$。

考虑局部稳定的翼缘有效宽度计算:

支座左右各 6m 范围内,下翼缘厚度为 48mm,$\lambda = 0.728 > 0.4$,$b_{e,k} = 2.531m$;支座左右各 6~10m 处下翼缘厚度 30mm,$\lambda = 0.685 > 0.4$,$b_{e,k} = 1.927m$。

综合考虑剪力滞和局部稳定影响时,正弯矩区不折减;距支座 6m 范围内,下翼缘板宽度折减系数 $\rho = 0.973$,有效宽度为 2.170m;距支座 6~10m 范围内,下翼缘板宽度折减系数 $\rho = 0.741$,有效宽度为 1.676m。

C.4.2 承载能力极限状态计算

根据《公路钢结构桥梁设计规范》(JTG D64—2015)第 11.2.1、11.2.2 条规定进行计算。验算荷载组合,按《公路桥涵设计通用规范》(JTG D60—2015)要求进行,并考虑结构重要性系数 1.1。

组合梁抗弯承载力应采用线弹性方法计算,并应符合以下规定:

$$\sigma = \sum_{i=1}^{II} \frac{M_{d,i}}{W_{eff,i}} \tag{C.4.2-1}$$

$$\gamma_0 \sigma \leq f \tag{C.4.2-2}$$

组合梁截面的剪力应全部由钢主梁腹板承担,不考虑混凝土板的抗剪作用,抗剪验算应符合以下规定:

$$\gamma_0 V_d \leqslant V_u \quad (C.4.2-3)$$

1)组合梁抗弯承载力计算

(1)持久状况承载能力极限状态钢主梁正应力(已考虑结构重要性系数)包络图如图 C.4.2-1 和图 C.4.2-2 所示。

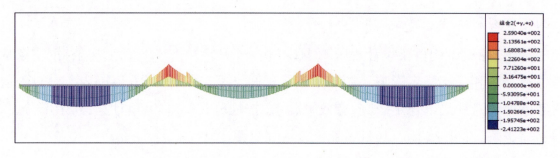

图 C.4.2-1　基本组合作用下钢主梁上翼缘正应力包络图(259MPa,-241.2MPa)

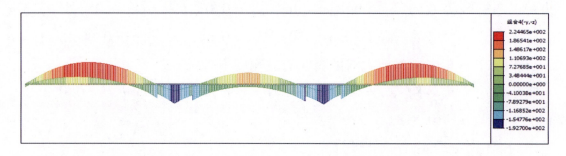

图 C.4.2-2　基本组合作用下钢主梁下翼缘正应力包络图(224.5MPa,-192.7MPa)

计算结果表明:承载能力极限状态组合下,钢主梁上翼缘最大拉应力为259MPa,小于钢材设计强度305MPa(Q420,厚40~63mm);钢主梁上翼缘最大压应力为241.2MPa,小于钢材设计强度305MPa(Q420,厚40~63mm);钢主梁下翼缘最大拉应力为224.5MPa,小于钢材设计强度320MPa(Q420,厚16~40mm);钢主梁下翼缘最大压应力为192.7MPa,小于钢材设计强度305MPa(Q420,厚40~63mm),钢主梁抗弯承载力满足要求。

(2)承载能力极限状态下,若将桥面板视为轴心受力构件,仅考虑桥面板的轴力作用,桥面板在基本组合作用下的轴力包络图如图 C.4.2-3 所示,桥面板最大压应力如图 C.4.2-4 所示。可见,最大轴拉力(已考虑结构重要性系数)为1752.2kN/m,最大轴压力为1514.8kN/m,最大轴向压应力为19.9MPa。

由《公路钢筋混凝土及预应力混凝土桥涵设计规范》(JTG 3362—2018)第5.4.1条,轴拉力最大处 $\gamma_0 N_d < N_{ud} = f_{sd} A_s = 3239.8$ kN/m,满足规范要求。

由《公钢结构桥梁设计规范》(JTG D64—2015)第11.2.1条,混凝土桥面板最大压应力19.9MPa$<f_{cd}=22.4$ MPa,满足规范要求。

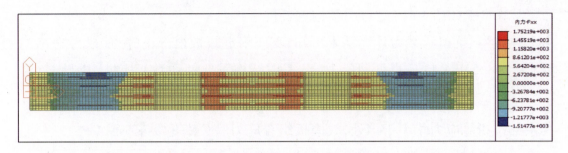

图C.4.2-3 基本组合作用桥面板轴力包络图(1752.2kN/m,−1514.8kN/m)

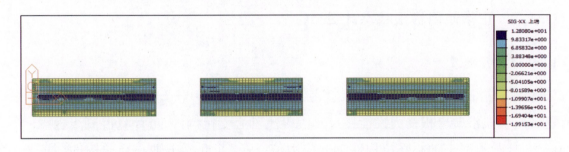

图C.4.2-4 基本组合作用桥面板最大压应力(19.9MPa)

2)组合梁抗剪承载力计算

持久状况承载能力极限状态钢主梁剪力设计值(已考虑结构重要性系数)包络图如图C.4.2-5所示。

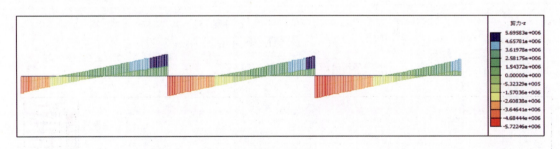

图C.4.2-5 钢主梁剪力包络图(最大5722.5kN)

计算结果表明:由《公路钢结构桥梁设计规范》(JTG D64—2015)第11.2.2条,组合梁截面剪力应全部由钢主梁腹板承担,不考虑混凝土板的抗剪作用。$\gamma_0 V_d < V_u = f_{vd} A_w = 9935$kN,故主梁抗剪承载力满足持久状况承载能力要求。

3)腹板组合应力验算

由《公路钢混组合梁设计与施工规范》(JTG/T D64-01—2015)第7.2.2条,组合梁承受弯矩和剪力共同作用时,应考虑两者耦合的影响。

$$\sqrt{\sigma^2 + 3\tau^2} \leqslant 1.1 f_d \tag{C.4.2-4}$$

式中，σ、τ 分别为钢主梁腹板同一点上同时产生的正应力、剪应力（MPa）。对比《公路钢结构桥梁设计规范》（JTG D64—2015）第5.3.1条第4款规定，承载能力极限状态验算时，式（C.4.2-4）中的 σ、τ 应考虑结构重要性系数。

由上述抗弯、抗剪承载力计算结果可知，支座附近腹板根部正应力（已考虑结构重要性系数）为248.5MPa，同一点处剪应力（已考虑结构重要性系数）为94MPa，则折算应力为：$\sqrt{\sigma^2 + 3\tau^2} = \sqrt{248.5^2 + 3 \times 94^2} = 297.1\text{MPa} < 1.1 f_d = 352\text{MPa}$。

其余部位折算应力均小于该处，故腹板组合应力验算满足要求。

综上，各均满足承载能力极限状态满足规范要求。

C.4.3 正常使用极限状态计算

1）裂缝宽度验算

由《公路钢混组合梁设计与施工规范》（JTG/T D64-01—2015）第7.5节条文说明，负弯矩区组合梁混凝土板受力性能接近于混凝土轴心受拉构件，可计算混凝土板纵向钢筋平均应力，代替混凝土轴心受拉构件钢筋应力值，按钢筋混凝土轴心受拉构件计算负弯矩区组合梁混凝土板的最大裂缝宽度。混凝土板纵向钢筋平均应力近似按 N_s/A_s 计算。

钢筋混凝土构件应按作用频遇组合并考虑长期效应的影响验算裂缝宽度，汽车荷载不计冲击。《公路钢筋混凝土及预应力混凝土桥涵设计规范》（JTG 3362—2018）第6.4.3条规定，其最大裂缝宽度为：

$$W_{cr} = C_1 C_2 C_3 \frac{\sigma_{ss}}{E_s}\left(\frac{c + d}{0.36 + 0.17\rho_{te}}\right) \quad (\text{C.4.3})$$

频遇组合桥面板轴拉力包络图如图C.4.3-1所示。

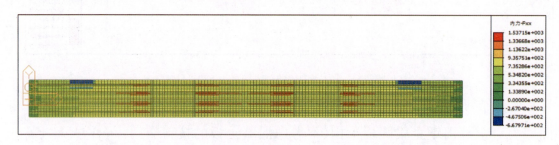

图C.4.3-1 桥面板轴力包络图（最大拉力1537.2kN/m）

验算结果为：$C_1 = 1$，$C_2 = 1.08$，$C_3 = 1.2$，$\sigma_{ss} = N_s/A_s = 157\text{MPa}$，$c = 48.5\text{mm}$，$d = 25\text{mm}$，$\rho_{te} = 0.046$。计算得最大裂缝宽度为0.169mm < 0.2mm，满足规范要求。

2）挠度验算

根据《公路钢结构桥梁设计规范》（JTG D64—2015）第4.2.3条规定，公路钢桥应采用不计冲击力的汽车车道荷载频遇值(频遇值系数取为1.0),并按结构力学的方法计算竖向挠度。

根据《公路钢结构桥梁设计规范》(JTG D64—2015)第11.3.2条规定,计算组合梁的变形时,应考虑剪力钉的滑移效益,并考虑混凝土开裂影响。

本算例采用混凝土板开裂模型计算,混凝土板与钢主梁之间采用弹性连接,连接刚度为剪力钉抗剪刚度,已考虑滑移效应,可不再重复考虑滑移效应的折减刚度C。

车道荷载频遇值挠度最大值、最小值如图C.4.3-2和图C.4.3-3所示。

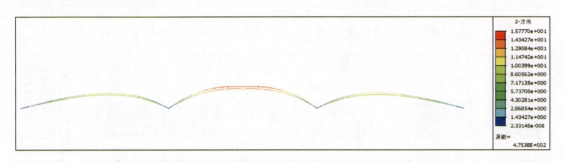

图C.4.3-2 车道荷载频遇值挠度最大值图(边跨11.2mm,中跨15.8mm)

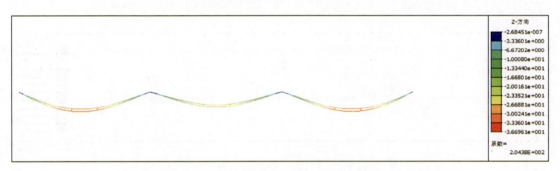

图C.4.3-3 车道荷载频遇值挠度最小值图(边跨36.7mm,中跨27.6mm)

由图C.4.3-2、图C.4.3-3可知,由汽车车道频遇值引起的总挠度最大值为:36.7+11.2=47.9mm < 50000/500=100mm,故刚度满足规范要求。

C.4.4 短暂状况构件应力计算

《公路钢筋混凝土及预应力混凝土桥涵设计规范》(JTG 3362—2018)规定,桥梁构件按短暂状况设计时,应计算其在制作、运输及安装等施工阶段,由自重、施工荷载等引起的正截面应力,并不应超过规范第7.2节规定的限值。施工荷载除有特别规定外均采用标准值,当有组合时不考虑荷载组合系数。

短暂状况构件应力计算结果如图C.4.4-1~图C.4.4-6所示。

计算结果表明:根据《公路钢筋混凝土及预应力混凝土桥涵设计规范》(JTG 3362—2018)第7.2.4条,主梁施工阶段混凝土桥面板累计最大压应力为8.2MPa,小于C50混凝土容许压应力$0.8f_{ck}=0.8 \times 32.4=25.9$MPa,满足规范关于短暂状况最大压应力要求;施工阶段受拉钢筋最大拉应力为 70.2MPa,小于钢筋容许应力 $0.75f_{sk} = 0.75 \times 400 = 300$MPa,满足规范关于短暂状况受拉钢筋最大拉应力要求。

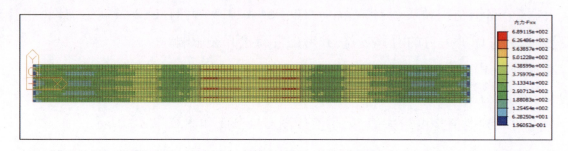

图 C.4.4-1　施工阶段混凝土桥面板钢筋轴向拉力最大值图(689.1kN/m)

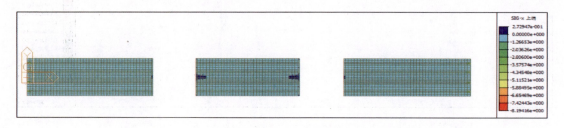

图 C.4.4-2　施工阶段混凝土桥面板混凝土最大压应力图(8.2MPa)

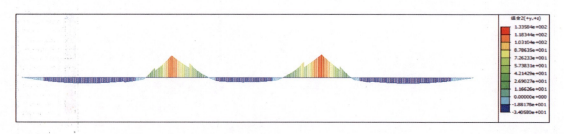

图 C.4.4-3　施工阶段钢主梁上翼缘最大拉应力图(133.6MPa)

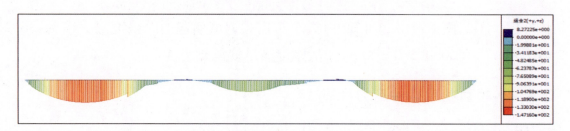

图 C.4.4-4　施工阶段钢主梁上翼缘最大压应力图(147.2MPa)

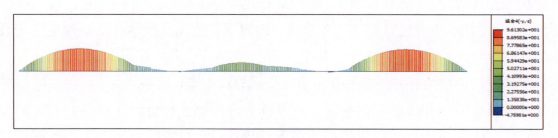

图 C.4.4-5　施工阶段钢主梁下翼缘最大拉应力图(96.1MPa)

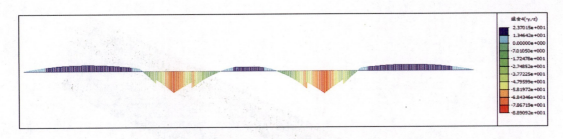

图 C.4.4-6 施工阶段钢主梁下翼缘最大压应力图(88.9MPa)

根据《钢-混凝土组合桥梁设计规范》(GB 50917—2013)第 4.4.3 条,钢主梁最大压应力为 147.2MPa,最大拉应力为 133.6MPa,小于 $0.8f_d = 0.8 \times 305 = 244$MPa,满足规范要求。

C.4.5 钢主梁稳定性验算

1)整体稳定性验算

(1)施工期间稳定性

《公路钢混组合梁设计与施工规范》(JTG/T D64-01—2015)第 7.3.1 条规定,施工期间,组合梁应具有足够的侧向刚度和侧向约束,以保证钢主梁不发生失稳。

施工阶段吊装跨中混凝土桥面板并浇筑湿接缝时,钢主梁上翼缘未受到有效约束,存在发生弯扭屈曲的可能。直接应用规范条文进行钢主梁的弯扭稳定性分析存在困难。首先,钢主梁截面惯性矩沿纵向变化,非等截面梁;其次,钢主梁间设置横联相互约束,钢主梁计算长度难以准确确定。为评估主梁施工期间稳定性,可利用有限元模型,进行弹性屈曲分析。

建立考虑横梁连接的钢主梁模型,在钢主梁节点施加桥面板自重换算成的线荷载,模型如图 C.4.5-1 所示。

弹性屈曲分析得到的失稳荷载未考虑结构的缺陷和焊接残余应力等不利因素,是理论上限值。工程上,通常认为在一定条件下,弹性整体稳定系数大于 4.0 时,结构整体稳定性满足要求。本算例中,钢主梁在钢主梁自重和桥面板荷载作用下的弹性整体稳定系数 13.2 > 4.0,并沿纵桥向布置一定数量的横向联结系。故可认为施工过程中钢主梁整体稳定性满足要求。

(2)桥面板与钢主梁形成整体后稳定性验算

《公路钢混组合桥梁设计与施工规范》(JTG/T D64-01—2015)第 7.3.1 条规定,组合梁正弯矩区可不进行整体稳定性验算,连续组合梁负弯矩区钢主梁为箱形截面或者下翼缘有可靠的横向约束,且腹板有加劲措施时,可不必进行负弯矩区侧扭稳定性验算。

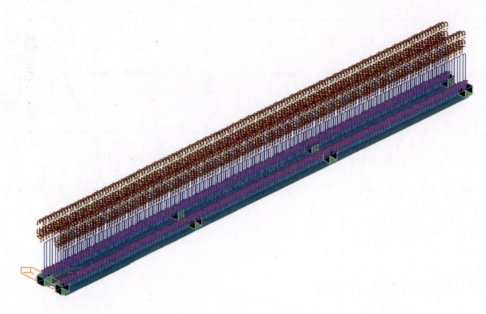

图 C.4.5-1 模型概况

2)局部稳定性验算

参照《公路钢结构桥梁设计规范》(JTG D64—2015)相关内容,对槽形钢主梁上翼缘、腹板、下翼缘的局部稳定性相关的构造要求进行验算。

(1)钢主梁顶板

对于板件,通常通过限制宽厚比以满足局部稳定性要求。《公路钢结构桥梁设计规范》(JTG D64—2015)第7.2.1条规定,焊接板受压翼缘的伸出肢宽不应大于其厚度的 $12\sqrt{345/f_y}$ 倍,受拉翼缘的伸出肢宽不应大于其宽度的 $16\sqrt{345/f_y}$ 倍。上述规定是针对工字梁提出的。而组合梁上翼缘与桥面板结合后,由于桥面板的约束,其上翼缘不存在稳定问题。故理论上,组合梁上翼缘的宽厚比满足施工阶段的局部稳定要求即可,组合梁上翼缘的宽厚比可适当放宽。

本算例中,上翼缘宽度为600mm,伸出肢最大宽厚比为 $9.73 < 12\sqrt{345/420} = 10.9$,满足规范要求。

(2)腹板

①腹板厚度验算:

腹板仅设置横向加劲肋,但不设纵向加劲肋,按照《公路钢结构桥梁设计规范》(JTG D64—2015)第5.3.3条要求,腹板厚度 $t_w = 16\text{mm} > \dfrac{\eta h_w}{140} = \dfrac{0.79 \times 1950}{140} = 11\text{mm}$。腹板厚度满足最小厚度要求。

②横向加劲肋尺寸验算:

横向加劲肋采用板式加劲肋。根据《公路钢结构桥梁设计规范》(JTG D64—2015)

式(5.3.3-4),验算腹板横向加劲肋尺寸,计算结果见表C.4.5-1。

表 C.4.5-1 腹板竖向加劲肋尺寸验算

对应位置	跨中	变截面处	中支点
腹板计算高度(mm)	1888	1900	1862
腹板厚度(mm)	16	16	20
$3h_w t_w^3$ (cm^4)	2320.3	2335.0	4469.4
加劲肋厚度(mm)	16	16	18
加劲肋宽度(mm)	180	180	200
I_t (cm^4)	3110.4	3110.4	4800
是否满足	是	是	是

腹板加劲肋尺寸满足规范要求。

③加劲肋间距验算:

按照《公路钢结构桥梁设计规范》(JTG D64—2015)式(5.3.3-1)计算。支座处及支座附近变截面处最为不利,其计算结果见表C.4.5-2。

表 C.4.5-2 腹板竖向加劲肋尺寸验算

对应位置	支座处	变截面处
腹板厚度 t_w (mm)	20	16
腹板计算高度 h_w (mm)	1868	1906
加劲肋间距 a (mm)	1700	1700
受压翼缘处腹板正应力(MPa)	190.7	153.5
剪应力(MPa)	79.6	82.4
$\left(\dfrac{h_w}{100t_w}\right)^4 \left[\left(\dfrac{\sigma}{345}\right)^2 + \left(\dfrac{\tau}{77+58(h_w/a)^2}\right)^2\right]$	0.42	0.97
是否满足	是	是

(3)下翼缘

箱形组合梁下翼缘板通常较宽,为了防止底板的局部失稳,需要设置加劲肋。《公路钢结构桥梁设计规范》(JTG D64—2015)第8.3.2条规定,腹板间距大于翼缘板厚度的80倍或翼缘悬臂宽度大于翼缘板厚度的16倍时,应设置纵向加劲肋。

受压翼缘板的加劲肋应满足宽厚比限制,详见《公路钢结构桥梁设计规范》(JTG D64—2015)第5.1.5条规定。本算例中,下翼缘受压加劲肋尺寸为240mm×22mm。加劲肋宽厚比为220/22 = 10 < 12 $\sqrt{345/420}$ = 10.9,满足要求。

下翼缘板受到纵向加劲肋、横向加劲肋和横隔板的约束,其局部稳定性已在C.4.1小节中予以考虑。

3）抗倾覆性能验算

《公路钢结构桥梁设计规范》(JTG D64—2015)第4.2.2条规定,上部结构采用整体式截面的梁桥在持久状况下结构体系不应发生改变,需验算横桥向抗倾覆性能。支座处横断面如图C.4.5-2所示。

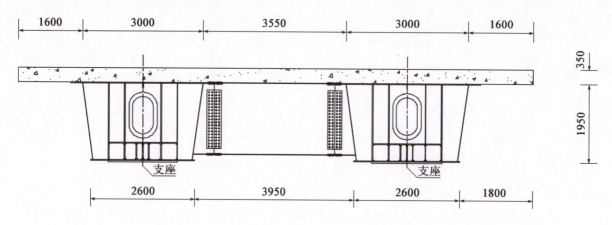

图C.4.5-2 支座断面示意图(尺寸单位:mm)

作用基本组合下单向受压支座反力如图C.4.5-3所示。

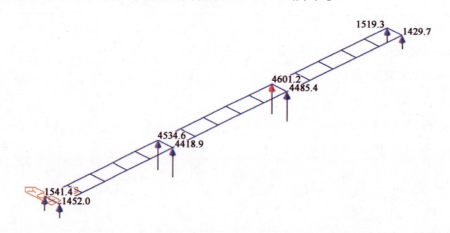

图C.4.5-3 作用基本组合下单向受压支座反力(单位:kN)

所有单向受压支座在作用基本组合下最小压力为1429.7kN,故各支座均为受压状态,满足规范要求。

在各单项力作用下中间支座和边支座反力如表C.4.5-3所示。

表C.4.5-3 单项内力支座反力表(单位:kN)

荷载项	0号墩	1号墩	2号墩	3号墩
恒载	1703.61	4558.21	4618.63	1683.44
汽车	−149.34	−241.17	−241.18	−149.33
整体升温	−22.74	22.74	22.74	−22.74
整体降温	25.71	−25.70	−25.71	25.70

续上表

荷载项	0 号墩	1 号墩	2 号墩	3 号墩
正温度梯度	1.30	−1.30	−1.28	1.28
负温度梯度	−0.65	0.65	0.64	−0.64
收缩	−92.32	92.36	92.36	−92.40
徐变	23.59	−23.60	−23.59	23.60

当整联只采用单向受压支座时，应对结构的稳定效应和失稳效应进行验算。由《公路钢结构桥梁设计规范》(JTG D64—2015)第4.2.2条，连续梁桥中箱梁的作用效应应符合下列要求：

$$\frac{\sum S_{\mathrm{bk},i}}{\sum S_{\mathrm{sk},i}} \geqslant k_{\mathrm{qf}} \quad (\text{C.4.5-1})$$

$$\sum S_{\mathrm{bk},i} = \sum R_{\mathrm{Gk},i} l_i \quad (\text{C.4.5-2})$$

$$\sum S_{\mathrm{sk},i} = \sum R_{\mathrm{Qk},i} l_i \quad (\text{C.4.5-3})$$

式中：$\sum S_{\mathrm{bk},i}$——使上部结构稳定的效应设计值；

$\sum S_{\mathrm{sk},i}$——使上部结构失稳的效应设计值；

l_i——第 i 个桥墩处失效支座与有效支座的支座中心间距，在倾覆失稳极限状态各桥墩仅存在一个有效支座；

$R_{\mathrm{Gk},i}$——第 i 个桥墩处失效支座的永久作用支反力，按全部支座有效的支承体系计算；

$R_{\mathrm{Qk},i}$——第 i 个桥墩处失效支座的可变作用支反力，按全部支座有效的支承体系计算，汽车荷载效应(考虑冲击作用)按各失效支座对应的最不利布置形式取值。

计算得：$\sum S_{\mathrm{bk},i} / \sum S_{\mathrm{sk},i} = 16.1 > k_{\mathrm{qf}} = 2.5$，满足要求。

C.4.6 钢主梁疲劳验算

根据《公路钢结构桥梁设计规范》(JTG D64—2015)第5.5节，承受汽车荷载的结构构件与连接，应按疲劳细节类别进行疲劳极限状态验算。按照疲劳荷载模型Ⅰ采用等效的车道荷载，集中荷载为 $0.7P_{\mathrm{k}}$，均布荷载为 $0.3q_{\mathrm{k}}$，P_{k} 和 q_{k} 按《公路桥涵设计通用规范》(JTG D60—2015)的相关规定取值，并考虑多车道的影响。疲劳荷载模型Ⅰ作用下钢主梁内力如图 C.4.6-1 ~ 图 C.4.6-3 所示。

钢主梁上缘正应力幅为 22.5MPa，下缘正应力幅为 36.7MPa，腹板最大剪应力幅为 13.3MPa。

采用疲劳荷载模型Ⅰ时应按下式计算：

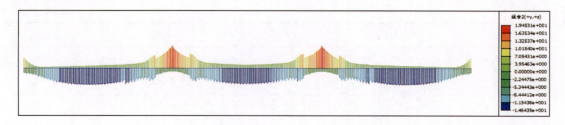

图 C.4.6-1　疲劳荷载模型 I 作用下钢主梁上缘正应力图（单位：MPa）

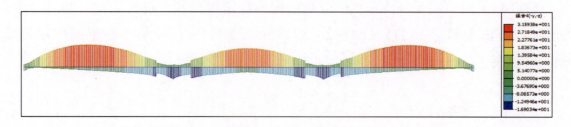

图 C.4.6-2　疲劳荷载模型 I 作用下钢主梁下缘正应力图（单位：MPa）

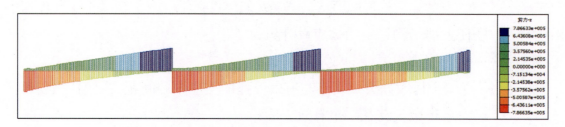

图 C.4.6-3　疲劳荷载模型 I 作用下钢主梁剪力图（单位：N）

$$\gamma_{Ff}\Delta\sigma_p \leqslant k_s\Delta\sigma_D/\gamma_{Mf} \quad (C.4.6\text{-}1)$$

$$\gamma_{Ff}\Delta\tau_p \leqslant \Delta\tau_L/\gamma_{Mf} \quad (C.4.6\text{-}2)$$

$$\Delta\sigma_p = (1+\Delta\phi)(\sigma_{pmax}-\sigma_{pmin}) \quad (C.4.6\text{-}3)$$

$$\Delta\tau_p = (1+\Delta\phi)(\tau_{pmax}-\tau_{pmin}) \quad (C.4.6\text{-}4)$$

底板基材为轧制钢板，板材的疲劳细节为160；焊接截面连续纵向焊缝的疲劳细节为100；故取疲劳细节类别100，即 2×10^6 次循环疲劳强度值 $\Delta\sigma_C = 100\text{MPa}$，则：

$$\Delta\sigma_D = \left(\frac{2}{5}\right)^{0.2}\Delta\sigma_C = 83.3\text{MPa}$$

剪应力的疲劳细节类别取100，则：

$$\Delta\tau_L = \left(\frac{2}{100}\right)^{0.2}\Delta\tau_C = 0.457\times100 = 45.7\text{MPa}$$

取 $\gamma_{Mf}=1.35$，$\gamma_{Ff}=1.0$，$k_s=1.0$，$\Delta\phi=0$，则：

$$\Delta\sigma_p = (1+\Delta\phi)(\sigma_{pmax}-\sigma_{pmin}) = 36.7\text{MPa}$$

$$\gamma_{Ff}\Delta\sigma_p = 36.7\text{MPa} < k_s\Delta\sigma_D/\gamma_{Mf} = 83.3/1.35 = 61.7\text{MPa}$$

$$\Delta\tau_p = (1+\Delta\phi)(\tau_{pmax}-\tau_{pmin})$$

$$\gamma_{Ff}\Delta\tau_p = 13.3\text{MPa} < \Delta\tau_L/\gamma_{Mf} = 45.7/1.35 = 33.9\text{MPa}$$

钢主梁截面抗弯和抗剪疲劳验算满足规范要求。

C.5 抗剪连接件验算

该算例桥梁设计采用圆柱头焊钉作为抗剪连接件。连接件采用集簇式剪力钉群,焊钉规格采用 $\phi22\times200$mm,顺桥向间距150mm、横桥向间距120mm,纵桥向剪力钉簇间间距800mm。

按照《公路钢结构桥梁设计规范》(JTG D64—2015)第11.4节的规定,进行承载能力极限状态和正常使用极限状态连接件抗剪验算。

1) 承载能力极限状态验算

按基本组合计算,考虑1.1的分项系数,单个剪力钉承受最大剪力设计值为39.77kN。根据《公路钢结构桥梁设计规范》(JTG D64—2015)第11.4.4条规定,圆柱头焊钉连接件的抗剪承载力应按下式计算:

$$V_{su} = \min\{0.43A_{su}\sqrt{E_c f_{cd}}, 0.7A_{su}f_{su}\} \tag{C.5}$$

单个焊钉抗剪承载力 $V_{su}=106$kN >39.77kN,故承载能力极限状态下连接件抗剪满足规范要求。

2) 正常使用极限状态验算

按频遇组合计算,单个剪力钉承受最大剪力设计值为 18.14kN $< 0.75\times V_{su} = 79.5$kN,故正常使用极限状态下连接件抗剪满足规范要求。

C.6 结论

验算结果汇总见表C.6。

表C.6 验算结果汇总

验算内容		参考规范	验算结果
承载能力极限状态计算	抗弯承载力验算	JTG D64—2015	通过
	抗剪承载力验算	JTG D64—2015	通过
	腹板组合应力验算	JTG D64—2015 JTG/T D64-01—2015	通过
正常使用极限状态计算	桥面板裂缝宽度验算	JTG/T D64-01—2015 JTG 3362—2018	通过
	挠度验算	JTG D64—2015	通过

续上表

验 算 内 容		参 考 规 范	验算结果
短暂状况构件应力计算		JTG 3362—2018 GB 50917—2013	通过
稳定性验算	整体稳定性验算	JTG D64—2015 JTG/T D64-01—2015	通过
	局部稳定性验算	JTG D64—2015	通过
	抗倾覆性能验算	JTG D64—2015	通过
钢主梁疲劳验算		JTG D64—2015	通过
抗剪连接件验算		JTG D64—2015	通过

附录 D 摩擦型高强度大六角头螺栓连接工艺

D.1 施工前准备

（1）高强度螺栓应按要求进行复验，按施工条件测取扭矩系数，扭矩系数平均值应在 0.110~0.150 范围内，其标准偏差应不大于 0.010。

（2）扭矩系数试验过程以模拟现场施工的方式进行，高强度螺栓安装、拧紧、初拧和终拧应按安装施工过程规定的步骤进行测试，同时试验的环境、温度也应该尽可能与施工状态保持一致。

（3）由于温度与湿度对扭矩系数有一定影响，当现场施工时温度与湿度变化较大时，应在施工前，重新测定扭矩系数，以便及时调整终拧扭矩。

（4）工地扭矩系数测定，以试验平均值作为该批螺栓的扭矩系数来计算终拧扭矩。扭矩系数测定在轴力计上进行，每批 8 套，每一连接副只能试验一次，不得重复使用。

（5）进行连接副扭矩系数试验时，应同时记录环境温度。试用所用的机具、仪表及连接副均应放置在该环境内至少 2h 以上。

（6）对于损伤严重的栓接板面，应按相应涂装工艺重新处理。

（7）高强度螺栓施拧前应检查确认板缝中无杂物。

（8）参加施工的人员应接受技术培训，熟悉高强度螺栓施工的要点、程序及注意事项。

（9）高强度螺栓连接副的施拧工具应符合下列规定：

①高强度螺栓施工所用的定扭矩扳手必须进行标定。在作业前后均应进行校正，其扭矩相对误差应为 ±5%，校正结果填入记录表中，并由校正人签字确认。

②施拧用电动扳手和定扭矩讯响扳手应编号使用，每台电动扳手和控制器及稳压电源应固定配套编号，不得混杂。

③标定好的电动扳手在使用过程中严禁随意调节控制器的旋钮，并指定专人使用。

D.2 高强度螺栓连接副的安装

（1）高强度螺栓连接副的安装应在钢结构构件中心位置调整准确后进行，高强度螺栓、螺母和垫圈应按制造厂提供的批号配套使用。

（2）安装时摩擦面应保持清洁、干燥，构件连接处钢板表面应平整、无焊接飞溅、无毛刺，并不得在雨中进行安装作业。

（3）高强度螺栓连接副组装时，应在板束外侧各设置一个垫圈，有内倒角的一侧应分别朝向螺栓头和螺母支承面。高强度螺栓的长度应与安装图一致，安装时其穿入方向应以施工方便为准，力求全桥一致。

（4）高强度螺栓安装时应自由穿入孔内，不得强行敲入。

（5）对不能自由穿入螺栓的孔，应采用铰刀进行铰孔修整，修整后孔的最大直径不应大于1.2倍螺栓直径，且修整孔数量不应超过该节点螺栓数量的25%。铰孔前应将该孔四周的螺栓全部拧紧，使板层密贴，防止钢屑或其他杂物掉入板层缝隙中，严禁采用气割方法扩孔。铰孔的位置应作施工记录。

（6）安装施工时，每个节点穿入足够数量的冲钉和安装螺栓，不得采用塞焊对螺栓孔进行焊接。

（7）高强度螺栓不得作为临时安装螺栓使用。

（8）高强度螺栓连接安装时，每个节点上应穿入的临时螺栓和冲钉数量，由安装时可能承担的荷载计算确定，不得少于节点螺栓总数的1/3，且临时螺栓数不得少于2个，冲钉数量不宜多于临时螺栓数量的30%。

（9）悬臂拼装法架设时，冲钉用量按受力计算确定并不得少于螺栓孔总数的50%，其余螺栓孔使用高强度螺栓；采用顶推施工时，对全部高强度螺栓终拧后实施，顶推安装到位后，按终拧检查抽查数量要求进行复检。

（10）对因板厚公差、制造偏差或安装偏差等产生的摩擦面间隙，应按表D.2的要求处理。

表 D.2　摩擦面间隙处理

序　号	简　图	处 理 方 法
1		$\delta < 1.0$mm 时不予处理
2		$\delta = 1.0 \sim 3.0$mm 时，将板厚一侧磨成 1:10 的缓坡，使间隙小于1.0mm。用砂轮打磨时，应使打磨方向与受力方向垂直

续上表

序 号	简 图	处 理 方 法
3	δ>3mm	δ>3.0mm时加垫板,垫板厚度不小于3mm,垫板厚度和摩擦面处理方法应与构件相同

D.3 高强度螺栓连接副的施拧

（1）高强度螺栓连接副的拧紧应分为初拧（复拧）、终拧。初拧（复拧）和终拧应在同一工作日内完成。

（2）高强度螺栓施拧,应按一定顺序,从板束刚度大、缝隙大之处开始,对大面积节点板应从中间部分向四周的边缘进行施拧。

（3）高强度螺栓的施拧,仅应在螺母上施加扭矩。

（4）冲钉和临时螺栓的更换,应在已安装的螺栓副初拧后进行。高强度螺栓更换顺序：除用临时螺栓、冲钉的孔群部位,其余孔群先安装高强度螺栓并进行初拧（或复拧）,然后把原临时螺栓部位替换成高强度螺栓进行初拧,最后再将冲钉替换成高强度螺栓并进行初拧（或复拧）。

（5）高强度螺栓连接副施拧的初拧扭矩宜为终拧扭矩的50%,复拧扭矩等于初拧扭矩,每批高强度螺栓连接副的终拧扭矩由式（D.3）计算确定。扭矩系数值随各种自然及人为因素而变动,应以现场扳手标定测出扭矩系数为准。

$$T_c = K \cdot P_c \cdot d \qquad (D.3)$$

式中：T_c——终拧扭矩（N·m）；

K——高强度螺栓连接副的扭矩系数平均值,由试验测得；

P_c——高强度螺栓的施工预拉力（kN）,见表D.3；

d——高强度螺栓公称直径（mm）。

高强度螺栓的设计预拉力、施工预拉力应符合表D.3的规定。

表D.3 高强度螺栓的预拉力

性 能 等 级	螺纹规格 d（mm）	M16	M20	M22	M24	M27	M30
8.8级	设计预拉力 P（kN）	80	125	150	175	230	280
	施工预拉力 P_c（kN）	90	140	165	195	255	310
10.9级	设计预拉力 P（kN）	100	155	190	225	290	355
	施工预拉力 P_c（kN）	110	170	210	250	320	390

(6)终拧时,施加扭矩必须连续、平稳,螺栓、垫圈不得与螺母一起转动,如果垫圈发生转动,应更换高强度螺栓连接副,按操作程序重新进行初拧(复拧)、终拧。

(7)终拧后应用与复拧不同的颜色在螺母上标记。

D.4 质量检查

(1)高强度螺栓连接副施工质量的检查应按照自检、专检、监理检查的程序进行。专检应由专职质量检查员进行。

(2)检查用的扭矩扳手必须标定,其扭矩误差不得超过使用扭矩的±3%。

(3)初拧检查应符合下列要求:

①初拧(或复拧)后的全部高强度螺栓连接副应逐个用敲击法检查。

②初拧(或复拧)检查应用小锤(约0.3kg)敲击螺母,对所有的高强度螺栓连接副普查,以防漏拧;用质量约0.3kg的小锤敲击螺母对边的一侧,用手指紧按住螺母对边的另一侧进行检查,如颤动较大者即认为不合格,应予复拧,复拧扭矩等于初拧扭矩。

(4)终拧检查应符合下列要求:

①对全部终拧后的高强度螺栓连接副进行检查,观察复拧后标记线的螺杆和螺母相对位置是否发生转动,以检查终拧是否漏拧。

②高强度螺栓连接副的终拧检查宜在螺栓终拧4h以后、24h之前完成。

③高强度螺栓连接副终拧到位后,外漏丝扣宜为2个丝扣。

④终拧扭矩应按栓群或节点数抽查10%,且不应少于10个节点;对每个被抽查节点应按螺栓数抽查10%,但主桁、工字梁主梁及纵梁、横梁连接处不少于2套,其余节点不少于1套进行终拧扭矩检查;监理单位全部见证终拧扭矩检查。

⑤终拧扭矩检查每个接口抽检螺栓的不合格率不得超过抽检总数的20%,如超过,应继续抽查直至累积合格率超过抽检总数的80%为止。对欠拧者(含漏拧者)要补拧,补拧需使用检查扳手直接施拧到终拧值,不得使用电动扳手2次施拧;对超拧者(含垫圈转动者)要更换,更换后需使用检查扳手直接施拧到终拧值并做好标记(标记为在螺栓处画双红线)。

⑥检查终拧扭矩的方法宜选用"松扣、回扣法",即先将被检螺栓副划标记线,然后将螺母拧松约30°,再用检查扳手把螺母拧到原来位置,记录此时的扭矩值。若该扭矩值在$(0.9\sim1.1)T_{ch}$范围内则为合格,否则不合格;若采用紧扣法,紧扣检查扭矩由试验确定,并在测定紧扣检查扭矩时,应确认高强度螺栓预拉力的误差应在设计预拉力的2%范围内,检查时,测得螺母与螺栓刚发生微小相对转角时,扭矩在$(0.9\sim1.1)T_{ch}$检查扭矩范围内为合格。

T_{ch}应按式(D.4)计算：

$$T_{ch} = k \cdot P \cdot d \tag{D.4}$$

式中：P——高强度螺栓预拉力设计值(kN)，按表 D.3 取用；

k——高强度螺栓连接副的扭矩系数平均值，由试验测得；

T_{ch}——检查扭矩(N·m)；

d——高强度螺栓公称直径(mm)。

⑦检查合格后在螺栓群边注明检查人员姓名和检查日期，及时进行高强度螺栓处的腻缝和涂装。

附录 E　摩擦型高强度环槽铆钉连接工艺

E.1　施工前准备

(1) 连接板面应检验合格;对于损伤严重的,应按相应涂装工艺重新处理。

(2) 安装孔基本尺寸应符合《环槽铆钉连接副　技术条件》(GB/T 36993—2018)附录 B.1 的规定。连接前应检查确认板缝中无杂物。

(3) 参加施工的人员应接受技术培训,熟悉摩擦型高强度环槽铆钉连接工艺的要点、程序及注意事项。

(4) 高强度环槽铆钉连接应采用专用的液压环槽铆钉机,其主要结构由液压泵站(图 E.1-1)、传输油管和铆枪(图 E.1-2)构成。

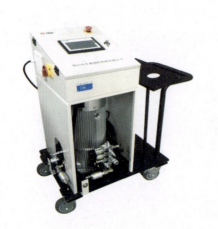

图 E.1-1　液压铆接泵站

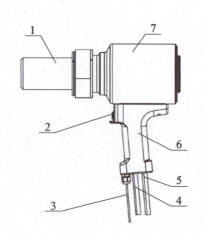

图 E.1-2　铆枪结构示意图

1-枪头;2-开关按钮;3-电源线;4-回油管;5-进油管;6-手柄;7-缸体

其中枪头由铁砧、卡瓣、内套筒、随动套、退位组、退位组前等组成,如图 E.1-3 所示。其中铆枪的卡瓣、退位组、退位组前为易损易耗件。

施工前铆枪和泵站连接完好,系统开机自检无报警;铆枪爪片上无异物,铆枪顶铁表面无污物、裂纹、划痕等缺陷。

(5) 施工前应进行工艺试验,以验证工具及工艺性能是否满足成型尺寸和夹紧力的相关要求。

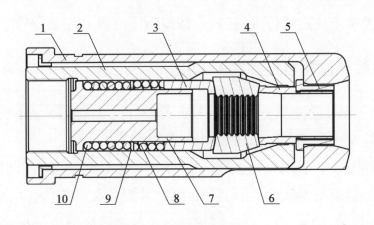

图 E.1-3 枪头结构示意图
1-铁砧;2-内套筒;3-随动套;4-退位组;5-退位组前;6-卡瓣;7-导向套;8-弹簧;9-弹簧垫片;10-O形圈

E.2 高强度环槽铆钉连接副的安装

（1）高强度环槽铆钉连接副的安装应在钢结构构件中心位置调整准确后进行,应采用同一制造厂家生产高强度环槽铆钉和配套的套环。

（2）安装时摩擦面应保持清洁、干燥,构件连接处钢板表面应平整、无焊接飞溅、无毛刺,并不得在雨中进行安装作业。

（3）安装时,高强度环槽铆钉穿入方向应以方便铆接为准,但方向宜一致。

（4）高强度环槽铆钉连接副安装时应自由穿入连接孔内,不得强行敲入。对不能自由穿入铆钉的连接孔,应采用铰刀或钻头进行修整或扩钻,修整后孔的最大直径不应大于1.2倍铆钉直径,且修整孔数量不应超过该节点连接孔数量的25%。铰孔或扩钻前应将该孔四周用临时螺栓紧固,使板层密贴,防止钢屑或其他杂物掉入板层缝隙中,严禁采用气割方法扩孔。铰孔或扩钻的位置应作施工记录。

（5）安装施工时,每个节点穿入足够数量的冲钉和临时螺栓,不得采用塞焊对连接孔进行焊接。

（6）高强度环槽铆钉不得作为定位使用。

（7）高强度环槽铆钉连接副安装时,每个节点上应穿入的临时螺栓和冲钉数量,由安装时可能承担的荷载计算确定,不得少于节点螺栓总数的1/3,且临时螺栓数不得少于2个,冲钉数量不宜多于临时螺栓数量的30%。

（8）悬臂拼装法架设时,冲钉用量按受力计算确定并不得少于孔总数的50%,其余孔使用高强度环槽铆钉连接副;采用顶推施工时,应先对高强度环槽铆钉连接副进行铆接,铆接合格后方可进行顶推施工。

（9）环槽铆钉连接副安装前,将临时螺栓做一般拧紧至板层密贴,对因板厚公差、制造偏差或安装偏差等产生的摩擦面间隙,应按本指南附录 D 中表 D.2 的要求处理。

E.3 高强度环槽铆钉连接副的铆接

(1)高强度环槽铆钉连接副的铆接,应按一定顺序,从板束刚度小、缝隙小之处开始,对大面积节点板应从中间部分向四周的边缘进行铆接。

(2)冲钉和临时螺栓的更换,应在已安装的高强度环槽铆钉连接副铆接完成后进行。高强度环槽铆钉连接副更换顺序:除用临时螺栓、冲钉的孔群部位,其余孔群先安装高强度环槽铆钉连接副并铆接,然后把原临时螺栓部位替换成高强度环槽铆钉连接副进行铆接,最后再将冲钉替换成高强度环槽铆钉连接副并进行铆接。

(3)铆接作业步骤为:①螺栓穿入连接孔后,将套环套在环槽螺栓上,见图 E.3a);②铆枪枪头套在栓杆尾部,枪口铁砧抵住钉套端面,按下铆枪的开关,工具启动,铆枪卡瓣抓紧栓杆尾部,铁砧开始推动套环,直到四周紧贴无任何间隙,见图 E.3b);③铆枪持续工作,铁砧逐步将套环挤压在栓杆的环形沟槽上,套环锁闭完成,见图 E.3c);④达到设计夹紧力后,栓杆尾部同栓杆拉断分离,安装完成,见图 E.3d)。

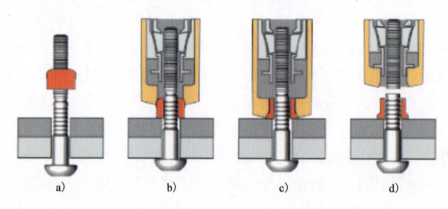

图 E.3　铆接作业步骤图

E.4 质量检查

(1)高强度环槽铆钉连接副施工质量的检查应按照自检、专检、监理检查的程序进行。专检应由专职质量检查员进行。

(2)检查符合下列要求:

①对铆接完成后的环槽铆钉连接副进行普查,检查套环是否发生塑性变形,若未发生塑性变形须重新铆接或拆除套环后重新更换环槽铆钉和套环进行铆接。

②铆接后尺寸应符合《环槽铆钉连接副　技术条件》(GB/T 36993—2018)附录 B.2 的规定。

③随机对每个节点 10% 的环槽铆钉铆接后的成型尺寸进行检查，主桁、工字梁主梁及纵梁、横梁连接处不少于 2 套，其余节点不少于 1 套进行成型尺寸检查；监理单位全部见证成型尺寸检查。

④成型尺寸抽检发现不符合规定的，应拆除铆钉后更换铆钉和套环重新进行铆接，并加倍进行检查，如仍有不合格者，需对该节点的剩余环槽铆钉连接副进行检查。

（3）每座钢桥均应有下列施工、检查记录：

①环槽铆钉连接副的入厂复验数据。

②连接面抗滑移系数试验数据。

③铆接质量复查记录。

（4）检查合格后在铆钉群边注明检查人员姓名和检查日期，及时进行高强度环槽铆钉处的腻缝和涂装。

附录 F 养护维修成本核算

F.1 桥梁检查成本核算

（1）常规跨径钢结构桥梁检查成本核算是指在对桥梁结构及构件表观状况和病害进行检查所发生费用的核算。

（2）钢结构桥梁检查主要由养护人员通过目视或其他简易辅助设备进行，其成本核算重点内容为人工费、养护机械台班费和相关的小型机具使用费。

（3）对于日常巡查，当由养护人员进行巡查作业时，成本核算的对象为人工费；当由养护人员乘坐养护工具车进行巡查时，还应包括养护车辆的机械台班费。

（4）对于经常检查，除人工、养护车辆机械外，对检查中采用的简单机具设备（如望远镜、照相机、摄像机，以及扳手、铲子、锉刀等）应进行成本核算；现场记录采用的纸、笔等可计入材料费中进行统计。

（5）对于定期检查，除人工、养护车辆机械外，应重点核算桥梁检查车、登高车等机械台班成本，并考虑相应的封道示警措施费等；下部结构位于水中的，应考虑船只使用费，利用桥梁检修设施（如梁底检查车、电梯等）的应考虑其使用成本。

F.2 桥梁检测成本

（1）常规跨径钢结构桥梁检测成本核算是指利用专业检测设备对桥梁结构及构件工作性能和病害进行深入、全面检测所发生费用的核算。

（2）除考虑检测工作实施过程中的人工费、常规养护机械和措施费外，钢结构桥梁检测成本核算应重点关注采用的各种专业检测仪器、设备、机具的费用成本，以及相应的辅助性材料及措施费。

（3）进行钢结构桥梁检测的设备，若为养护单位自有，应核算其购置成本，使用费用按折旧费进行统计；若为外部单位提供，应考虑相应的租赁或使用成本。

（4）常规跨径钢结构桥梁检测中，应重点进行成本核算的内容如下：

①结构线形、变位测量：核算水准仪、全站仪（及其配套用具）的使用费用，桥梁观测

点设施的相关材料费。

②钢结构无损检测:钢结构涂层测厚仪、金属超声波探测仪、磁粉探伤仪、X射线检测仪、涂层拉拔仪、扭矩扳手等机具、设备的使用费用,以及相关仪器配套采用的材料费用,如黄油、磁粉、胶水等。

③混凝土结构无损检测:回弹仪、碳化深度检测仪、钢筋保护层厚度检测仪、裂缝测宽仪、裂缝测深仪、钢筋锈蚀检测仪、非金属超声波检测仪、氯离子检测设备等机具、设备的使用费用,以及相关仪器配套采用的材料费用,如黄油、酚酞、氯离子检测标准试剂等。

④水下基础检测:专业潜水员人工费,检测船台班费,辅助性材料费;各类超声、声呐、河床扫描等检测设备使用成本。

⑤结构动、静载试验:加载车台班费,各类应变计、位移计、加速度计等传感器费用成本,数据采集、分析设备费用,以及布线、安装等费用。

⑥其他专项检测机具、设备的成本,如无人机、远距离高清摄像设备等。

F.3 桥梁养护维修成本

(1)按照养护工程的分类方式,桥梁养护维修成本核算应包括对预防养护工程、修复养护工程、专项养护工程和应急养护工程的成本核算。

(2)桥梁养护维修成本核算应对工程的直接成本和间接成本进行核算。

①直接成本,指桥梁养护作业直接耗用的费用,组成如图 F.3-1 所示。

②间接成本,指桥梁养护非直接耗用,但为养护正常实施所必须发生的费用,通常是按照养护直接成本的比例来计算,组成如图 F.3-2 所示。

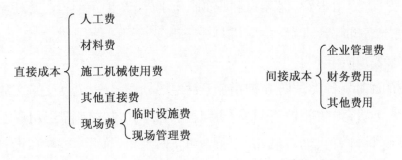

图 F.3-1　直接成本组成　　　　图 F.3-2　间接成本组成

(3)桥梁养护维修成本核算方法可按照以下规定进行:

①直接费。

a.人工费:按养护工程验收完成的实际工程量计算出定额工日乘以合同人工单价确定人工费,或直接根据合同单价中人工费进行结算并计入工程成本。

b. 材料费:按养护工程耗用的材料,根据领料单、退料单、耗损单编制材料耗用表,并计入成本,对于周转材料应将材料摊销费和整修费计入工程成本。

c. 机械费:根据发生的各种机械使用台班费分别乘以台班单价计算出机械使用费,加上外租机械费用及养护项目机械费用总支出,并将之计入工程成本。

②其他直接费用核算。

养护作业过程中实际发生的其他直接费,凡能分清受益对象的应直接计入受益成本核算对象的工程项目中。如与若干个成本核算对象有关,可分摊到和各个成本核算对象相应工程施工中的其他直接费成本项目内进行计算。

③施工间接费。

为合理地反映养护项目管理的经济效益,分清成本费用的可控区域,养护企业应对间接费实行项目与项目间分别核算,按间接费条目分类核算并计入成本。

④安全作业维护费。

可将该项费用计入其他直接费核算,也可单独列项进行核算,计入养护成本,核算单位可自行决定。

(4)常规跨径钢结构桥梁预防养护工程成本核算可包括以下内容:

①桥面保洁。

主要指钢桥面铺装杂物的清扫、洒水及废弃物运送。成本核算应包括养护作业人工费,洒水车用水费,清扫车、洒水车、养护工具车台班费,小型机具(扫帚、夹子等)使用费等。

②构件保洁。

主要指对钢结构构件(钢主梁内外表面、伸缩缝、支座等)的清洁。成本核算应包括养护作业人工费,清洁用水费,保养材料(油脂等)费,养护工具车、登高车、洒水车、采油发电机组、空气压缩机等台班费,小型机具(扫帚、夹子等)使用费等。

③钢桥面铺装预防养护。

主要指钢桥面铺装各类预防养护措施(封层、罩面、微表处等)的实施。成本核算应包括养护作业人工费,预防养护材料费(根据措施的不同,材料类型有相应的区别,如各类乳化沥青、灌缝材料等),沥青洒布车、灌封机、切割机、拖拉机、拌和设备、锅炉、多功能沥青路面修补车、养护工具车等台班费,小型机具使用费,封道示警措施费等。

(5)常规跨径钢结构桥梁修复养护工程成本核算可包括以下内容:

①钢结构涂装的修复。

主要是对钢结构防腐涂装修复工程。成本核算应包括养护作业人工费,涂料材料费(具体结合修复采用的涂层体系确定),机具(除锈、打磨用具,高压喷枪,滚刷等)使用费,养护工具车、桥检车、登高车等台班费,封道示警措施费等。

②钢主梁的修复。

主要是对钢结构主梁病害的修复,包括疲劳裂纹、变形、锈蚀等。成本核算应包括养护作业人工费,修复材料(钢板、高强度螺栓、磁粉、电焊条、涂料等)费,修复机具(除锈、打磨用具,高强度螺栓扭矩扳手及其他小型机具)使用费,电弧焊机、空压机、磁粉探伤设备、养护工具车、桥检车等机械台班使用费,封道示警措施费等。

③支座的修复。

主要是对支座的涂油、除锈以及其他病害的修复。成本核算应包括养护作业人工费,黄油、涂料等材料费,小型机具使用费,养护工具车等机械台班费。

④混凝土结构的修复。

包括桥梁上部结构、下部结构、桥面及附属设施上的各类混凝土结构及构件裂缝、缺陷的修复。成本核算应包括养护作业人工费,混凝土、砂浆、型钢、环氧树脂、聚合物砂浆、水泥、水、中(粗)砂、碎石、原木、锯材等材料费,搅拌机、小型机具使用台班费等。

⑤钢桥面铺装的修复。

对钢桥面铺装各类病害(坑槽、车辙、裂缝、拥包、泛油)的修复。成本核算应包括养护作业人工费,沥青、煤、中(粗)砂、矿粉、石屑、碎石、乳化沥青等材料费,压路机、沥青洒布车、沥青拌和设备、拖拉机、锅炉、多功能路面修补车、切割机、养护工具车等机械台班使用费,封道示警措施费等。

⑥伸缩装置的修复。

对桥梁伸缩装置病害的修复。成本核算应包括养护作业人工费,涂料、黄油、环氧砂浆、钢板、伸缩缝组件等材料费,养护工具车、小型施工机具等机械台班费,封道示警措施费等。

⑦其他各类附属设施的修复。

包括交通安全设施、排水系统、路灯、人行道等附属设施病害的修复及局部构件的更换。成本核算应包括养护作业人工费,材料费(具体根据设施类型确定)、养护工具车、小型施工机具等机械台班费,封道示警措施费等。

(6)常规跨径钢结构桥梁专项养护工程,由于涉及部位或整体桥梁结构的拆除、更换、升级改造,其成分核算内容及方法应参照本章其他节的相关规定,并符合《公路工程建设项目概算预算编制办法》(JTG 3830—2018)的相关要求。

(7)常规跨径钢结构桥梁应急养护工程成本核算,可参照修复养护的相关内容进行,并特别关注对应急处置过程中临时性材料、措施费用的核算。

参 考 文 献

[1] 吴冲. 现代钢桥[M]. 北京:人民交通出版社,2006.

[2] 小西一郎. 钢桥[M]. 北京:人民铁道出版社,1980.

[3] 聂建国. 钢-混凝土组合结构桥梁[M]. 北京:人民交通出版社,2011.

[4] 项海帆,潘洪萱,张圣城,等. 中国桥梁史纲[M]. 上海:同济大学出版社,2013.

[5] 中华人民共和国国家标准. 钢结构设计规范:GB 50017—2017[S]. 北京:中国建筑工业出版社,2017.

[6] 中华人民共和国国家标准. 钢-混凝土组合结构施工规范:GB 50901—2013[S]. 北京:中国建筑工业出版社,2014.

[7] 中华人民共和国行业标准. 公路钢结构桥梁设计规范:JTG D64—2015[S]. 北京:人民交通出版社股份有限公司,2015.

[8] 中华人民共和国行业标准. 公路钢筋混凝土及预应力混凝土桥涵设计规范:JTG 3362—2018[S]. 北京:人民交通出版社股份有限公司,2018.

[9] 中华人民共和国行业标准. 公路钢混组合桥梁设计与施工规范:JTG/T D64-01—2015[S]. 北京:人民交通出版社股份有限公司,2015.

[10] 中华人民共和国行业标准. 公路桥涵设计通用规范:JTG D60—2015[S]. 北京:人民交通出版社股份有限公司,2015.

[11] 中华人民共和国行业标准. 公路钢桥面铺装设计与施工技术规范:JTG/T 3364-02—2019[S]. 北京:人民交通出版社股份有限公司,2019.

[12] 特种设备安全技术规范. 特种设备使用管理规则:TSG 08—2017[S]. 北京:新华出版社,2017.

[13] 中华人民共和国行业标准. 公路沥青路面施工技术规范:JTG F40—2004[S]. 北京:人民交通出版社,2004.

[14] 中华人民共和国行业标准. 公路水泥混凝土路面施工技术细则:JTG/T F30—2014[S]. 北京:人民交通出版社股份有限公司,2014.

[15] 中华人民共和国行业标准. 公路工程质量检验评定标准 第一册 土建工程:JTG F80/1—2017[S]. 北京:人民交通出版社股份有限公司,2017.

[16] 中华人民共和国行业标准. 波形钢腹板组合梁桥技术规程:CJJ/T 272—2017[S]. 北京:中国建筑工业出版社,2017.

[17] Jean-Paul Lebet,Manfred A. Hirt. 钢桥:钢与钢-混组合桥梁概念和结构设计[M].

葛耀君,苏庆田,等,译.北京:人民交通出版社股份有限公司,2014.

[18] 中铁九桥工程有限公司.公路桥梁施工系列手册 桥梁钢结构[M].北京:人民交通出版社,2014.

[19] 邬晓光.工程质量控制与管理[M].2版.北京:人民交通出版社,2011.

[20] 冯国冠.工程质量与安全管理[M].北京:中国劳动社会保障出版社,2012.